隐遁的社会

文化社会学视角下的中国斗蟋

A STUDY ON CHINESE CRICKET-FIGHTING
FROM THE VIEW OF CULTURAL SOCIOLOGY

牟利成　著

社会科学文献出版社
SOCIAL SCIENCES ACADEMIC PRESS (CHINA)

序

　　每到八月份的"虫季"，中国有百万"蟋蟀收购大军"开始围绕"蟋蟀"流动。该群体一直没有进入社会学研究的视野，其原因主要有两点：一是这一群体在蟋蟀收购时聚集在一起，收购完成，群体成员就会像蒸发了一样顷刻间消失在更大的人群中；二是当这一群体的成员再次相聚，他们每个人都成了进出全国各大小斗蟋"堂口"的斗蟋者。因为"堂口"要防止国家对斗蟋博彩的打击，所以往往只对"熟人"开放，这进一步增加了斗蟋人群的封闭性。同时，这一斗蟋群体在中国存在了千百年，其中的人员尽管分布在五湖四海，但他们分享着同样的宏观历史叙事；阅读着同样关于蟋蟀的"古谱"；信守并遵从着几乎相同的斗蟋原则和规则；以类似的方式言说和行动。他们靠传统文化的连接，俨然在现代的中国形成了一个不为人知的"隐遁社会"。

　　一个具有完全"地方性"，并且靠独特文化连接维系的社会，其"文化"呈现为一种什么样态，在现代社会它如何保持生存和运作，这一"社会"和"国家"处于一种什么样的关系状态，这种关系状态对该社会的存续和发展有何影响，其内部成员如何按照特定的文化言说和行为，外部"国家"和"市场"如何影响他们的"生活世界"，针对这些问题，笔者以完全参与的方式深入斗蟋群体存在的社会空间，在"国家－社会"的理论框架下，以文化社会学的视角探究在独特文化驱动下这一"隐遁社会"的生存态势和运作逻辑。

　　本书在对"国家－社会"理论框架回顾的基础上在框架中加入了"文化"的变量，围绕"国家－社会"理论内含的理论问题——积极的行动者和结构（制度）之间的张力——展开理论梳理。通过梳理发现，随着"社会"观念的浮现，"国家"就一直是一个和它相对的在场者。该理论中结构性倾向对行动者意义世界的忽视早就得到了社会学开创者的重视。通过"生活世界""实践"的引入，"社会"逐渐成为一个充满了行动的行动者意义的场域；通过"文化"理论的引入，不仅行动者的意义在制度结构中有了空间，而且在更加宏观的"国家"和"社会"之间也有了连通的渠道。中国文化在经受西方现代性冲击之前，对国家、个人和社会有其独特的办法，中国通过文化的连接让国家和社会、社会和个人，乃至国家和个人都"通了家"。斗蟋社会是一个个人、社会和国家在斗蟋嬉戏中"通家"的社会。

　　中国斗蟋社会的千百年继存得益于中国古代文化对社会结构的安排。中国传统社会是迥异于西方的生活样态结构的。中国官僚体系发达，但是这一发达的官僚体系对社会的治理不是以制度设置，而是以意识形态结合宏大历史叙事的方式展开的。中国的民间生活的实践尽管远离权力，但国家权力通过某些意识形态的叙事与民间社会权力发生着频繁的接触，这种接触又有由非常清晰的交集构成的界域，而斗蟋蟀——这一皇帝、宰相和民间普通百姓都喜欢并在其中嬉戏的场域——就是这一交集千百年"文化"面向的具体呈现。

　　"隐遁社会"中有其特有的"谈资"和谈论主题，它们揭示了该社会中人们在行动中遵循的主要关系原则："平衡"、"利他"和"情谊"。这些原则具有明显传统社会的"文化"特征；从微观交往来看，斗蟋社会中的成员在进行微观交流的时候总是依靠一些"默会性知识"——这是文化的一种微观呈现形态。这些在长期交往和从传习习得的文化性语言和行为方式，构筑了斗蟋者独特的文化身份。他们通过这种只有内部人才可以辨识的"文化身份"区分"外人"和"自己人"。

　　斗蟋者主要嬉戏的场所是"堂子"，要了解斗蟋就必须实地考察他们真实的"赌博"过程。本书通过文化社会学视角对这一过程的重新审视发现，斗蟋者在"局外人"看来是纯粹出于利益考量的每一次斗蟋博彩实际上都是一次社会性嬉戏，即看似出于个人理性和判断的斗蟋实际上是有诸多他者介入的复杂社会性活动。甚至在斗蟋中每一次"喊花"、"押花"和"放扣"都蕴含着不被言明但约定俗成的规矩。生活于斗蟋社会中的成员对这些"约定俗成"和"不被言明的叙事"理解、掌握和应用得越透彻，其在"博彩"活动中的胜出率就越高。由此，斗蟋蟀不是简单的蟋蟀在斗栅内的拼杀，而主要是人与人在斗栅外的较量。他们较量的依据不是简单对斗蟋技术的掌握，而是对内含于斗蟋传统文化的谙熟。另外，面对国家的"爆堂子"，一个生活于斗蟋社会中的真正斗蟋者不是简单地抗拒和躲避，而是把"嬉戏"的逻辑运用其中。他们把国家也纳入进来，当作了斗蟋嬉戏的另外一个反面参与者。从而，斗蟋通过文化的介入，呈现了一种截然不同的"国家－社会"关系样态。

斗蟋社会中人员的分类或阶层划分呈现明显的分化状态，而对它们的剖析是呈现斗蟋群体社会结构的必要分析手段。本书文化社会学的视角把文化引入了对斗蟋社会阶层的分析，发现阶层划分本身是现代语境下的产物，在传统斗蟋社会中，其成员大多没有阶层的概念，该社会是通过对文化掌握、理解和应用程度的标准把人进行分类的。文化对人的分类和现代科层制下对人的分层具有完全不同的意涵。前者更关注人类文化的意义，把人类社会看成是一个由传统、习俗承载的意义之网。但随着科层体制和逻辑对斗蟋社会的侵入，斗蟋社会中蟋蟀的来源地——农村首先被侵袭，在抓蟋蟀的人中首先形成了某种具有科层性的组织，它们逐渐冲破文化之网，试图重新以经济和权力的原则来组织斗蟋社会的源头。现代性的这一逻辑在斗蟋社会那些"有钱人"中首先开始通行。

中国"斗蟋"由"赋魅"到"祛魅"的过程也承载、呈现了现代国家权力逻辑和市场逻辑对"斗蟋社会"的影响历程。这一过程所呈现的恰似卡尔·波兰尼所说的"巨变"及其后果在中国社会的真实上演。针对此，该社会的唯一可行的策略是用千百年流传的传统、习俗等文化基因来保卫社会，对抗市场和权力"脱嵌"所可能引起的现代性后果。

该书是笔者在博士论文的基础上修改而成。自己的博士学位攻读了十年。这十年中的近八年时间，笔者每到"虫季"就扮演成一个"职业斗蟋者"，以完全参与的方法进入到自己要收集资料的那一庞大而松散的人群所构成的独特社会中。从开始漫无目的且无效的张望、观察、记录到后来决定抛开调研者所应遵循的"科学"收集资料方式，完全以一个斗蟋者的身份和心态融入斗蟋社会——和几十年生活于这一社会的人喝酒、交谈；向他们学习辨识、收购、捕捉、饲养蟋蟀；与他们一起进出不同蟋蟀产地的玉米地；一起参与各种"堂子"的斗蟋；和他们一起"喊花"、"放扣"；甚至和他们一起面对"爆堂子"。这期间，不仅要面对巨大的体力和经济压力，还要面对亲人的"不解"给自己带来的心理压力。母亲以为我开始沉溺于斗蟋蟀，曾数次警告我适可而止，不要"走火入魔"，要以工作和学业为重；妻子看我因为蟋蟀收购、捕捉、饲养而通宵达旦变得黝黑消瘦，出于不解和不忍心，说要把我的蟋蟀和蟋蟀罐子全扔出去。她也认为我已经开始不务正业，但是每当我给蟋蟀喂食添水到凌晨，她都会以埋怨和催促我睡觉的"理由"起来帮我添水加食，第二天做好早餐催我起来吃的也总是她。

　　十年博士攻读不仅在亲人，在周围同学、同事、领导看来也都觉得太过漫长，漫长得不能理解。但我自己清楚，我要描述的那个群体以及其成员组成的社会是一个在中国不曾被关注的群体和社会。它们就那样一直在城市中存在着，甚至存在了千百年，但当你想要捕捉它们的时候却发现它们会遁于无形——散落到城市的各个角落。虽然是一个蹒跚并不是很自信地行走的一名学者，但我对一点还是非常笃定和有信心的，那就是做学术和研究，尤其是做社会学研究不在"功利"，也不能求"功利"，而在我们生活于其中的那个社会、群体及其成员。我们的任务就是剖析它们的结构，揭示它们的文化和行动逻辑——我把这一点看作我的博士导师李友梅老师给我的启自费孝通先生的师承。

　　求学所要求得的远不是一些只要努力就可以习得的概念、技术和方法，更重要的是一种为学的精神。孩子刚6岁，李友梅老师就承载着费孝通先生和国家的叮嘱远渡重洋求学7年，回国后紧接着用其所学，为了国家的发展跟费老调研四年……为了国家、社会的发展和那种学人才具备的学术志业可以舍家。这是李老师以身教传承给我以及我的同门的一种精神和能触碰心灵的感动。而这足以成为让一个人不求功利为学的动力。

　　这样的记忆将永远伴随我的为学之路：在李友梅老师的带领下，针对某一个问题,我们的讨论从早上九点一直持续到晚上九点,她的脸色因为劳累而变得有些苍白;她把头靠到椅背上闭着眼睛,但是思维仍然清晰敏捷,我们每一个人的发言她都倾听、评论、纠正、指点;不经意间她抬起腿揉脚,结果手指一按,脚部因为劳累和睡眠不足导致的浮肿居然随着手指的按压深陷了下去。我想说,这一些,作为跟您学社会学的学生怎会观察留意不到?那天回去和舍友提及这事,三十四五岁的自己忍不住呜咽流泪。现在每次想到那一场景都会忍不住要涌出眼泪来。有这样的老师作为榜样和"理想类型",除了努力学习她、承继她的那种志业精神之外,我自己找不到任何为功利而学习和进行研究的理由。

李友梅老师传承的这种志业精神是支撑自己调研持续下去的动力。我仍然清晰记得开题的时候面对诸多关于我研究的这一领域界定之质疑时老师肯定的评价:"(斗蟋社会)这不是社会是什么?这就是我们要找的社会。"李老师是在对我的选题进行肯定,也是在鼓励我继续下去。就是这样一句话激励着作为学生的我顶着巨大的压力坚持着完全参与式的调查。有传承自老师之学术精神的支持,自己几年来一直抱有这样的决心:即使因为时间问题博士学位攻读不下来,也要完成自己的调查,把那个"隐遁的社会"尽量完整真实地呈现出来!——博士学位攻读到了第五年、第六年、第七年……我知道老师在静静等我的结果,几乎每一年我都想和老师说:"老师,不是学生不努力,而是那个'社会'不知为何在学生面前浮现的速度太慢,自己这么多年一直无法看清楚它的全貌。"

今天,我完成了论文的修改完善,并且在胡庆英编辑的帮助下将由中国最好的出版社之一——社会科学文献出版社出版。但我并不认为我关于那个"隐遁社会"的研究已经终局,更不意味着我洞悉了那个社会的所有细节。它很多细小部分对我而言仍然是隐遁的,而这些细小的部分可能对认识这个社会很重要。我仍然有很多话要说,后来的研究者肯定也会从我这一抛砖引玉的研究领域中说出更多我没能说出的话。

我的博士论文是出于某种"害怕"而完成的,我害怕完成不了学业自己不能再喊带领自己踏入学术门槛,教会自己如何求知为学的老师一声"老师"!我害怕老师不会再认这样一个学生为"学生"。吾爱真理,吾更爱吾师!我害怕辜负母亲、妻子、姐弟以及所有那些爱我、关心和帮助过我的人的期望。这种"害怕"催促自己前行，有了这些"害怕"时刻伴随，请母亲和老师放心，我一定不会"误入歧途"，因为为学的路上功利与我无缘，而爱心和"廓然大公之心"总会与我相伴！

牟利成

2017 年 7 月于泉城

目录

导　论

一　与"隐遁社会"的偶遇

2006 年 9 月 3 日，笔者坐在南去上海的火车上，内心一直无法平静——自己博士学位的攻读马上就要开始了，应该如何应对呢？笔者的博士论文到底要写什么？没想到自己对选题的焦虑和困惑就在这一开学的旅程中有了着落：火车到兖州（中国一个重要的斗蟋产地），笔者与蜂拥而上、来该地收购蟋蟀的群体"遭遇"了。在与其中一个每年都去山东收购蟋蟀（他40 多岁居然说将近 20 年每年都到山东收购蟋蟀）的上海人的交谈中，笔者吃惊地了解到：全国每年 7 月底到 8 月底，仅在中国流动的蟋蟀收购大军就有百万人之巨。① 如此算来，每年参与斗蟋蟀的人在数量上也是惊人的。这一庞大群体激起了笔者极大的兴趣和探求心：这一群体不正是社会学中被反复提及，但自己却从来没有接触过的那个久违的"社会"吗？而且这个

---

① 这一数据的最早来源于那位上海收购者之口。他说仅上海每年去山东收购蟋蟀的恐怕有几万人，不自己收购但斗蟋蟀的保守估计也有几十万人。加上规模稍微小一些的北京、天津、苏州、杭州、济南、西安、合肥、南京乃至广州等城市斗蟋蟀的人，按每个城市斗蟋蟀的人十万算，全国斗蟋蟀的人不下百万。关于中国参与到斗蟋蟀这一领域的人到底有多少，没有任何官方的准确数据。笔者根据蟋蟀产地宾馆、摊位、县财政收入（根据笔者与一位蟋蟀主要产区——宁阳县的政府人员私下交谈和其介绍，该全国贫困县因为蟋蟀经济每年外地人带来的现金收益都在亿元以上。宁阳人口 80 万人，据官方统计，到了虫季全县 2/3 的人口从事蟋蟀贩卖和捕捉。如果加上曲阜、兖州、乐陵、宁津这些主要产区，仅在虫季蟋蟀产地会有几百万人加入到蟋蟀"产业"中来）以及蟋蟀产区中村落和参与抓捕蟋蟀人员的粗略估算，仅山东主要产区在"虫季"参与到蟋蟀经济领域的人就有二三百万。

"社会"不是因为和西方接触而生成的现代性的产物，没有被西方"现代性"影响、修饰并改造过，是土生土长的中国"社会"的存在形态，是一个具有完全的中国特色的民间社会。如果诚如此，那么它就是一个相对于现代性和西方话语的"他者"而言保留了诸多"地方"特性的"我们"的社会。

中国社会学的创始人费孝通先生向后辈学人提出了"文化自觉"的研究期待。他对"乡土中国"的研究无疑正是针对中国社会学最重要问题所给出的范例和方向。要在"文化自觉"的理论方法论指引下研究中国的"社会"，首先要找到那个存在于中国的"社会"。费孝通先生认为中国乡土社会最基本的单位是"村落"，①并在此基础上进一步为后世开拓性地揭示了这一社会存在形态的结构。但同时，费先生认为在乡土性的基层上"曾长出一层比较上和乡土基层不完全相同的社会，而且在近百年来更在东西方接触边缘发生了一种很特殊的社会。这些社会的特性我们暂时不提，将来再说"②。费先生所提到的这一"特殊社会"说的是相对于"村落"的"城市社会"。如何在"文化自觉"的引导下解释中国城市社会的结构，是费先生留给后辈学人的期待，也是中国社会学后人应该主动承负的使命。于是，如何找到那个不同于传统的"村落"，不同于已经被现代科层体制"殖民"的城市社区，并且一直在城市中独立存在且按照自己独特逻辑运作的"社会"，无疑是我们承接"文化自觉"社会学研究的一个前提和条件。

"斗蟋社会"从古至今近千年的时间一直存在于中国的城市，它具有完全的"中国特色"。尽管如此，目前对"斗蟋"的所谓研究大多停留在新闻报道的层面，一些发表的文章和出版的书籍要么把其当成民俗进行简单的介绍，要么纯粹介绍蟋蟀的选、养、斗等技术性问题。在中国的社会科学界，还没有人把斗蟋群体当成一个对象或"社会"来进行社会科学的观察和研究。究其原因大致有两方面。一是斗蟋蟀从古到今都涉及"博彩"——目前中国官方和民间都把其理解为一种赌博游戏。"黄""赌""毒"是官方意识形态和制度坚决打击与杜绝的对象，在学术研究与政治联系相对紧密的中国，这样一个有学术价值的"社会事实"因为政治和价值预设

---

① 费孝通：《乡土中国　生育制度》，北京大学出版社，1998，第9页。
② 费孝通：《乡土中国　生育制度》，北京大学出版社，1998，第6页。

的存在自然很难进入社会科学研究者的视野。二是调研对象的"隐遁"性所造成的研究对象的无法获致性，这也许是更主要的原因。每年"虫季"，全国各地的蟋蟀爱好者都会从四面八方聚集到山东主要的蟋蟀产区，一个镇上来自全国各地收购蟋蟀的人就能达到几万甚至十几万（超过了该镇的人口）。[①] 这时候你可能会见到一些蟋蟀界非常有地位的名人或者某位"明星"，但"虫季"一结束，这些人仿佛突然烟消云散一般，一下子隐遁到了全国茫茫人海中，你很难再觅到他们的踪影。在"收虫"的时候你可能会认识一些人并与其说个一两句，但是要坐下来问他们交谈甚至观察他们收虫、养虫、斗虫却几乎是一件不可能的事。这个群体只围绕"斗蟋蟀"交往并发展某种社会性的关系，一个不懂蟋蟀、不斗蟋蟀的"局外人"是很难进入他们的人际关系圈子的。由此，斗蟋群体看似庞大，却非常具有封闭性和排斥性。而要成为"局内人"则必须"懂蟋蟀"。但对于蟋蟀，圈内盛行一句俗语——"即使玩了一辈子蟋蟀的人，也不敢说自己懂蟋蟀"，所谓"雕虫小技，博大精深"。只有真正的斗蟋者才理解，小小的蟋蟀身上隐藏着大自然的"密码"。但这些"密码"在中国被破译了上千年，至今仍然保持着它们的神秘。由此，要成为一个"斗蟋者"，即使只是入门，没有五年到十年的工夫是根本做不到的。这些构成了该群体作为社会科学研究对象的困难。所以到目前为止，斗蟋社会仍然是中国社会科学研究的"处女地"。

　　从社会学理论看，通过社会结构入手帮助人们理解和揭示社会，是传统社会学的主要理论认识传统。但这一传统在方法上并不是统一的，从社会学理论的古典创始人卡尔·马克思、马克斯·韦伯和埃米尔·涂尔干那里就开始殊途。他们分别开辟了以集团利益冲突为出发点的冲突社会学、以个体行动者意义理解为基础的理解社会学和关注集体团结为目标的功能主义社会学三条社会学进路。[②] 这三条进路把共同的关注点放在了"社会秩序何以可能"这一问题上，但对于是否存在"社会"这样一个自足的空间仍存在争论。

---

　　① 以山东宁阳县的泗店镇为例，到了"虫季"这里每天比民间的集市还要热闹，人们摩肩接踵不是买卖普通的商品而是交易"蟋蟀"。当地的旅馆接待能力根本无法容纳这么多外来人，所以镇上以及周围村庄几乎家家户户都成了旅馆。即使这样，在"虫季"来临之前仍然要提前"预订"。

　　② 雷蒙·阿隆：《社会学主要思潮》，葛智强等译，华夏出版社，2000。

当"国家-社会"二元或"国家-市场-社会"三元理论分析框架被引入社会学之后,作为社会学分析对象的"社会"好像找到了其定位。但是相对于以明显可见的行政科层为框架,以权力行使为动力的国家;以经济组织科层为基础,以利益驱动为导向的市场,"社会"仿佛成了国家和市场之外"剩余"的容纳地。在这种二元或三元的分析框架下,社会学最主要的研究对象——"社会"——是通过其对立面而获得界定的,因而其边界变得非常模糊,甚至很多时候必须借用"国家"和"市场"这些概念,在与这些概念的对比中才能让人模糊地感觉到"社会"的存在。由此,"社会"在概念上的独立性就出现了某种危机。

中国社会学的奠基者费孝通先生以世界性的视野在中国乡土中寻找"社会"。他把社会界定在乡土的"村落"这一时空单元中,冲破西方社会学"科层"的窠臼,在乡土村落那散乱的人群中,以文化为织线,在现实和理论上找寻、织连社会的存在方式和运作逻辑。最终一个以"差序格局""长老统治"作为存在形式和运作方式的"乡土社会"呈现在世界面前。① 随着现代化、市场化、城市化的推进,中国在制度上发生了巨变。② 此种制度巨变下的结构变迁甚至给人一种历史的"断裂"感。③ 面对这样的现代化语境,我们的社会学在社会构建上要秉持西方马克斯·韦伯"铁的牢笼"之悲观、反思与批判,还是涂尔干"有机团结"的乐观、比较与构建,抑或我们应该继续沿着费孝通先生为我们开辟的新的、本土化的学术进路,以一种"文化自觉"的态度,立足自己的文化去继续寻找、定位、描述、解释属于我们自己的"社会"?作为生活于现代性语境下的社会学研究者,必须对此做出自己的理论回应。从文化社会学视角对斗蟋社会的调研,是对费孝通先生"文化自觉"要求的实践和理论回应。

对斗蟋社会的调研,是在费孝通先生"文化自觉"的问题意识下,以经过文化社会学补充的"国家-社会"理论作为理论框架展开的一次在现代语境下寻找并描述"社会"的全新之旅。因为研究领域的独特和"新

---

① 费孝通:《乡土中国 生育制度》,北京大学出版社,1998。
② 李友梅:《制度变迁的实践逻辑——改革以来中国城市化进程研究》,广西师范大学出版社,2004。
③ 孙立平:《失衡:断裂社会的运作逻辑》,社会科学文献出版社,2004。

颖"，该旅程的探索哪怕是有些迟缓，行走过程的采撷哪怕没有获取到美景的精华，但旅行和探索本身已经有其意义。希望该研究能站在斗蟋社会的入口帮助后来者进入其具有悠久历史的文化社会殿堂。

二　国家、社会与民间嬉戏

1. 隐遁

在该研究中作为研究对象的"社会"，是不同的行动者基于"斗蟋"以及其中承载的可以共同分享的知识或文化的惯性不断进行实践性互动的群体——其从事实践的动力是人类特有的某种自我主体性的激情。相对于外在权力而言——这种权力不仅指哈贝马斯意义上的"行政权力"，也包括对个人行为和态度提出要求的道德规范、意识形态乃至社会舆论——这一群体长久以来采用了一种躲避和隐藏的存在形式。"隐遁"是对"斗蟋社会"现实存在形态的修辞性描述。斗蟋社会因为其"隐遁"，千百年来一直是与国家和权力保持距离的状态。但也因此，它没有随着政权和权力的更迭而浮现和消逝，而是保持了自身的独立。该社会通过自身的实践逻辑自我构建和完善，同时对外在权力自主选择性地进行吸纳或排斥，形构对异己权力的审视性批判和自我反思。斗蟋社会相对于国家权力、主流话语下的社会而言处在"隐遁"的状态。这导致了该社会的封闭性，但也因为这样，生活于其中的人们最大限度地防止了外部力量的干扰，为独立个体的互动和关系构建构筑了一个独立的社会空间。

2. 嬉戏

斗蟋社会是一个嬉戏或"游戏"的社会，而"游戏"是伽达默尔作为本体论阐释的一个关键概念。他认为"游戏就是那种被游戏的或一直被进行游戏的东西——其中绝没有任何从事游戏的主体被把握"①。在社会科学研究中资料收集的观察者与所观察的行动者之间的关系，如同伽达默尔游戏的观赏者与游戏的参与者之间的关系：对游戏参与者而言，他"清楚知

---

① 汉斯-格奥尔格·伽达默尔：《真理与方法》，洪汉鼎译，上海译文出版社，2004，第134页。

道什么是游戏，知道他所做的'只是一种游戏'，但他不知道他在游戏时所'知道'的东西。如果我们指望从游戏者的主观反思去探讨游戏本身的本质问题，那么我们所探讨的这个问题就找不到任何答案"①。对观察者而言，伽达默尔认为游戏为其而存在，所以他相对游戏者而言具有一种方法论上的优先性。但是因为"游戏自身蕴含某种应当被理解的意义内容，因之可以与游戏者的行为脱离"，所以"游戏者和观赏者的区别就从根本上被取消了"②。他们都"以游戏的意义内容去意指游戏本身"③。

伽达默尔的游戏理论在哲学层面很好地指明了游戏形式结构的逻辑，他认为游戏具有自主性，主体在游戏实践中会自动被消弭。伽达默尔作为解释学的大师仿佛也在游戏中呈现了结构主义的影子。但从社会学角度讲，游戏不仅仅是没有主体的意义的集合，更是一个文化的集合。人们从事游戏往往不是简单地为了无意义的意义而行动，而是围绕主体间的关系而游戏。游戏是人与人之间构建社会关系的"沙盘演练"。但很多社会性的游戏，当它们被嵌入到社会结构之中后，随着时间的推移，往往会转变成一种人们用以构建社会关系之网的社会性嬉戏。从社会学视角审视，游戏从来都是文化社会性的。

3. 国家

要对"国家"进行界定就会涉及对国家观念的理解。很多时候，当我们谈论国家时往往关注的是两个方面：一是作为国家代表之政府的政治活动社会商品，物资实施分配，对意义价值和隐遁规范进行调整和控制；二是不论在概念上还是在法理上，把"国家"看作一个真实存在的实体，从而在进行国家考察的时候关注的是国家呈现出来的不同特点，同时它也作为某种终极权力的化身，成为人类思想和行为的基础。④ 西德维克（Sidgwick）把国家进行了狭义和广义的划分，他认为狭义的国家是在共同体范围内的一个公共指称，它通过公共性以区别于私人的权利和义务；广义的国家就是用来指称共同体本身。⑤ 威廉姆·安森认为，"国家"这一概念的内

① 汉斯-格奥尔格·伽达默尔：《真理与方法》，洪汉鼎译，上海译文出版社，2004，第132页。
② 汉斯-格奥尔格·伽达默尔：《真理与方法》，洪汉鼎译，上海译文出版社，2004，第143页。
③ 汉斯-格奥尔格·伽达默尔：《真理与方法》，洪汉鼎译，上海译文出版社，2004，第143页。
④ Peter J. Steinberger, *The Idea of the State* (Cambridge University Press, 2004), pp. 5-7.
⑤ Henry Sidgweick, *The Elements of Politics* (London: Macmillan, 1908), p. 220.

涵总是模糊不明确的，有的时候它被用来指称整个共同体或者独立的政治社会；有的时候它用来指称在一个特定社会中的中央权力或主权。①

"国家"在很多时候是作为一个政治概念而被使用的，现代最先在政治学意义上对国家和主权概念进行界定的是让·博丹（Jean Bodin），他在其著作《国家论六卷》中把国家与家庭并列论述，认为家庭是国家的基本单位，国家和其他共同体都是在这一单位的基础上形成的。他把国家定义为对各家各户的统治——当家长走出家庭并同其他的家长一起行动的时候，他便成了公民。博丹把这种由家庭组成的最后联合体称为国家，而它的形成依靠的是一种强力的统治。国家拥有的权力称为主权，主权在性质上不同于所有权，君主绝不是公共领域的所有者，因此它不能转让它。财产属于家庭，而主权则属于君主及其官员。② 博丹之后历经霍布斯、洛克和卢梭，国家的概念逐渐和社会、个人自由对应甚至对立起来。在洛克那里，国家是作为和以契约建立起来的社会相对的一个概念，其具体体现或别称就是"政府"。在洛克那里，政府归根到底是对王国各种既得利益集团的一种平衡。他强调体现国家的政体设计要能保持个人、社会和政府之间的均衡。③ 到了黑格尔，他认为"现代国家的实质乃是把普适性同其成员的完全自由和私人幸福连接在一起"④。但这种定义国家的方式直接导致了个人和社会对国家的依附，从而为"国家"的专制开辟了可能性。这一点成为现代以哈贝马斯为代表的思想家重新思考国家的基础。在哈贝马斯那里"国家"是相对于市民社会和人的生活世界的存在，其利用韦伯所说的科层制行政系统与后两者展开互动，即"国家"就是现代行政系统及其所追求的理念。而所谓"生活世界的殖民"就是国家通过行政系统把其理念渗透到人与人交往的生活世界，从而让社会呈现不同于以往的形态。⑤

在中国存在了千百年之久的斗蟋嬉戏，一直在人们的日常生活中作为

---

① William R. Anson, *The Law and Custom of the Constitution*, Vol. 1: Parliament（Oxford: Oxford University Press, 1911）, p. 15.

② Jean Bodin, *Six Books of the Commonwealth*, abridged and trans. by M. J. Tooley（New York, 1955）.

③ John W. Gough, *John Loche's Political Philosophy*（Oxford: Oxford University Press, 1950）.

④ Hegel, *Philosophy of Right*（Oxford: Clarendon Press, 1942）, Section 260, addition.

⑤ Jurgen Habermas, *The Theory of Communicative Action*, Volume 2, *System and Lifeworld: A Critique of Functionalist Reason*（Boston: Beacon Press, 1987）, pp. 356 – 373.

支撑人们日常生活之一种的文化而在民间延续。作为一种完全民间自发的嬉戏，它从开始就受到"国家"的高度关注。中国传统意义上的国家不仅被理解成一种科层制下权力的中心，更具有"礼"的文化象征意义。它对斗蟋的关注尽管主要是出于预防民间结社和聚集，维护政权稳定的考虑，但对斗蟋聚会的禁止和打压从来不是仅仅借助国家横暴权力和机构，更主要的是借助文化的力量。改革开放近40年来，我国经历了从传统社会到现代社会转型的过程，但在对待斗蟋这种民间嬉戏的观念上，传统治理的观念仍然占据着统治地位。所以本书中对"国家"的界定不仅因循韦伯、马克思和哈贝马斯的传统，把其看作通过科层制行使权力的暴力机器，而且把其看作意识形态和文化符号的权力表现形式。国家总是试图把自己的行政权力和理念渗透进市场和人们的生活世界，从而让市场和生活世界按照自己的要求呈现为自己想要的样态。并且"国家"要依赖以"政府"为代表的行政机关来实现自己的意图。

三 完全参与：深入"隐遁的社会"

（一）方法论的审视

1. 结构与建构

在整个社会科学中，宏观与微观、结构与建构在方法上的二分似乎成了一个无解的难题。以致像布迪厄、福柯、哈贝马斯、吉登斯、伽达默尔等诸多当代哲学和社会学大家皆孜孜以求试图以自己的理论创见解决这一方法论上的障碍。在本研究中，"国家－社会"的宏观二分法或者"国家－市场－社会"的三分法是无法跨越的理论方法选择。"国家－市场－社会"在方法上属于一种"宏大叙事"和"结构"的范畴，但本研究的意图更加符合布尔迪厄所说的："我的全部科学事业都从这一信念中得到启发，即确信只有深入一个经验的具有历史处境的现实的特殊性中，才能理解社会世界最深刻的逻辑，而且把这一特殊性建构成一个……'可能的特殊情况'。"①

---

① 皮埃尔·布尔迪厄：《实践理性》，谭立德译，生活·读书·新知三联书店，2007，第16页。

另外研究问题的解决最终依靠的是一个生活世界的微观运作过程。但正如马克斯·韦伯的"铁笼"、卡尔·波兰尼的嵌入性、哈贝马斯的"生活世界殖民"所描述的那样，现代生活世界已经很难摆脱国家和市场的入侵。也就是说，在进行社会学研究时，不管问题是否只落在"生活世界"里面，"国家－社会"理论和哈贝马斯的"系统－生活世界"理论这样的宏观结构性二分是无法回避的。

针对此困境，本研究在宏观上以"国家－社会"理论作为框架，而在展现斗蟋这一生活世界的特殊生活逻辑时，用文化社会学的视角把"交往行为""权力理论""实践""常人方法""现象学社会学"等微观方法统一起来，以描述社会的微观样态，同时用文化实现国家和社会的连接与沟通。文化社会学视角的引入，不仅在实践上克服了"结构－行动"的张力，而且在理论上可能形成对"国家－社会"理论的丰富和补充。

2. 参与者的立场

"日常生活世界"的一个特点是其中充满了非主体性的知识。① 这些非主体性的、被不加质疑而"默会"的知识形成了其所在行动"场域"的独特背景。这使得在其中行动的行动者之行动充满了需要被理解和解释的意义。对于一项科学研究而言，既然社会科学与日常生活并非同一世界，那么观察如何可能？对此舒茨认为要完成一个从日常生活的至尊现实世界到社会科学世界的跳跃，首先必须让自己从日常生活中抽身出来，并将自己的目的、动机限制在如实地描述和解释所观察到的社会世界中去。② 舒茨的这种方法解决了观察者的立场和处境问题，但却使得现象学社会学分析方法中意义获取的科学性受到质疑：作为以独特非主体性知识作为背景行动的行动者，我们这些旁观的主体怎能通过主体－主体的二元结构来获得其行动的意义，并保证所获得意义的客观性。

由于斗蟋社会"隐遁"的性质，要揭示并解释发生在斗蟋社会中的行动意义，完全参与的方法不仅必要，而且成为不得不采用的方法。首先，

① 这是哈贝马斯意义上的生活世界的特点，主题性的知识就是被以知识的形式予以真理化并能在普世的意义上被认识和接受，作为一种共享的储备性知识、促成交流沟通的知识而非主题性知识，则必须依赖语言的中介才能体现，他们在日常生活中都是些不成问题的知识，是日常生活世界的交流背景。

② Alfred Schutz："The Phenomenology of Social World," *Heinemann Educational*, 1972.

斗蟋社会不习惯"旁观者"的存在，有"旁观者"在场的时候，斗蟋者往往会以"社会人"的身份扮演自己的角色，而不是以"斗蟋者"的身份呈现自己的行为、表达自己的意图；其次，斗蟋作为一个流传了千百年的游戏已经成为一种社会性嬉戏，嬉戏中有独特的规则、语言、行为方式、大家约定俗成的关系和传统，并且这些规则等都是"默会"的知识，生活于其中的行动者自己也无法做出一些符合逻辑的解释。而完全参与，让自己真正成为其中的一员，同时作为一个"解说者"，对那些知识和传统以自身"默会"的方式去把握，当完成了这一过程之后，再如加芬克尔所说"走出来"，以一个旁观者的身份把这些知识和传统描述出来甚至做出解释，才能使理解成为可能。本研究遵从了这样的方法论指导。

（二）资料收集方法及过程的说明

1. 完全参与

本研究的研究对象是那些游走于一个不确定时空中的一些不确定的人，其活动极具私密性。另外，对蟋蟀本身的鉴别，蟋蟀的产地等都是极具经验性和技术性的东西。斗蟋蟀的人为了保持其自身拥有信息和技术的独特性，以便在蟋蟀竞斗时利用自己掌握的信息和技术占有较大的胜算，绝大部分斗蟋蟀者习惯于对自己在长期经验基础上获得的蟋蟀知识秘而不宣。而要走进研究对象，通过揭示他们的情感、动机、经历、性格和社会交往来揭示这一好像随处可见但又无处可寻之"隐遁社会"的结构和其中人们的行动逻辑，努力让（调查者）自己成为其中的一员，以完全参与的方法参与到斗蟋蟀成员的日常斗蟋生活和网络中，无疑是最有效和最可行的方法了。

从调查资料的收集操作来看，在该调查中如果不完全参与，并把自己装扮成一个"内行"而且有热情的斗蟋者，而是以一个"局外人"或观察者的身份参与，就根本不可能进入斗蟋者的熟人关系网络和他们真实的情感和关系世界——斗蟋中"爆堂子"①是每一个斗蟋者都不希望发生的。所以，斗蟋群体成员对于在"堂子"中突然出现的陌生面孔是非常警惕的。

---

① 公安人员突然破门而入，对于在"堂子"里专心致志斗蟋蟀的斗蟋者而言，就如同突然发生爆炸一样，所以斗蟋者对于这种情况都称为"爆堂子"。

有些人会选择"退场"以保证自身的安全，同时表达对"堂主"引入陌生人的意见。另外，语言也是调查中的一大障碍，一般斗蟋蟀者大多是所在城市土生土长的市民，都说本地方言。相同的语言陈说方式和结构塑造了他们类似的行为表述模式，而这种表述反过来又强化了他们行为的相似性和熟识度。本地方言增强了他们之间关系的亲和性。笔者作为一个说"普通话"的非本地人，一张口就注定了语境和生活世界的疏远。为了收集到他们关系、情感、生活经历等"私密"的资料，就必须利用虫季的时间频繁地在调查成员面前出现，以增加他们对自己的熟悉和适应度，让他们最终能称呼上自己的名字，把自己纳入"自己人"的圈子。而这就注定了该参与调查的漫长性。

最为关键的是，整个斗蟋社会都围绕中国特有的斗蟋而展开。该社会成员的情感、性格呈现，关系的编织都围绕蟋蟀的选、养、斗进行。而这其中每一个步骤都可能是一个人穷尽自己几十年经验和智慧也无法完全搞明白的。就蟋蟀的"选"而言，如何在市场上看一眼刚出土的蟋蟀就能认定它是未来驰骋疆场的"将军"，就需要很多的知识好的蟋蟀，其斗丝、头形、水须、牙齿的颜色、头色、翅色、腿的颜色、肩项与头和翅的搭配甚至翅膀上的纹路等无穷尽的项目都有非常严格的要求。并且所有这些要求在市场上选蟋蟀的时候要在一两秒的时间内全部审视完毕。要做到这些，没有常年观察、琢磨，研究古谱或蟋蟀书籍并参与斗蟋实战的经验是无法做到的。如果调查回避整个斗蟋社会围绕展开的"斗蟋"，所获得的资料无疑都将是表面的，因为那些"虫王"、"元帅"和"将军"级别的斗蟋才是斗蟋社会意义展开的引线。另外，从所关注这个"隐遁的社会"的结构、意义和运作逻辑的揭示方面看，笔者认为完全参与观察对该项调查而言是最有效度和信度的。鉴于此，笔者决定以完全参与的方式完全混迹于这个社会。而这一"混"就是七年多，如今笔者居然成了全国蟋蟀最重要的产地——山东——这一省级蟋蟀协会的八大理事之一。笔者是一个调查者，但也成了一个地道的斗蟋者。很多时候笔者刻意模糊自己调查者的身份，而让自己成为一个彻底的斗蟋者。因为笔者坚信对这一"隐遁社会"的揭示需要"深描"。

在整个调查过程中，完全参与调查进行得非常吃力。笔者开始调查的时间是 2008 年，但面对这样一个流动的群体，面对私密性和技术性都很强的这样一个"实践的场域"，当时的确不知从何处入手。笔者从资料中得知上海、北京、天津、山东、杭州、苏州等是中国主要的蟋蟀竞斗地区，于是决定对这些地域先进行一个初步调查。所以这一年的一个多月时间，笔者基本都是在各地的花鸟鱼虫市场"闲逛"。① 尽管在"闲逛"过程中希望出现一些机遇或有重大发现，但结果是让人失望的。② 没有办法，在相当于自费旅游了一圈之后，笔者所收获的就是从市场上购得的几本市面上买不到的关于蟋蟀选、养、斗的书籍。

2009 年，笔者通过"中国蟋蟀网"的一个 QQ 群，刻意认识了一个山东济南的蟋蟀爱好者，笔者在当年 8 月份跟随其下乡捉蟋蟀，持续十几个夜晚都是在玉米地里度过的。这种经历让笔者得以重新考察草根社会的运作逻辑，通过他的带领和引荐，笔者认识了不少济南斗蟋者，开始对斗蟋有了较为真切的感受。在这一年 9 月中下旬的时候，笔者又作为一个收购者去山东宁阳收蟋蟀，在那里认识了江苏、浙江和上海的很多蟋蟀爱好者，并与他们结交成了朋友，参与性观察取得了一定的进展。

2010 年 10 月，笔者以斗蟋爱好者的身份参加了在上海崇明岛举行的"上海崇明岛全国斗蟋大赛"，在竞斗会上认识了一些各地斗蟋蟀的"前辈"。在他们的推荐介绍下，笔者才得以参加了各地秘密举行的小型斗蟋蟀活动，真实地考察了斗蟋者作为能动的生活世界的实践者，在"默会知识"的背景下，以一种独特的逻辑推进着的对其生活及生活场域所进行的构建、维护和创新。从那时起，这种参与式考察一直持续了六年。

2. "深描"

按照吉尔茨③的说法，"深描"（thick description）是吉尔伯特·赖尔提出的一个概念，也是在进行文化解释最为适宜的一种方法。吉尔茨他引用赖尔"眨眼"和表达或传递某种意义的"挤眼"的例子，来说明前者只是

① "虫季"之后蟋蟀的买卖以及个别的蟋蟀的打斗是在花鸟鱼虫市场进行的。
② 这种让人失望的结果很大程度上是自己的原因，当时笔者自身在技术上甚至连蟋蟀的雌雄都无法分辨，更不要说优劣了。所以当试图以"斗蟋者"的身份和一些玩蟋蟀的人接触的时候，一张口就是"外行话"，他们"听得出"笔者的"身份"，笔者对他们的技术性"行话"却是一头雾水。
③ 又译为格尔茨。

一个肢体动作，而后者却隐含着一种公众约定的信号密码，这些密码通过行动的一点一滴构成了文化的一个细部。"对于任何事物——一首诗、一个人、一部历史、一项仪式、一种制度、一个社会——一种好的解释总会把我们带入它所解释的事物的本质深处。"① 但什么才构成"社会事实"或"研究对象"的本质仿佛是一个最富争议的哲学话题，因为很多时候对"本质"的探讨属于哲学讨论的范畴。在关于社会的研究和讨论中，我们如果能首先确定"社会"的核心，然后找到抵达这种核心的有效办法，那从某种程度上我们就可以说抵达了"社会本质的深处"。

　　"深描"的方法在人类学研究方法和人类文化解释中被强调。但实际上，这种方法所强调的不是其技术性，而是研究对象——人类社会中人的行为意义及其可欲性。只要确定了这一点，"深描"这种方法就不仅适用于文化人类学关于文化的解释，也适用于社会学关于文化的解释。而关于将社会学研究的对象集中于人的行动和其意义这一点，社会学创始人马克斯·韦伯予以了论证和肯认。他强调人在社会中意义的表达、交流和捕获，认为人是悬挂在由他自己所编织的意义之网中的动物。按照他的观点，"所谓文化就是这样一些由人自己编织的意义之网。因此，对文化的分析不是一种寻求规律的实验科学，而是一种探求意义的解释科学"②。

　　笔者以完全参与的方法，使自己像斗蟋者那样行为，在生活的行动流中对他们的行为通过与自己行为的观察、比对展开记录。每个人都有自己稳定的世界观、价值和道德评判以及自己工作和生活的环境所赋予的行为方式。当他进入一个完全陌生的环境和意义系统的时候，会感到茫然不知所措。而这恰好给了他学习和审视的契机，对所有差异的习得和适应本身就是对作为那种"异己"文化的最好记录。自己正是以这种方法在斗蟋社会这一陌生的环境中记录和工作的。在这一社会中七年多（每年最少三个月）的生活以及和其成员的频繁接触，让笔者从一个"他者"变成了其中的一员。当完成这一过程之后，笔者重新走出这一社会，以"他者"的眼光去审视它；以"局外人"的语言去描述它；以另外一个社会中成员的身

---

　　① 克利福德·格尔茨：《文化的解释》，韩莉译，译林出版社，2014，第23页。
　　② 克利福德·格尔茨：《文化的解释》，韩莉译，译林出版社，2014，第23页。

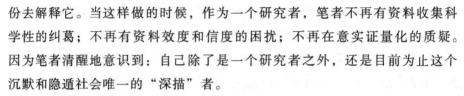

份去解释它。当这样做的时候，作为一个研究者，笔者不再有资料收集科学性的纠葛；不再有资料效度和信度的困扰；不再在意实证量化的质疑。因为笔者清醒地意识到：自己除了是一个研究者之外，还是目前为止这个沉默和隐遁社会唯一的"深描"者。

3. 叙事

伴随着民主和自由思想在世界的勃兴以及人们对"生活世界殖民"的警惕，社会成员个体越来越开始关注自己生活的意义，开始以自己为主体关注并理解、解读关于自己、他人、家庭、国家和英雄的故事。这些故事通过叙事以神话、传说、寓言、小说、童话、历史、戏剧、绘画甚至电影、新闻等形式呈现。"叙事几乎出现在所有时代、所有地方、所有社会；它起始于人类历史的开端，从没有人能离开叙事。各个阶层、各个人类群体都有他们各自的叙事……它时刻在那里，正如生活本身。"① 按照麦金太尔的观点：叙事是社会生活的主要形式，因为它是获得社会行动意义的主要策略。所有形式的人类交往基本上都需要被看作是叙事性的。②

当社会科学关注收集材料的科学性、时间的因果性和可重复性时，叙事的质性方法却提出了完全不同的思路。它认为人类生活的结构具有不可预测性，这正是为什么社会科学中宣称的失败，事实上恰恰是其最成功之处的原因。麦金太尔认为不能预测和不可重复不能被解释为失败，而应被看作是胜利；不应被看作是社会科学的缺点，而应该被看作是优点。③ 因为不可预测并非不可说明，更不是不可解释。在"逻辑－科学"的认知模式中，解释是通过把时间当作一般规律的例证或某一类别中的附属品来进行的，而在叙事中需要的是把一个事件与其他事件、把一个人的行动与其他人的行动乃至与人类发展规划联系起来进行解释。当人们说一个事件或行动没有意义的时候，不是实践或人的行动真的没有意义，而是"人们无法把事件整合到情节结构中去，这样就无法在它所发生的情境中得到理

① Barbar Czarniawska, *Narrating the Organization*, *Dramas of Institutional Identity* (Chicago: University of Chicago Press, 1997) p. 79.

② W. J. T. Mitchell (ed.), *On Narrative* (Chicago, IL: University of Chicago Press, 1981)

③ W. J. T. Mitchell (ed.), *On Narrative* (Chicago, IL: University of Chicago Press, 1981)

解……因此，叙事是为了展示解释而不是论证解释"①。

叙事的方法回应了社会学理论家韦伯、加芬克尔等对行动意义的关注，它关注人们日常生活中通过特殊的行动场域建立起来的意义空间，也回应了结构主义者对结构的强调，它重视意义产生的情景和情景的结构。一些宏大的历史情景也可以在特定结构安排下与行动者的意义发生关联。正因为"叙事"的优点如此明显，以致有的学者认为现在社会科学研究出现了"叙事的转向"②。

斗蟋社会几乎是个用故事叙事的社会。生活于其中的人转述国家、他人的故事，讲述自己的故事。他们用故事来表达观点、立场，传递交往的意义。他们讲述的故事中，真实与虚构的成分总是相互掺杂，掺杂的比例因人而异。他们在生活的实践中仿佛领悟到了这样一个真理：真实的不一定是美丽的。很多人在故事的叙事中会刻意加入些虚假的成分，这些故事的听众很多能辨识出真假，但是他们并不点破。因为他们知道，当轮到他们叙事的时候，他们也会这样做，并且他们知道他们的听众很多也能辨识出故事中的真假。这些叙事有的非常宏大——斗蟋社会中的行动者根据这些宏大的叙事把自己与国家和民族的命运联系在了一起；有些叙事非常微观——微观到某一天的某一时刻两个人的对话以及在对话中双方一个嘴角的上扬或眉头紧皱的动作。他们围绕蟋蟀而聚集，围绕和蟋蟀有关的故事叙事在斗场上、酒桌旁展开交流、辩论。

最后的胜出者的观点和立场往往成为大家接受的观点和立场；那些在交流和辩论中处于下风的人，总会等待机会，在下次交锋中编制新的叙事以追逐那确定生活意义的位置。他们的叙事不是散漫和没有边际的，他们使用差不多的语言，具有相同或相似的语言结构。为了保证叙事能被对方倾听并确定意义，他们总是在大家都能明白的背景——相同或相似的传统、习俗、行为方式——下讲述。因此，故事叙事的类型和进路大多雷同，并且很多人一辈子都在千百遍地反复讲述自己生命经验中的那几个故事。传

① Donald E. Polkinghorne, *Narrative Knowing and the Human Science* (New York: Suny Press, 1987), p. 21.

② 芭芭拉·查尔尼娅维斯卡:《社会科学研究中的叙事》，鞠玉翠译，北京师范大学出版社，2010。

统限定了斗蟋者的故事叙事，而不同的故事叙事者通过自己的故事以及对共同故事的不同叙事①重新阐释传统、习俗和其固有的行为方式，不断地为它们做注脚。斗蟋者故事叙事本身在维护并传递着斗蟋文化。对斗蟋社会的研究和描述本身在很大程度上就是对在这一社会中故事叙事的转述和注脚，而这样做的目的所追求的是对一个社会、一种文化的审视和理解。

---

① 这种不同一定是非常细微的，否则会被当成一个哗众取宠、离经叛道者甚至一个"精神"有问题的痴语者。这样的人即使按照现代的标准也是很有"本事"或"才华"的，但在传统笼罩的斗蟋社会中他往往会被其他行动者回避，被社会关系资源排斥。笔者在调研中遇到过三四个这样的人。他们的蟋蟀辨别能力很强——也就是个人的钻研总结能力强、悟性高——但总和其他的斗蟋者有隔膜，其他斗蟋者和这样的人交往但不会接近。

第一章

重新定位：文化社会学视角下的社会

安东尼·吉登斯曾说："'社会'是社会学话语中一个普遍未经检验的名词。"① 毫不讳言地说，"社会"这一概念是社会学中最经常被人使用，但又是一个最不容易界定清楚的"默会"式概念。社会学研究的问题理所当然应该落在"社会"这一域中，但是何为"社会"，社会在哪里，社会是人的聚合还是文化的载体，社会和文化到底是什么关系，这些都是社会学要面对的理论问题。要解决和面对这些社会学理论问题首先要在理论上对"社会"进行梳理和澄清。在社会学理论中"社会"不仅是一个概念，其背后隐含着的是大量的社会事实、事件，包含意义之人的行动，其内部和外部的结构和制度安排以及围绕它展开的用以剖析社会的理论框架、视角和方法。

本研究试图向人们揭示一个不曾被学界关注但却真实地持续存在了千百年之社会的现代存在样态。很显然要成功描述这一社会，就必须在特定的理论框架内按照特定的视角展开。现代"社会"的出现以及关于"社会"的理论是与"国家"相伴而生的。经洛克至黑格尔之后，"国家 - 社会"这一以社会（市民社会）为核心关注点的理论框架便真正确立起来。② 后经过帕森斯、卢曼、哈贝马斯等人的发展，逐渐成为在结构上认识和把握社会

---

① Anthony Giddens, *The Constitution of Society: Outline of the Theory of Structuration* (Cambridge: Polity Press, 1984), p. 25.

② "第一个真正将市民社会作为与政治社会相对的概念进而与国家做出学理区分的是黑格尔，他沿用了'市民社会'一词并赋予它以新的含义。"——参见邓正来 J. C. 亚历山大编《国家与市民社会——一种社会理论的研究进路》，中央编译出版社，2005，第87页。

的主流理论框架。当然，该理论在使用的过程中遭遇到了至少两点质疑：一是其关注宏观结构和制度（科层、市场、法律等）而忽视社会学传统中对行动意义的关注，也忽略了人们通过富有意义的行动对结构和制度的能动性构建；二是该框架下"社会"的使用范围问题——中国是否存在产生于特定西方社会历史环境并被其描述的"社会"，在西方社会生发的这一理论框架是否能适用于中国。

针对第一点质疑，哈贝马斯通过引入"生活世界"，把社会重新修订为人们的日常"生活空间"——其所标示的乃是人们默知传统的存储器，是根植于语言和文化之中的以及由个人在日常生活中提炼出来的背景性预设——而试图予以补充和修正。该空间由文化、社会和个性三个具有结构性的部分组成，但这三部分的基础都是具有自由意志的主体，如当行动者就他们的境况或定位达成互相理解和相互承认的程度时，能被参与的主体共享的一种文化传统就被创制出来。而整个生活空间的结构性生成和推进也是通过给予主体性的传统、集体意识和认同而衍生的制度得以实现的。① 由此，在哲学层面上，具有构建和能动意识的主体性就被引入了"国家－社会"理论框架，从而对该理论框架实现了补充和修正。针对第二点质疑，我们可以仿照对第一点质疑的回应——通过对"国家－社会"理论的进一步补充和完善——来做出回应："生活空间"中流动的是人们的日常行动，而这些日常行动所承载的意义往往来自该世界中具有先赋性的经验积累、传统和习惯（而这些构成了文化的面相）。文化不仅作为一张意义之网编织出社会，而且渗透进作为科层、权力和制度代表的国家。由此，"国家－社会"理论完全可以在一种文化社会学的视角下被重新补充和修订。因为"日常洒扫"所表征之文化具有理解、解释的通约性，"国家－社会"理论框架自然也就能跨越出"地方性知识"的局限而在针对中国特定社会——本文所研究的斗蟋社会——中作为一种有效的理论框架被使用。当然"国家－社会"理论在文化社会学视角下的脉络仍然需要通过理论梳理呈现。

---

① Jurgen Habermas, *The Theory of Communicative Action* (Boston: Beacon Press, 1981), Vol. 2, pp. 142 – 147.

一　社会的发现："国家－社会"理论的政治社会学进路及其内在紧张

西方的学术思想之所以能够蔚为大观，一个很重要的原因是生活于其中的思想者的学术继承、对话、批判与创新。现代政治社会学没有洛克都是不可想象的，从某种程度上，洛克是现代"国家－社会"理论的先驱和开创者之一。很明显，我们能看到洛克的思想是对霍布斯思想的继承、批判和发展。现代政治社会学的开创者霍布斯已经关注到了国家和社会的关系，但他用"自然状态"的预设把社会想象成人类的某种原始、无序的"自然状态"。在他那里，人类社会的"自然状态"是一个遵循着类似于丛林法则的竞争和斗争的状态，以致他用一种极端的方式认为：人与人的关系就是狼与狼的关系。但人类社会与动物社会相比，因为"最弱的人可以杀死最强的人"而显得更加残酷。在这种"自然状态"下，弱者随时可能被强者欺凌，而强者也时时担心弱者寻机报复，由此人人自危。"利维坦"——比每一个人都强大的国家——立基于这种自然状态被自然催生。为了走出恐惧，人们通过契约把自己的全部权利交给了"利维坦"，并对这一"巨神"承担绝对的义务。而由于代表"利维坦"的统治者不需要对其臣民签订承诺契约，所以他的权力就是无限的和不可限制的。①

洛克理论的论述起点承自霍布斯但是与其背道而驰，他认为人即使在自然状态下也不会陷入霍布斯所说的"人与人的战争"中，而是会遵循一种自然法所规定的、为他人着想的原则和平地生活。这种状态"虽然是自由的状态，却不是放任的状态，在这种状态中，虽然人具有处理他的人身或财产的无限自由，但是他并没有毁灭自身或他所占有的任何生物的自由……理性，也就是自然法，教导着有意遵从理性的全人类：人们既然都是平等和独立的，任何人都不得侵害他人的生命、健康、自由或财产"②。洛克甚至把这种自然状态看作一种"黄金状态"。

---

① 霍布斯：《利维坦》，黎思复、黎廷弼译，商务印书馆，1985。
② 洛克：《政府论》（下卷），叶启芳、瞿菊农译，商务印书馆，1964，第4页。

既然如此，我们是否有必要成立国家或建立集体的政治社会呢？洛克认为国家或政治社会的必要性是出于防止侵害的需要。"自然状态"中的人尽管可以根据良知和自然法的指引对他人的侵害进行阻止，但是这种阻止的限度毕竟是模糊不清的，为了防止这种模糊不清可能造成的秩序混乱，必须委托国家或政治社会根据明确清晰的法律对这种侵害进行仲裁，维护社会友爱的秩序。在他看来："真正的和唯一的政治社会是，在这个社会中，每一成员都放弃了（按照个人意愿对损害和犯罪进行惩罚——笔者加）这一自然权力，把所有不排斥他可以向社会所建立的法律请求保护的事项都交由社会处理。于是每一个别成员的一切私人判决都被排除，社会成了仲裁人，用明确不变的法规来公正地和同等地对待一切当事人；通过那些由社会授权来执行这些法规的人来判断该社会成员之间可能发生的关于任何权利问题的一切争执，并以法律规定的刑罚来处罚任何成员对社会的犯罪。"①

与霍布斯不同的是，在洛克那里，国家或政治社会是基于人们的同意而建立起来的，是以个人的同意为根基的，人们通过社会契约赋予国家的并非是全部的自然权力，而只是其中的一部分，因此国家的权力是有限的，并且是应该受到限制的。由此，站在霍布斯这一巨人的肩膀上，洛克开辟了国家与社会二元分野的理论向度，但也自洛克以后，社会与国家之间好像形成了一种无法缓解的紧张、争夺与斗争，从而对后世理论与实践影响深远。但是考察洛克和霍布斯以前的理论源头，特别是古希腊的社会生活实践，我们发现当时的国家和社会是重合的，人们轮流做法官甚至通过选举轮流做国家的治理者。当时的国家和政治是完全内嵌在人们的日常生活之中的。② 也可以说，霍布斯和洛克开创出来的国家与社会的二元对立只是现代性的产物，它们之间的紧张并不是必然的。为了克服这种二元带来的紧张乃至对人们的生活空间——社会——的破坏，孟德斯鸠在一个更加宽广的流脉中继承和发展了该理论，向我们提供了一条折中的道路。

---

① 洛克：《政府论》（下卷），叶启芳、瞿菊农译，商务印书馆，1964，第52~53页。
② 参见色诺芬《回忆苏格拉底》，吴永泉译，商务印书馆，2010；柏拉图：《游叙弗伦 苏格拉底的申辩 克力同》，严群译，商务印书馆，2010。

二　一种修正："国家－社会"理论对传统、
习俗与公民美德的强调

　　社会的观念，在霍布斯和洛克以前的中世纪呈现一种不同的态势，中世纪早期的社会观念认为，政治权力机构只不过是社会众多机构中的一种。例如，皇室的权威，其本身可能非常强大，但是把其放到自然和宇宙中，它则是其中很小的一部分。这种不把社会等同于政治组织的观点，构成了后来相对于国家的社会的一个重要渊源。另外查尔斯·泰勒认为，构成洛克论述基础的主体性权利概念不必然来源于十七八世纪的"天赋人权"，而首先是一种契约式的关系概念。这一点在采邑关系中呈现得非常清楚。① 采邑被认为是一种非正式契约关系，封建主和其属下一样，对这种契约需承担义务，违背这些契约同样会被认为是犯罪。所以，封建主的附属们最后成了这种契约的受益者。由此，中世纪的主权者所面对的乃是很大程度上根据权利义务予以界定的社会，这些权利义务的存在使得统治者在采取涉及公共福利的措施时，必须征得集体的同意。也只有这样，它才会得到其所统治的臣属的支持。由此，在这样的结构安排下，统治者的统治是在得到各个社会阶层乃至全体人民断断续续、不确定的支持之后才能得以展开的。在承担着自身不可推卸的义务之情况下，统治者为了发动战争、召集军队、获得财税等资源，必须不断召集他的臣民，在协商同意的基础上才能施展自己的"雄才大略"。这一点——也是《论美国的民主》的作者托克维尔后来看到的——真正可以构成西方自由民主的条件和根源。

　　这一建立在历史发展脉络中的权利义务关系显然不同于洛克的观点。

---

① 参见 Charles Taylor, "Models of Civil Society," *Public Culture*, 1991 3（1）pp. 95–118。关于这一点，托克维尔在其《旧制度与大革命》中对德国采邑制度中贵族对其属下的臣民所承担的义务也有详细的论述。他这种继承孟德斯鸠在权利义务关系中考察国家与社会的思路在本书后面还会详细提及。

洛克把政府定义为一种人民的信托。① 政府是社会信托的产物，即社会是先于政府而存在的，政府看似具有无上的权力，但是如果在和其管理的人民关系方面违反了信托——也就是违背了自己的信用，社会则可以收回自己赋予它的权力。从洛克的理论论述背后，我们不难看出一直有一个东西——专制——如影随形，成为洛克假想并与之斗争的对象。尽管洛克理论中"自然法""良知""天赋权利"等观念构成了后来政治社会学理论中最具影响力的反对专制的进路之一，但毕竟不是唯一的进路。孟德斯鸠在其《论法的精神》中提供了另外一种"国家－社会"的理论进路。这同样是建立在以反对专制为主线的社会理论进路。孟德斯鸠与洛克不同，他把一个强大的君主制政府的存在作为一种可接受的甚至是维护社会秩序的不可或缺的状态。但他认为问题的关键不在政府的形式，而在这一政府是否受制于自然法②，从而能在制衡中反对专制和独裁。

不仅如此，孟德斯鸠认识到要让政府服从法律必须要有社会的结构性安排——让法的体系中有独立的合法组织来捍卫法律的落实，否则法律的约束就会因为没有实施的主体而失去效用。法治应该同作为中介的社团相互支持、荣辱与共甚至同生同死。如果没有法律，诸如议会这样的机构和贵族这样的等级便不会具有什么社会的分量；如果没有这些机构和社会阶层，法律也就失去了有力的捍卫者。正如他所说："君主政体③的性质是'中间的'、'附属的'和'依赖的'权力所构成……最自然的中间的、附属的权力，就是贵族的权力。贵族在一定方式上是君主政体的要素。君主政体的基本准则是：没有君主就没有贵族，没有贵族就没有君主。但是在没有贵族的君主国，君主将成为暴君……一个君主国，只有中间阶级是不

---

① 参见 "The Second Treatise of Civil Government," in Peter Laslett, ed., *Locke's Two Treatises of Government*, 2^(nd) edition (Cambridge: C. U. P., 1967), p.430。

② 在法学界，孟德斯鸠因《论法的精神》而被认为是一位法学家，但雷蒙·阿隆则认为孟德斯鸠是社会学的先驱之一（参见雷蒙·阿隆《社会学主要思潮》，华夏出版社，2000，第12页）。但笔者认为孟德斯鸠继承了自古希腊以来的自然法传统，主张对自然规律和传统的尊重，他这一点在其嫡传弟子托克维尔的两部著作《旧制度与大革命》和《论美国的民主》中体现得非常明显。

③ 此处孟德斯鸠所说的"君主政体"是一种自由君主政体，君主的权力受到普遍限制，被置于一种权利和义务的关系之中，首要的是被置于一种法律关系之中。这种政体完全可以是一种制衡的良好的政体，其和专制政体有本质的区别。

够的，还应该有一个法律的保卫机构。担当这个保卫机构的，只能是政治团体。这些团体在法律制定时便颁布法律，在法律被遗忘时，则唤起人们的记忆。"①

　　中世纪乃至古罗马帝国时代的政治架构、习俗、道德观念对孟德斯鸠都具有重要的影响。② 在很大程度上，我们可以把孟德斯鸠看作一个反专制主义之古代自由的崇尚者。正是在对历史传统详细梳理和考察的基础上，他在国家和社会这种二元理论视野之外开辟出了第三条道路，这一道路严格执行着这样的标准：国家中生活的每一个公民都是国家公共事务的参与者，他们的参与不是出于功利的考虑，而是出于对国家、自由、法律和尊严的热爱。孟德斯鸠认为君主制和共和制政体会培养出一些公民的"美德"，前者会培养公民对自身的权利、地位、荣誉、习俗给予强烈的关注，这种"美德"可以促使权利享有者反抗君主的侵权行径，并且使他们羞于服从任何有悖于其法律的命令。正如他在罗马帝国看到的，"使人们感到最受侮辱的事情，莫过于他们的礼仪和习惯受到了破坏。设法去压迫他们，这有时反而证明你对他们的尊敬；如果破坏他们的风俗习惯，这却永远是一种蔑视他们的标志"③。共和政体中可以培养公民对公共利益、节俭和平等的热爱，而孟德斯鸠认为对祖国的热爱是共和政体中维护社会处于自由状态的最大动力，因为它可以引导人们誓死捍卫法律，使之免受来自内外的威胁。这种爱在罗马帝国伟大之时体现得尤为突出，它"突出了罪恶和美德的常规，其所服从的只是它自己，它是不管什么公民、朋友、好人、父亲的；美德正仿佛是为了超越自己才把自己忘掉的"④。由此，孟德斯鸠通过把社会视为中央政府的权力与一系列在人们观念中根深蒂固的习俗、习惯、平等、公正、美德、权力、地位、荣誉等权利的均衡，从而突破了"国家－社会"的二元理论视野，走出了自己独特的"第三条道路"。

---

① 孟德斯鸠：《论法的精神》（上卷），张雁深译，商务印书馆，1959，第18～20页。
② 关于古罗马帝国对孟德斯鸠的影响，参见孟德斯鸠《罗马盛衰原因论》，婉玲译，商务印书馆，1962。
③ 孟德斯鸠：《罗马盛衰原因论》，婉玲译，商务印书馆，1962，第62页。
④ 孟德斯鸠：《罗马盛衰原因论》，婉玲译，商务印书馆，1962，第64页。

三 "生活世界"和"实践"："国家－社会" 理论方法论难题的化解

1. 结构与主体行动的张力

行动者的能动性与结构的关系问题被吉登斯认为是当代社会理论的基本问题。[①] 对这一关系问题的认识在社会学古典理论的代表人物马克斯·韦伯、乔治·齐美尔和埃米尔·涂尔干那里就开始出现分野，并且集中体现在对"社会"认识的方法论方面。韦伯关于社会理论的方法论深受狄尔泰、李凯尔特等人的影响。狄尔泰意识到：以社会和历史为对象的那些学科19世纪前一直长期地受形而上学的支配，到了19世纪它们却不得不屈从于迅速发展的自然科学。所以他试图重新找回精神科学的地位。狄尔泰认为，自然科学方法在"自然规律"这一铁律的引导下，把现实中可以观察到的事物与另一些事物联系起来，根据一种因果的逻辑对其做出解释和说明。但是在此过程中，人类生活的一个最重要的东西——生活的意义——被彻底排除。

那么什么是生活的意义呢？狄尔泰引入了"时间"的概念，[②] 他指的时间并不是钟表标示的时间，而是指一种时间的结构，其构成了包含着人类感觉、经验、思想、情感、欲望乃至历史记忆之内在于人类生活的一种结构，这种结构和其中填充的内容呈现了我们鲜活的生活的意义。在这种意义的指引下，人类每一刻都承载着对过去的追忆、反思，对未来的展望和参与。[③] 按照自然科学的方法，人在被观察的时候是一个等待观察的物，这在狄尔泰看来显然是不合理的，人是有思维、有情感、有记忆，不同于物的特殊性存在。基于此，人永远不会像物体那样站在那里被动地被观察、

---

① 安东尼·吉登斯：《社会学方法的新规则》，田佑中、刘江涛译，社会科学文献出版社，2003。

② 这种"时间"的概念被李凯尔特所吸收继承，但李凯尔特在狄尔泰"时间"概念基础上发展出"历史"的概念，参见 Fritz Ringer, *Max Weber's Methodology: The Unification of the Cultural and Social Sciences* (London: Harvard University Press, 1997), p. 38. 笔者认为，李凯尔特重新界定的"历史"观奠定了韦伯建立在行动及其意义基础上的历史社会学的基调。关于这一观点希望以后能在其他场合进一步论证，同时也希望得到方家批评指正。

③ H. P. Rickman (ed. and trans.), *Meaning in History: W. Dilthey's Thoughts on History and Society* (London: George Allen & Unwin, 1961), pp. 97 - 102.

被"统计"。他们彼此之间在不停地展开交往，在这种交往中他们注意积累自身的生活经验，用经验性的感受唤起自己的思想和情感，用思想和情感引领自己的行动。

在此基础上韦伯把"社会"概念看作纯属虚无，真实存在的只是富含意义的行动和行动者①。社会科学工作者在进行研究的时候，因为价值和意义的存在，其处理的不再是自然科学中的"现实事物"，而是一些价值关联和意义指向——韦伯称为价值判断和意义的理解与解释。这种价值关联的作用不像自然科学中抽象出的概念那样来帮助我们认识和把握现实事物，而是对一些具有"历史性的个体"采取一种态度，进行一种评价。价值判断根源于主观，"是完全具体的、高度个别化地形成和构造起来的'情感'和'愿望'或者是关于某种仍旧具体地形成的'应当'的意识"②。由于这种价值判断的介入，意义成为文化科学的对象。由此韦伯把社会学界定为：以行为意义和在此基础上的社会关系为研究对象的文化科学，它着眼于把握行为的主观意义，即"寻求对社会行动的诠释性理解，并由此对行动的过程和结果进行因果性的解释"③。

另一社会学理论的开创者齐美尔持有和韦伯类似的观点，他认为："社会是一个有着自身规律的不可见世界。这些规律可以在文化之流——语言、技术、社会体制、艺术——中找到，这些文化在时间之中塑造了一代又一代新人……人类上演的戏剧是一场个人与社会之间的斗争——它本质上是一场悲剧，因为这两种力量通常必然同时存在于每一个活生生的个人身上。"④ 按照齐美尔的看法，社会作为一个具有自身规律的不可见世界是通过作为主体的人呈现的，但是因为这种主体性承载了语言、技术、社会体制等诸多客体的形式，从而让个人成为一个主体与客体矛盾的存在，这一矛盾呈现为个人与社会的斗争，但实际上只不过是主体自我的分裂与斗争。由此人类为自己上演了一场悲剧——齐美尔认为在个人和社会之间存在一

① Max Weber, *Economy and Society* (Berkely: University of California University Press, 1978).
② 马克斯·韦伯：《社会科学方法论》，韩水法、莫茜译，中央编译出版社，2002，第98页。
③ Max Weber, *Economy and Society* (Berkely: University of California University Press, 1978), p. 4.
④ 兰德尔·科林斯、迈克尔·马科夫斯基：《发现社会之旅》，李霞译，中华书局，2006，第257~258页。

种主客体的分裂，但这一分裂本身却又是主体性的，因为只有主体才是有意识的意义的创立者。

涂尔干认为社会是一个"社会事实"，有其特有的结构和构成部分，可以被客观地观察。① 他坚持把"社会事实"作为社会学乃至社会科学研究的对象，并且坚定地主张要把"社会事实"这一研究对象看作外在于个人和集体并具有客体性的物。他认为"社会"是一个外在于个人并对每个个体具有强制"社会事实"，即"社会"本身可以被作为社会学的研究对象，② 并认为"必须从社会本身的性质中寻找社会生活的说明"③。"社会"作为"社会事实"并不意味着它是一个单一的实体，而是由不同的部分构成，每一部分都对整体发挥着功能，由此对社会的结构和每一部分功能的揭示就成为社会学理论和方法论关注的核心问题。④ 以涂尔干为代表的功能主义者强调社会的整体整合的方面，这不仅造成了社会与生活于其中的成员之间的分裂，而且使得社会整体总是对个体的行为产生支配。

古典社会理论家在结构和行动之间留下的理论张力为后来的社会学家提供了社会学想象力和理论实践的空间。哈贝马斯、布尔迪厄和吉登斯都是在这一空间中探索的社会学家。他们的理论成果对关注宏观的"国家 – 社会"理论框架构成了根本性的补充和修正。

2. "生活世界"与"实践"的引入

在韦伯思想的吸取者狄尔泰看来，一个人的行动可能在交往中构成他人的一种经验，从而唤起他人的思想情感的反应并导致相应的行动。这样，个人的生活形式便扩展成为一种共同生活的形式，人类生活的历史也就这样在不间断的相互作用中向前推进和展开。从他的逻辑推演中我们其实已经看到了后来被一些伟大的思想家所发展的"实践理性"的痕迹。⑤ "实践理性"可以很好地解决行动者互动的形成机制。

---

① E. 迪尔凯姆：《社会学方法的准则》，狄玉明译，商务印书馆，1995。

② Emile Drukhei, *The Rules of Sociological Method* (New York：The Free Press, 1982), p. 35.

③ Emile Drukhei, *The Rules of Sociological Method* (New York：The Free Press, 1982), p. 101.

④ Tom Bottomore, *Emile Durkheim* (Key Sociologists Series) (London and New York：Routledge, 2004).

⑤ 布尔迪厄就是以"实践理性"而闻名的伟大思想者。具体参见 Pierre Bourdieu, *Outline of A Theory of Practice*, trans. by Richard (Cambridge：Cambridge University Press, 1977).

有关"日常生活世界"的界定性陈述最早现于现象学，现象学出于一种对实证主义的批判开始关注人生活的意义。胡塞尔认为人的意义"是由主体在生活世界的实践中被赋予的"①。在他那里对"生活世界"的关注意味着对 18 世纪以来理性的反叛。这种反叛很显然具有其合理性，科学理性假定一切都必须在被规定的真理的标准下被可预期地推进——那些不在这种真理性规定与约束下进行的人类行为将都是荒唐和谬误的。很显然，这本身就是一种外在于人的荒谬。所以重新回到"生活世界"，寻找生活的意义，用人自己生活的意义来重新设定自己的生活限域成为其主题。"现象学社会学家认为社会学的任务是准确地描述我们如何看这个世界……他们也研究我们与他人的理解逐渐同化的方式——我们如何把我们经验的现象放在一起，通过这种方式我们大家构建了一个相似的或者共同的日常生活世界。"②

舒茨把胡塞尔关于日常生活世界的哲学思想加以改造并与马克斯·韦伯理解的概念结合后引入社会学理论。他把日常生活世界看作一种由过去和现在的行动者在主体间性的背景下被赋予意义的"至尊现实"。③ 在舒茨那里，个体在日常生活中赋予情境的意义是最为重要的。情景界定指向个人依赖于共同的手头库存知识，并运用由他们所在的社会群体传递给他们的类型化——类似于韦伯的"理想类型"——来建构一个世界。彼得·伯格与卢克曼在舒茨现象学社会学基础上发展出了现实社会建构的理论。这种理论认为人们通过他们的行动与互动不断地创造出一种共同的现实。这种现实是被人们经验为客观上真实与主观上有意义的现实。他们假定日常生活现实是一种社会地建构的系统，在其中，人们赋予日常生活现象某种秩序。这种现实具有主观与客观的要素。在主观上它们是指现实对于个体而言的个体性意义；在客观上它们指称社会秩序或者制度世界，认为它们是人类的产品。这一理论的中心是处理日常生活如何被个体社会性地构建起来的问题。④

① 埃德蒙德·胡塞尔：《欧洲科学危机和超验现象学》，张庆熊译，上海译文出版社，2005，第 17 页。
② 鲁思·华莱士、埃里森·沃尔福：《当代社会学理论》，刘少杰等译，中国人民大学出版社，2008，第 235 页。
③ Alfred Schutz. *The Phenomenology of the Social World* (London：Heinemann Educational Book，1972).
④ Peter L. Berger and Thomas Luckmann, *The Social Constitution of Reality* (New York：Doubleday，1966), p. 18, 21 - 22, 191 - 192.

阿格妮丝·赫勒从生活世界的构成内容——日常生活方面对生活世界进行了界定，认为日常生活是那些同时使社会再生产成为可能的个体再生产要素的集合，并指出每个人无论在社会劳动中占据的地位如何，都有自己的日常生活。日常生活的意义被不同的个体所赋予，但是它同时有社会的印痕。①

哈贝马斯的"生活世界"吸纳了以上界定的要义并加以综合。他把舒茨的"主体间性"问题通过语言的介入予以理论的明晰和具体化，把生活世界界定为主体之间使用语言进行平等协商和沟通的世界。② 与此同时，他继承马克思的传统，在批判的基础上把"国家-社会"关系理论通过生活世界的论述又往前推进了一步。哈贝马斯认为，随着社会的发展，社会自身会自我推出一套制度体系——由金钱控制的市场和由权力控制的国家组织。于是在没有共享的意义或相同的生活世界的情况下，更多的人参与彼此的生活就成为一种可能。社会系统变得日益复杂和分化。生活世界变得日益理性化。这两者在很大程度上成为分离的两部分。比较而言，在传统的部落社会，系统整合和社会整合仍然紧密地交织在一起，在那里"由语言调节的、有规范引导的互动"的结构"直接构成了支撑性的社会结构"③。跟随马克斯·韦伯关于社会理性化以及"铁的牢笼"进路以及卡尔·马克思的批判理论，哈贝马斯在"国家-社会"框架内对现代社会的弊端提出了批判："被调节的、被分割的、被监控的以及被看护的生活世界的扭曲确实比物质开发和贫困这样的可以感觉到的形式更微妙；但是内在化的社会冲突从物质转向精神，并不因此而减少其破坏性。"④

另外一个应该被提及的思想者是福柯，他研究的一个主题是灵魂如何成为肉体的监狱，这其中涉及知识、真理话语的使用以及遍布社会每个毛细血管的权力的运行机制。⑤ 哈贝马斯关注国家（行政科层制度）对"生活

---

① 参见阿格妮丝·赫勒《日常生活》，衣俊卿译，重庆出版社，1990。
② 德特勒福·霍斯特：《哈贝马斯》，鲁路译，中国人民大学出版社，2010。
③ Jurgen Habermas, *The Theory of Communicative Action* (Boston: Beacon Press, 1981), Vol. 2, p. 156.
④ Jurgen Habermas, *The Philosophical Discourse of Modernity: Twelve Lectures*, tans. By Frederick Lawrence (Cambridge: Polity Press, 2003), p. 362.
⑤ 阿尔帕德·绍科尔采：《反思性历史社会学》，凌鹏等译，上海人民出版社，2008。

世界的殖民"，而福柯提醒人们关注权力以不被人察觉的方式对生活世界的渗透与侵蚀。

社会学家吉登斯和布尔迪厄关注人们在日常生活空间中的"实践"，他们把韦伯关于行动意义理解的思想，胡塞尔、舒茨的现象学对日常生活世界的关注以及哈贝马斯在"国家—社会"框架下对生活世界的审视等理论融入动态的"实践"过程。把"实践"看成人们在自己的"社会"中展开的行动的过程，通过这一过程，不仅行动者的意义、意图、策略、理性等主体能动性被充分展现，而且通过行动的实践过程，一种新的结构得以构建。从而，一种关注结构和行动者互构的"实践社会学"理论被构建起来。社会被看作一个充满竞争的场域的集合。吉登斯把社会看作在特定的时间、空间和认知下，不同的主体基于实践感的遭遇。① 吉登斯自己明言："我的目标之一……在于宣告这些建立帝国体制的努力的破产。社会科学研究的主要领域……既不是个体行动者的经验，也不是任何形式的社会总体的存在，而是在时空向度上得到有序安排的各种社会实践。"②

在布尔迪厄那里，行动者和机构的问题具体表现为："如何把实践科学地模式化，同时又不把模式的形式特征投射到绝大多数日常生活时间的非形式化的、倾向性的动力学中。"③ 为了解决这一问题，布尔迪厄创制了"习性"的概念，他把习性定义为："持续的，可以转换的倾向性系统，它把过去的经验综合起来，每时每刻都作为知觉、欣赏、行为的母体发挥作用，依靠对于各种框架的类比性的转换（这种转换能够解决相似地形成的问题），习性使千差万别的任务的完成成为可能。"④ 并由此指出在日常生活中人们的行为是一种"策略性"的行为，是一种基于实践的行为和外部世界（情境、形势）不断互构的持续性过程。⑤ 布尔迪厄在进行自己的理论研究时，采用了源自涂尔干传统社会学的"归类图式"，但严格来说，他的

① Anthony Giddens, *The Constitution of Society*: *Outline of the Theory of Structuration* (Cambridge: Polity Press, 1984).

② Anthony Giddens, *The Constitution of Society*: *Outline of the Theory of Structuration* (Cambridge: Polity Press, 1984), p. 17.

③ 戴维·斯沃茨：《文化与权力——布尔迪厄的社会学》，陶东风译，上海译文出版社，2006，第 110 页。

④ Pierre Bourdieu, *Algeria 1960* (Cambridge University Press, 1979).

⑤ Pierre Bourdieu, *Outline of A Theory of Practice* (Cambridge: Cambridge University press, 1977).

"归类"和涂尔干的归类有明显的区别。涂尔干的实证社会学明显有科学理性主义的印痕，所以他在介绍"原始分类"的时候不仅没有摆脱而且更加强化了主观与客观、行动者与结构、结构主义与构成主义、唯物与唯心的二元对立。但这些正是布尔迪厄要通过自己的理论构建去努力克服的。他的分类，为了和涂尔干的分类区别，严格来说是"分类的逻辑"。① 这种分类的社会立足点是社会中被"区隔"的社会空间，之所以被"区隔"，是因为不同的社会空间都有自己独有的特征——经验性的也是符号性的，具体表现就是资本、位置与性情倾向之间的差异。由于行动者所具有的构成主义特征，社会空间因为这些差异的存在而存在②，行动者在各种存在差异的社会空间中进行携带着大量符号和意义的实践。布尔迪厄理论的创新在于，这些携带着大量符号和意义实践着的主体被主体之间的关系淹没了。

与福柯宣称"主体死亡"类似，布尔迪厄的理论"设计"了"主体的隐退"。超越主体走向实践，是布尔迪厄面对最重要社会理论问题③提出的独特解决办法。现在在他的理论中主体隐退于关系中，关系的认定有赖于"位置"，关系处于特定的场域中，特定的场域会因为其中对资源的竞争而被重新形构，最终关系被重新确立，主体重新定位自己在社会空间中的位置。正如他用帕斯卡的一句格言对此进行的说明："世界包容我，并且把我像一个点那样淹没掉，但是，我理解它。"④ 他对此的理论解释是："社会空间把我当作一个点吞没了我。但是，这个点是一个观点，是从处于社会空间某个点出发而获取的见解的根源，是从客观位置开始，并通过客观位置而在形式和内容上确定的角度的根源。"⑤ 布尔迪厄在对"场域"的结构性关注的同时也强调了个体主体性的基础地位。

---

① 皮埃尔·布尔迪厄:《实践理性》，谭立德译，生活·读书·新知三联书店，2007。
② 社会空间是布尔迪厄所承认的实体性的存在，这也许是很多人在解读其理论把他界定为结构主义的一个原因，另外，他的社会空间所形成的"区隔"，被很多人解读为阶级存在的另外一种版本，但是布尔迪厄本人明确否认阶级的存在，他把"阶级""阶层"这样的经验性事实看作一种人为的符号构建的人工产品。Pierre Bourdieu. *Distinction：A social Critique of the Judgement of Taste*（Masschusetts：Harvard University Press，1979）．
③ 吉登斯所说的行动的能动性与结构问题。其实这也是吉登斯自己理论所关注的核心。参见 Anthony Giddens，*Central Problems in Social Theory*（Berkeley and Los Angeles：University of California press，1979）。
④ 皮埃尔·布尔迪厄:《实践理性》，谭立德译，生活·读书·新知三联书店，2007，第16页。
⑤ 皮埃尔·布尔迪厄:《实践理性》，谭立德译，生活·读书·新知三联书店，2007，第16页。

社会空间所形成区隔的实践感，促使人们在自己所处的空间中通过实践的交往展开竞争，争夺资源，使自身占据更加有利的位置。这一过程改变了同一社会空间内部的同质性，从而逐渐改变了自身所处社会空间的结构和与其他社会空间比较的相对位置。这使得更大的社会空间结构和布局的变化不断处于一种潜在的可能性之中。[①]

本研究中斗蟋者所生活的生活世界，就是一个充满了个体竞争的社会空间，其中所具有的"区隔"性标志虽然因为其传统文化符号的影响而不如布尔迪厄所说的那么明显，但是围绕资源、名声、荣誉、地位进行的竞争是能非常明显地被经验观察捕捉到的。另外斗蟋者的生活世界中充满了未被祛魅的各种关于斗蟋的故事，其中行动者的生命历程几乎都与有关蟋蟀的传说或神话有意无意地连接起来（这在年长的斗蟋者中尤为明显）。这样的社会空间中明显蕴含着布尔迪厄理论中所没有意识到的中国特有的传统面向和逻辑，那这一特殊的经验研究能否在斗蟋的生活世界或社会空间中呈现布尔迪厄理论所没有意识到之逻辑上的新特性，从而能形成一种理论的补充呢？由此，布尔迪厄的理论在本研究的进行中不仅仅作为一种支撑而存在，更是一种潜在的比对和争鸣。而把"文化"引入"国家－社会"这一二元结构，正是这种对比与争鸣的"实践性"展开。

斗蟋社会是在中国存续了千百年的社会空间。作为一种按照大体相同的规则，以相同的载体——蟋蟀——展开的社会性嬉戏，它并没有随着王朝更替和历史的变迁而淹没和消逝，而是自唐宋一直延续至今。尽管有的时代——如清朝的康熙时期——政府出于社会治理和安定的考虑严令禁止斗蟋，但从当时《蟋蟀谱》的修订、出版和流传来看，这一社会性嬉戏在当时并没有停止；"文革"时期，斗蟋被认为是走资派的东西被严令禁止，但当时也有人在街头巷尾，甚至几个好友冒着非常大的政治风险在虫季偷偷聚会"厮杀"。[②] 在济南有一个姓左的斗蟋"前辈"，"文革"时期白天因为斗蟋被批斗，晚上回家照样"开打"。斗蟋蟀就这样千百年来仅仅与人们

---

① Pierre Bourdieu. *The Logic of Practice*（Cambridge University Press, 1990）.

② 上海久负盛名的斗蟋老玩家火光汉老师自民国就随师傅穿行上海的各大斗蟋场馆，即使在"文革"时期，尽管斗蟋受到了严格的监控，但是在民间和斗蟋社会中并没有停止，而是以"隐遁"的方式继续进行着。这一点可参见其著作《蟋蟀的选、养、斗——60 年经验谈》，上海人民出版社，1999。

的日常生活嬉戏相关，它表征着人们在自己空间中的自由。由是，越是在人们日常生活被压抑，人们日常的活动空间变得狭小的时候，人们对这种社会性自由嬉戏的渴望度就越高。① 作为表征着人们自由的社会性嬉戏，斗蟋千百年来和中国人的生活世界紧紧黏附在一起。国家和政权往往通过主流意识形态话语赋予它"玩物丧志""玩物丧国""赌博毁家"等。为了躲避和国家政权与权力的正面冲突，斗蟋这一中国社会性嬉戏千百年来一直保持着在民间"隐遁"的状态。而这一方法成为其可以延续至今，能为我们呈现一个完整的传统中国社会的最重要的原因。它把所有的生命力都留在了人们的日常生活中，留在了民间人们编织社会之网、培育自由精神的社会性嬉戏中。

斗蟋在构筑人们自由的秉性和社会之网的社会性意义远大于对生活世界本身的厘清和界定，如果要结合以上有代表性的对"生活世界"的界定，本书中的生活世界是指有语言参与并以其为权力运行载体的，涉及主体性意义交往的日常生活中的人际互动空间，它的目标指向是嬉戏中的社会构建和个体自由。在很大程度上，"生活世界"对"国家－社会"理论的宏观结构性进行了微观意义的修正和补充。

四 文化社会学视角下的社会："国家－社会"理论的再审视

1. 文化人类学和社会学的理论视角

"文化"在社会科学中作为社会学和人类学研究的专用术语，在各种著作中出现的频率仅次于"社会"。② 但是一直到现在，这一被广泛使用并关

---

① 这一点在上海另一蟋蟀名家边文华先生的《蟋蟀经》中能清晰地看到。他在序言中说："笔者于1988年1月出版《蟋蟀选养与竞斗》（上海科技出版社）一书。问世以后，深受读者欢迎。三年共四次印刷，总量达6万册，早已畅销一空。在该书发行期间，全国出现了蟋蟀热。天津、北京、上海、徐州、蚌埠、苏州、宁津、潍坊、保定、杭州、武汉和无锡等大中城市，相继成立了蟋蟀协会、研究会、俱乐部和研究中心。仅上海的蟋蟀爱好者就多达数十万之众。"参见边文华《蟋蟀经》，大连出版社，1995，"前言"。
② 克莱德·克拉克洪：《个人与社会》，高佳、何红等译，浙江人民出版社，1986，第3页。

注的概念及其理论仍在不断被重新认识、界定和发展。它作为社会科学的研究对象被研究和界定最先是在人类学中，19世纪后半期到20世纪是文化研究的鼎盛时期，这一时期一些著名的人类学家如泰勒、摩尔根、巴霍芬、曼恩、马凌诺夫斯基、克拉克洪、吉尔茨以及中国的费孝通等人都是在人类学中对文化展开研究的先行者。他们几乎都在自己的作品中给"文化"下了定义。如泰勒认为："文化是一个复合的整体，其中包括知识、信仰、艺术、道德、法律、风俗以及人作为社会成员而获得的任何其他的能力和习惯。"而这一定义被吉尔茨认为是泰勒式大杂烩，并认为其可能会将"文化"概念带入困境。① 克拉克洪在其人类学著作中更是用了近30页的篇幅围绕文化的十几个面向给其下了十多个定义。如他认为文化"是一个民族生活方式的总和"；是"一组对反复出现的问题的标准化认知取向"；是"一种对行为进行规范性调控的机制"；是"一种历史的积淀物"；是"一个汇集了人类知识的宝库"②。最后为了克服这种定义的"泛化"，他又从便于让人们理解的角度使用了比喻，把文化比作一幅指导人们生活的地图，一张用来帮助人们把握生活主要部分的滤网和矩阵。③ 摩尔根等人则采用社会进化的观点，把文化看成具有阶段性不断往前推进的人类观念和物质文明的进程。马凌诺斯基开始用功能主义的视角审视文化，它把文化看作对人发挥功能之物质、社会制度、风俗、行动惯习、宗教观念和仪式的综合体。④

按照费孝通先生的观点，自"功能派始一反陈旧观点，略文化形式之变异，而重文化对于人类生活之效用及功能。盖往昔学派，常以文化为自生自长，自具目的之实体，功能派始确认文化为人类生活之手段。人类之目的在生活，此乃生物界之常态，文化乃人类用以达到此目的之手段"⑤。费孝通先生根据自己对中国乡土社会的研究也给文化下了一个定义："所谓那套传下来的办法，就是社会共同的经验的积累，也就是我们常说的文化。

---

① Clifford Geertz, *The Interpretation of Cultures* (A Member of the Perseus Books Group, 2000), p. 5.

② 克莱德·克拉克洪：《个人与社会》，高佳、何红等译，浙江人民出版社，1986，第 25 – 55 页。参见路易斯·亨利·摩尔根《古代社会》，商务印书馆，2012。

③ Clyde Khuckhohn, *Mirror for Man* (New York: Whittlesey House, 1949).

④ 马凌诺斯基：《文化论》，费孝通译，华夏出版社，2002。

⑤ 马凌诺斯基：《文化论》，费孝通译，华夏出版社，2002，"译序"。

文化是依赖象征体系和个人的记忆而维护着的社会共同经验……历史对于个人并不是点缀的饰物，而是实用的、不可或缺的生活基础。人不能离开社会生活，就不能不学习文化……我们不但要在个人的今昔之间构筑桥梁，而且在社会的世代之间也得构筑桥梁，不然就没有了文化，也就没有了我们现在能享受的生活。"① 至此，"文化"的概念和"社会"这一概念联系起来，它成为维持社会（人与人之间日常交往）所不可或缺的手段。

从古典社会学开始，韦伯、涂尔干和齐美尔这些社会学理论的创立者就开始关注文化，并把它作为社会学理论研究的核心。他们都认可社会学研究的是人的行为，但人的社会性行为总是和人主观的内在意义相连的，并且只有通过这些意义的展开，一个行动才可能与他人发生关联。② 这些意义的关联最终会以惯习的方式呈现，从而为社会结构和制度层面的行为奠定最基本的基础。③ 道德、制度（法律）、惯习和传统这些文化的因素构成了韦伯整个论述的主题。甚至韦伯明确表示：人是悬在由他自己编织的意义之网中的动物。吉尔茨也根据韦伯的这一界定将文化明确界定为："一些由人自己编织的意义之网。"④ 齐美尔认为社会学应该研究人们的社会关系及其形式，而文化则是呈现特定的关系形式的前提预设和背景。他认为人寻求和给予帮助，呈现爱和恨以及在共同生活中寻求满足感的现象都是文化的内容而最终必须进入社会学的视野。⑤ 和齐美尔一样，涂尔干把文化的核心要素——价值和道德规范——作为最核心的社会学问题。⑥ 他认为价值和道德规范尽管随着时代内容不同，但不论在机械团结还是在有机团结的社会中，它们都是社会可能的黏合剂。由此，涂尔干把文化看成用来重塑社会秩序的价值和道德规范。⑦ 从上面我们可看到，在古典社会学家那里，人类学关于文化的界定得到了充分的认识，并被以一种社会学的方式

---

① 马凌诺斯基：《文化论》，费孝通译，华夏出版社，2002，"译序"。

② Rritz Ringer, *Max Weber's Methodology* (London: Harvard University Press, 1997), pp. 100 – 101.

③ Max Webber, *Economy and Society: An Outline of Interpretive Sociology* (University of California Press, 1978), Vol. 1. p. 36.

④ Clifford Geertz, *The Interpretation of Cultures* (A Member of the Perseus Books Group, 2000), p. 5.

⑤ David Frisby, *Georg Simmel* (London and New York: Taylor and Francis Group, 2002), p. 41.

⑥ Mathieu Deflem, *Sociology of Law* (Cambridge University Press, 2008), p. 198.

⑦ 参见 Emile Durkheim, *The Division of labor in Society* (New York: The Free Press, 1984)。

重新界定和阐释。但不论如何，文化的传统、惯习、道德、意义及其传递方式、社会制度和法律乃至社会结构等要素都被人类学家和社会学家所强调。

2. 文化社会学视角下的中国"国家"（宫廷）与"社会"（民间）

马克斯·韦伯曾把中国与西方社会进行对比，他试图要阐明，为何现代资本主义唯独生发于西方，像中国这样有着悠久文明和先进生产力的国度为何没有产生现代资本主义。最终他认为原因中国的儒教关于正当性的概念、士大夫阶层的集体利益以及家产官僚的结构特征使得中国的政治制度拘泥于传统心态而固化不变；中国自给自足的小农经济和血缘团体的组织形式使得中国经济停滞不前。一言以蔽之，由于处在"传统主义"的笼罩下，中国文化无法内在地自行迸放出类似近代西方的"理性化"动力。[①]韦伯的结论尽管因其以西方"理性主义"为基本标杆而值得商榷，[②] 但其对中国"传统主义"特征的把握还是十分准确的。

"宫廷"在中国的封建王朝一直代表着最高政治和国家。它是中央权力的化身，也是集权的化身。在民主时期的古希腊，"政治"的含义与组织城邦的生活方式在含义上是等同的。因为那时候还没有"国家"观念，人们有发达的社会生活和简单而高效的"行政"，但是没有政治。[③] 而中国从秦朝以后就是个统一的国家，它不仅仅有世界上最早最发达的政治官僚体系，更存在一个最高官僚体系的最高统治者——皇帝——所在的"宫廷"。中国的各个朝代都是"宫廷"通过官僚科层体制掌控着社会上的绝大部分资源，对"民间"实施统治。

但现代很多学者的研究表明，中国发达官僚体系的权力和控制触角在民国之前从来都没能真正地深入民间，因为它在民间的政治无力，所以其

---

① 参见马克斯·韦伯《中国的宗教：儒教与道教》，康乐、简惠美译，广西师范大学出版社，2010。

② 现在看来，"理性主义"本身就是一种"地方性知识"，没有天生就要成为普适性价值的依据。中国的"传统主义"是适合于中国发展轨迹的一种特有文化，这种文化支撑着中国成为仅存的历史最悠久的国家。目前西方在对"理性主义"进行反思的过程中已经意识到了这种"地方性知识"的可贵。作为一种本土资源，我们更不能把我们文化中的"传统主义"看作一无是处而不加思考地全盘否定。

③ Frederick Mundell Watkins, *Political Tradition of the West: Study in the Development of Modern Liberalism* (Harvard University Press, 1948), pp. 1-11.

在策略与行动上都表现为"无为"。① 现代有关政治与社会结构的研究，一般都遵循"国家－社会"的二元类型划分方法并把其作为一种分析框架：把"国家"与"社会"看成是相对的，是一种在此消彼长中争取支配权的关系。在这种二元类型划分下又有自上而下和自下而上两种互动的进路：自上而下的进路考虑国家如何培养精英来控制社会资源，并使这种控制通过构建官僚体制予以稳定化。在这种思路下，日常生活中普普通通指引老百姓过日子的社会资源②往往是视而不见或有意被忽视的。社会秩序的维持更多地依靠国家权力。其体现就是官僚机构的庞大，国家无所不在，皇权无所不能，社会生活被政治国家严密地监控和规划，个人和社会在巨大的国家机器面前无所逃遁；③ 自下而上的思路则关注民间社会的构建性，把地方社会看成一个非常田园的、具有和谐而稳定秩序的传统社会。

与中国传统"礼俗社会"相比，西方可以被称为"法理社会"。④ 自古希腊开始法律就和社会秩序（社会生活的良性维持和发展）牢固地联系起来，并且从那时起人们就认为法律是保障"政治"——社会生活方式——的唯一有效的保障。这一理论与关联背后是有着深刻的逻辑的：人们都希望选择一种幸福而自由的生活，这种需求让人们聚集在城邦，以"集会辩论"的方式决定城邦的生活——也就是决定自己的生活，实现自己在城邦中存在的价值。但这样的生活方式能否引领人们走向幸福和自由？对此，生活中的人们是无法知道的，只有神才能做到这一点。那神在哪里？他通过什么以其完全的、不受质疑的正确性（理性）指引实践的人呢？人们相信，法律就是神在人间的理性和指引，进而人们坚信法律是保障人世间追求幸福与自由的唯一有效的保障。这样，在西方，从古希腊以降的一个传统就是法律牢牢地扎根在宗教及对宗教的信仰之中。这也就是伯尔曼那句名言"法律必须被信仰，否则它将形同虚设"所暗含的深意。⑤ 所以西方秩序、法律与宗教是三位一体的：秩序（个人的自由，生活的和谐、完美和

---

① 对中国乡土社会进行研究的费孝通、瞿同祖、黄宗智、孔飞力、梁治平等学者，都认为这种观点对中国传统社会的解释是能站得住脚的、真实的。
② 这种社会资源的体现形式往往是传统、惯习、人情、宗族关系以及基于其上的权威网络。
③ 梁治平：《在边缘处思考》，法律出版社，2010，第133页。
④ 费孝通：《乡土中国　生育制度》，北京大学出版社，1998，第9页。
⑤ 参见伯尔曼《信仰与秩序：法律与宗教的复合》，姚剑波译，中央编译出版社，2011。

幸福）是人类在世间要达至的目标；宗教及宗教信仰所要揭示的是人要实现世间目标所必需的"神"的正确指引；法律是神正确（理性）指引在人世间唯一的彰显，所以也是秩序的唯一保障。缺了任何一个，"政治"（一种生活方式的表征）都无法实现。这种传统延续到现在，其表现就是即使"政治"已经非常独立，但是社会中仍然主张个人对政治生活的参与。"参与民主"和"协商政治"都是这一古老智识传统的现代体现。

中国古代乡土社会结构迥异于西方古代的社会组织结构，也与文艺复兴之后按照现代性原则建立起来的西方现代国家不同。中国是最早发明官僚体系的国家，我们一直依靠这一强有力的政治组织形式保证国家的权力运作。但是值得注意的是，这一发达的官僚体系在乡土社会中居然从来没能渗入民间社会生活中。其原因有经济方面的：皇权和专制从权力扩张的需求来说是非常希望控制社会的每个角落的，但是中国是建立在农业基础上的。因为自给自足经济体系下不发达的农业，让"皇权并不能滋长壮健，能支配强大横暴权力的基础不足"[1]。从政治结构自身的设置来看：皇权在中国因为规章、文化和官僚体制本身的限制，从来就没有达到过为所欲为的地步。清代，像军机处这样的机构为皇帝草拟谕旨，吏部为他提供可以任命的官员人选。"面对他的起草人所提供的有限选择，繁忙的君主会发现自己的'作用'只不过是文件处理机中一个齿轮（尽管是镶钻的齿轮）。"[2]同时官僚本身"始终受到琐细的规章条例的制约，包括形式、时效、文牍、财政和司法上的期限，以及上司和下属之间的关系。他们若对这些规章条例有任何违反，便会受到弹劾、罚俸、调离或撤职的处分"[3]。由于这样一些制约的因素，中国自古代开始就呈现了一种明显的"宫廷－民间"的二元社会结构类型。这种二元结构下的秩序安排在制度上体现得非常直接：针对官僚制有严格的规章，以此来增加各个官僚以及整个官僚体系行动的可预期性和稳定性。但是这种官僚体系的规定类似于一种"贵族规章"，针对的只是出于统治需要的对官僚阶层的规制。在民间人们更多地依赖于来自传统、习俗、经验、宗族、某个地方神等诸多渊源构成的民间复合体性

---

① 费孝通：《乡土中国　生育制度》，北京大学出版社，1998，第62页。
② 孔飞力：《叫魂——1768年中国妖术大恐慌》，陈兼等译，上海三联书店，1999，第250页。
③ 孔飞力：《叫魂——1768年中国妖术大恐慌》，陈兼等译，上海三联书店，1999，第250页。

质的规则体系。由此，中国古代的法律缺少如西方古希腊流传下来的关于唯一的正确的、理性的神的意旨之单一的理念。"中国古代法并不具有人们惯常所认为的那种连续性和单一性……其间充满了离散、断裂和冲突……（民间法）的源流尤其杂多，不但有民族的、家族的和宗教的，① 而且有各种会社和地方习惯的……民间法生长于民间社会，其与普通民众日常生活秩序的关系更加有机和密切，以至于当政体变更、国家的各种规章被彻底改写之后，它仍然可能长久地支配人心，维系着民间社会的秩序。"②

结　语

自古典社会学理论开始，社会学必须要面对的一个核心问题就已经被提了出来。韦伯的社会学理论，因其立基的行动者是携带意义的，所以更具有自由主义的人本主义主观走向；而涂尔干的社会学因立基于作为"社会事实"的结构分析而确立了结构决定论的客观科学主义走向。在社会学的初创阶段，他们二者都有让社会学彻底从哲学中走出来，从人类认识论的历史结构主义的宏大叙事中走出来的任务，所以开始时的分歧还不明显。随着这一任务的完成，随着对笛卡尔以来理性主义形成的科学主义的质疑，主体性开始回归，主体生活的生活世界开始回归，人类认识论思想的范式开始向微观叙事转变。这时候"行动者能动性－结构"这一对社会学不同立基基础之间的矛盾开始凸显。如吉登斯所说：行动者的能动性与结构的

---

① 此处应注意的是：中国自古就是一个多神的国家。中国民间很多地方，几乎每一个地方都有自己的地方神。中国"神"的体系显然没有古希腊那种，在宙斯领导下"神界"统一发号施令的"官僚性"特点。这一点非常有意思，中国世俗当中有非常发达的官僚体系，但是在"神界"，体系是那么零散，任何中国人都不可能说清楚神的等级——"土地爷""求子观音""灶王爷""龙王爷"等神有时候能分很清楚，但是他们归谁管，在整个"神界"体系中处于什么位置是永远分不清楚的，甚至一些神如"关老爷"，他管什么和归谁管都是不清楚的，所以中国人有的把他当成财神，有的把他当成门神，有的把他当成仗义和公正之神（体现在帮派、兄弟的结拜上）。而西方"神界""官僚体系"分明，各个神各司其职，除了血缘关系（如赫尔墨斯主管小偷、商贩、旅行者等，是他们的保护神，他又是宙斯的儿子）之外，他们在等级上的"上下级"和从属关系是非常分明的。

② 梁治平：《乡土社会中的法律与秩序》，载王铭铭、王斯福主编《乡土社会的秩序、公正与权威》，中国政法大学出版社，1997，第 415 页。

关系问题，成为社会理论的基本问题。①

　　本书选择"国家－社会"的理论作为自己的研究框架，但必然会经受两方面的质疑：一是其关注宏观结构和制度（科层、市场、法律等）而忽视了社会学传统中对行动意义的关注，也忽略了人们通过富有意义的行动对结构和制度的能动性构建；二是该框架下"社会"（市民社会）的使用范围问题——中国是否存在产生于特定西方社会历史环境并被其描述的"社会"（市民社会）。该章围绕"国家－社会"理论内含的理论问题——积极的行动者和结构（制度）之间的张力展开理论梳理。通过梳理发现，随着"社会"观念的浮现，"国家"就一直是一个和它相对的在场者。并且其理论中的结构性倾向对行动者意义世界的忽视早就得到了社会学开创者的重视。通过"生活世界""实践"的引入，"社会"逐渐成为一个充满了行动的行动者的场域；通过"文化"理论的引入，行动者的意义不仅在制度结构中有了空间，而且在更加宏观并且对立的"国家"和"社会"之间也有了连通的渠道。

　　中国文化在经受西方现代性冲击之前，对国家、个人和社会有其独特的办法，正如当时一些外国智者所看到的："中国文化的本质一定是不会改变的，不会从内部被哪种思想摧毁，几千年来，它就像一个闪闪发光的球体，将生活、自然和宇宙反映出来，形成一幅幅轮廓鲜明、奇特绚丽的象征图画。在发展历史中，它不仅反映生活、自然和宇宙，而且梳理和调整三者的关系……自从高傲自大的西方文明松动了稳固的中国文化球体开始，这个球体便破碎了；那幅图像不仅被无意义的空无形式所取代，而且它们随着球体的衰落变成毫无规则可言的废墟，在这片废墟上，掌权的统治者不再通晓自然性、人性和宇宙间的关系，也不再明白宇宙的规律。或者为了彼此间的争斗，或者为了建立一种新的秩序，他们醉心于利用诡计、压迫、机关枪等等诸如此类的东西进行统治。"② 从这种观点我们可以看出，这些了解中国文化的外国智者们看到了中国文化坚实的根基是人、自然和

---

① 参见戴维·斯沃茨《文化与权力——布尔迪厄的社会学》，陶东风译，上海译文出版社，2006。

② 阿尔弗雷德·韦伯：《文化社会学视域中的文化史》，姚燕译，上海世纪出版集团，2006，第62页。

宇宙的和谐，以及为了实现这种秩序的和谐而通过几千年来形成的有效办法。

"生活逻辑"这一概念中的"逻辑"一词在西方文化流脉中一直是理性的化身，它往往指涉一种对行为规定和约束的形式。但是"生活"本身却充满了积极的能动与行为的创造，所以，行动者的能动性与结构的关系问题——这一当代社会理论的基本问题①——的内在张力在"生活逻辑"这一概念中彰显出来。在布尔迪厄那里，这一问题具体表现为："如何把实践科学地模式化，同时又不把模式的形式特征投射到绝大多数日常生活时间的非形式化的，倾向性的动力学中。"② 为了解决这一问题，布尔迪厄创制了"习性"的概念。本书使用的"生活逻辑"概念，以布尔迪厄的实践理性作为方法指引，同时加入"现象学社会学"③ 意义上的意涵。

本书所要研究的这一生活世界的社会，其间充满了行动者激情的互动和演说；他们每个人都是一个人生精彩的故事；他们在自己和他人乃至社会设定的意义中不断穿梭；他们用自己独特的方式对外在于自己的意义进行解读；他们在一个由一群认为和自己一样的人所构筑起来的社会中歆享自己的自由和嬉戏；他们要面对规则、制度、来自外部的权力施加，乃至乡土中国的文化惯性留下的传统结构的规约与束缚。他们不属于完全自由的行动者，也不是生活于结构和历史中的"匿名人"，伴随着生命的历程，他们在一刻不停地过自己的生活，遵循、维护并构建着自己的生活世界。

在"国家-社会"理论框架下，以文化社会学视角分析中国独特的"斗蟋社会"，不仅能从宏观和微观两个方面揭示这一社会的样貌，而且对"国家-社会"理论的丰富和发展也将大有裨益。

---

① 安东尼·吉登斯：《社会学方法的新规则》，田佑中、刘江涛译，社会科学文献出版社，2003。
② 戴维·斯沃茨：《文化与权力——布尔迪厄的社会学》，陶东风译，上海译文出版社，2006，第110页。
③ 由谢立中主编的《日常生活中的现象学社会学分析》（社会科学文献出版社，2010）一书中，杨善华、孙飞宇等人明确使用了"现象学社会学"这一概念来限定社会学中对"日常生活"的研究。

第二章

"隐遁社会"的宏观历史叙事

——传奇与故事

中国的"文化"指称的是在历史传统和"惯习"的指引下，人们在日常生活行动中的意义传递和呈现形式。斗蟋这一嬉戏承载着游戏参与者的喜怒哀乐。他们把自己的蟋蟀定义为"虫王""元帅""大将军""小将军"等驰骋疆场的名号，由此让相对于历史洪流卑微的自我通过嬉戏化身为"卧薪尝胆""运筹帷幄""一鸣惊人"的栋梁之材。斗蟋的人几十年如一日把自己全部的心力花在斗蟋上，从个人生命史看，他们在用一生去赢得社会中同行者的赞赏和尊重；从宏大的历史审视，很多传统的斗蟋者通过自己对蟋蟀的痴迷和师承传统把自己融入到了中华斗蟋的历史洪流中。他们几十年如一日汲汲于蟋蟀的捉、选、养、斗，让自己的生命与斗蟋传统和文化的命运紧紧联系在一起。蟋蟀这一自然界中微小的生命，从进入人们的生活开始就被"赋魅"——加载了人类社会生活的意义。但是要让这些意义在夹杂着权力和压制的历史洪流中不至于成为一时的火花和激情，人们必须让它们在人类生活实践理性的不断滋养下小心地成长。由此两种相悖的东西在斗蟋社会中相伴而行——表征着激情和非理性的厮杀、抗争和挣扎与代表着克制的算计、谋划、妥协、商谈和忍让。这一切，都是以蟋蟀为媒介，围绕着蟋蟀的竞斗在人们的社会性交往中实现的。同时由于时间和历史，人们的理性被嵌入了某种传统和文化，这种嬉戏中的传统和文化反过来保证了斗蟋社会中人的交往行为不会受到激情的左右。激情作为一种目标和意义的源头被宏大的历史叙事和文化限定在了蟋蟀厮杀的斗栅中。

一 斗蟋中"官方"与"民间"叙事的分裂

千百年来有一部分中国人①沉浸于斗蟋蟀的嬉戏之中。蟋蟀作为自然界的千万昆虫中的一种，本和人没有什么关系，甚至严格来说它寄居于农田，啮食粮食，属于害虫一类。人们为什么喜欢斗蟋，甚至千百年来人们一直把蟋蟀当作惺惺相惜的"朋友"？在现实的斗蟋者那里，存在着对斗蟋"官方"和"民间"两种态度。这两种态度大多数时候相互分裂和背离，但吊诡的是它们同时又相伴并存了千百年。

"官方"②对斗蟋蟀的态度有这样几种。第一种是"留意于物"，即它是一种可以上瘾的嗜好，斗蟋蟀的人愿意让自己沉溺于其中而导致人性被外物（蟋蟀）统驭的堕落，如贾似道玩虫误国。第二种是把其当作可以赌博赢钱的游戏——把斗蟋蟀作为赌博手段。即使到了现代，一提到斗蟋蟀，大部分人的第一反应就是博彩。对这一点，历朝的蟋蟀谱也都有提醒，并且大多把通过斗蟋蟀赌钱看成"贾（贾似道）之流毒"。第三种是"借物抒情"或"寓意于物"，官方话语认为这是玩蟋蟀的最高境界。所谓"听其鸣，可以忘倦；观其斗，可以怡情"。这些"官方"的答案中埋设了价值判断，即它告诉人们：一是不能沉迷于物和嬉戏（斗蟋），它们会导致人像贾似道那样误国、误民；二是不能通过斗蟋蟀博取钱财，贾似道也是因为沉迷于赌博被千古唾骂的，对于市井小民而言，赌博也可能导致对家庭和社会的极大破坏；三是我们应该像那些文人墨客那样，把斗蟋蟀看成颐养性

---

① 到目前为止，中国到底有多少人在"虫季"从事斗蟋蟀没有一个准确的数字，但根据上海玩虫人的感性认识，在上海这样的城市每年到山东收虫的人不下几万，而参与斗蟋蟀的人可能数倍于此。如果加上虫贩子、虫把式和其他地方因为斗蟋蟀汇集到上海的，人数恐怕又要翻倍。另外还有专业捉虫人、专门从事蟋蟀养盆、水盂、过笼、芡草、蟋蟀书籍买卖等的人员。这样保守算，每个"虫季"全国沉浸在斗蟋蟀这一民间游戏的人数可以以几百万计。

② 所谓的"官方"态度在此处意指朝廷或政府主张的态度，或者用现在的话说意指一种官方正式的主流意识形态。现在考察历史上这种"官方"的态度只能通过相关书籍中的书写和记载——主要呈现在各朝代的"蟋蟀谱"中。这些书籍能得以公开刊行并流传，想来其中的主要观点应该是被当时的主流话语所容许的。

情、提升自身素养的手段。也就是说，真正值得遵从的只有第三种。但老百姓怎么可能人人都效仿并试图让自己成为文人墨客呢？

在现代场景中，因为官方主流话语中把斗蟋与国家禁止和打击的"黄""赌""毒"中的"赌"联系在了一起。所以，在最初开始调研的时候，笔者所接触的人在谈话的时候都非常小心，他们小心翼翼地猜测笔者的意图，谨慎地使用自己的语言，非常"官方"地表达对斗蟋的看法。甚至一些斗蟋者自己参与斗蟋几十年，但当和他聊天的时候，他居然劝说笔者不要接触这一"游戏"。年过古稀的"岚老师"①坚定地把斗蟋看作一种民俗文化，反对把其当成赌博工具的做法，认为这是"世风日下"。

　　笔者：您玩蟋蟀多少年了？

　　岚老师：我从十几岁就跟着李××玩，我们是几十年的交情。那时候哪里有现在的蟋蟀市场，都是自己抓。

　　笔者：你们那时候也赌钱吗？

　　岚老师：我们那时候是"抓俘虏"，②人们都不赌钱，过节的时候赌一斤月饼那就了不得了。

　　笔者：您是怎么理解"斗蟋蟀"的？您对（斗蟋蟀）赌钱怎么看？

　　岚老师：它是中华民族非常宝贵的民俗文化，"雕虫小技，博大精深"，几个老友相聚一堂，大家一边聊天一边欣赏各自的蟋蟀，不服了就出来一斗，赢的洋洋自得，输的下次扳回来。每到虫季，大家摩拳擦掌，那种情态，真的是人生一乐。玩虫给人增添了无限情趣。贾似道斗蟋蟀丧国，这是对后人的警示。现在赌钱之风太盛，大部分人斗蟋蟀就是为了赌钱，但是十赌九输。输了就耍阴谋诡计，什么在蟋蟀牙上绑刀片啊，用药水啊，甚至给蟋蟀牙"烤瓷"啊，简直无所不用

①　"某老师"不是说对方的职业是或曾经是老师，而是一种口头使用的尊称。济南本地的不管是方言还是普通话，对不认识的在十多年前都叫"师傅"，但现在一般称呼对方"老师"。如果知道姓就以姓开头称呼"某老师"。这一点和孔孟之乡尊师有关系。称"老师"有表示谦卑，向对方学习的意思。

②　"抓俘虏"是盛行于20世纪80年代之前的一种斗蟋的玩法。两只蟋蟀互斗，结果出来之后被打败的蟋蟀归胜利方的"虫主"，即那只战败了的蟋蟀被"俘虏"。根据济南老玩家的介绍，那时候大家都是以"捉俘虏"的形式开展对抗赛，有时候其规模比较大，会成为济南东部城区对西部城区的对抗赛。

其极。现在斗蟋蟀混乱不堪，民俗文化被破坏得已经不成样子了。①

后来笔者从对这位"岚老师"非常熟悉和了解的人②那里了解到，他每年下去（到山东宁阳）收蟋蟀不是养着玩，好蟋蟀他要么交给一个可以托付的人进"场子"斗，要么自己就"给"上海人了。他有自己特定的渠道。其"给"的方式一般有三种，第一种是直接按照一个固定的较高价格卖给对方。第二种是按照一个很低的价格③给对方，但是对方如果在"场子"里赢了，他还要拿大约20%的"喜面"④。如果败了，输的钱全部由拿他蟋蟀的人自己承担。第三种是不给蟋蟀作价，如果在"场子"里斗赢了他直接吃"喜面"，但这种情况下"喜面"的比例一般是30%或者更高，而斗败了他也不承担任何费用。

这样看来，这位"岚老师"在公开场合对斗蟋态度的宣称和自己的行为呈现了严重的分裂。这种分裂的原因很显然不能简单地通过"虚伪"或"爱慕虚荣"这种具价值评判性的语言给出答案。其背后折射的是中国从古到今一直存在的"官－民"二元结构。所谓的"官"不仅仅是指官员和官僚系统，更主要的是在中国传统儒家思想下的官方话语所构建起来的意义系统；而"民"不仅指民间社会，更是指以民间文化为主要呈现形式之能指导人们日常生活的民间意义系统。那位"岚老师"在语言和行为上所体现出来的分裂，是否和这两种意义系统的分裂有关，这两种意义系统是如何分裂的，它们在分裂的状态下如何作用于个人，个人在分裂的意义系统指引下又如何能保持自身的和谐呢，对这些问题，我们可以通过类似"发生学"的方法，到历史中去尝试着寻找答案。

从开始斗蟋起就伴随着赌博，这使得这一世俗娱乐名声不佳，历代都有指责声。沈德符在其《万历野获编》中描述："吴越浪子有酷好此戏，每

---

① 这一段对话发生在和这位在济南斗蟋界颇有名气的"岚老师"认识的初期阶段，他在几个人聚会聊天时经常公开宣称的一个观点。在座的没有人提出过反对意见，大家都含笑点头。后来笔者才知道，事情并非如他所说得这么简单。

② 另一济南蟋蟀界很有名的人物。

③ 这一价格根据关系的远近而定，但一般都会比收购的价格略高一些。

④ "喜面"一词和其他斗蟋蟀的专用术语一样，应该是一个民间传统流传下来的词语。它的意思就是现在的"提成"或"抽头"。比如，如果对方拿着他的蟋蟀在"场子"里斗了10万元，那么一般要给他2万元的"喜面"。

赌胜负，辄数百金，至有破家者。"他认为酷好赌斗是"贾之流毒"，认为罪魁祸首是贾似道。清人蒲松龄在《聊斋志异》中作"促织"篇，描述了当时官府以捐税形式征收善斗之蟋蟀。一书生四处捕捉而不得，无奈下自己化身为蟋蟀，在斗场上成为常胜将军。尽管蒲松龄是通过促织（蟋蟀）暗讽，但从中可窥见当时官民皆赌之盛。明代陆粲在《庚巳编》里，记载了吴人张廷芳以银棺盛葬蟋蟀的一则逸闻。① 民间大兴的"斗蛩之戏"，一直延续到民国和中华人民共和国成立。据蟋蟀"老玩家"回忆："抗战前和抗战胜利后的几年，上海斗蛩风气之盛兴达到了空前。有些文人及商贾巨富一秋之内养蛩，多达一千多只，少则二三百只，而且专门配备养师，城内设有斗场，天天爆满。上海老西门西园浴室开设的斗场，每天晚上都有二三百人趋至，赌资大的时候经常是五六根金条。当时，有一夜暴发者，亦有顷刻之间破产者。"②

从以上史料我们看到，通过斗蟋赌博，如果数额巨大，的确可以改变一个人、一个家庭乃至一个宗族的兴衰。民间流传的"十赌九输"用在斗蟋这一游戏上尤为确切。③ 中国人缺乏集团生活，团体与个人的关系极为松散，因此家庭生活就成为社会结构构建的"大本营"。"从中间就家庭关系推广发挥，而以伦理组织社会，消融了个人与团体这两端。"④ 即使按照现代社会的解读，斗蟋这种不理性的赌博行为，不论是让一个人一夜暴富还是让他"顷刻破产"，都是严重危害人们社会关系稳定的。所以要把其归在"黄、赌、毒"之列而予以严格控制和严厉打击，更何况在缺乏类似于"现

---

① 在斗蟋界，对于那些在斗场上"常胜"而给自己带来巨大经济效益的蟋蟀，用檀木、银乃至金子铸造一个小的"蟋蟀棺材"厚葬蟋蟀的传闻比比皆是。以"金棺"厚葬的只是传闻，但是用"檀木棺"和"银棺"厚葬"常胜将军"的，在笔者熟悉的济南斗蟋界的真人真事每年都有。这些"蟋蟀棺材"的价值往往是和蟋蟀给其主人带来的经济价值成比例的。一只一次就可以斗到270组（270万元）的蟋蟀，即使给其铸造一个"金棺"也完全是可以理解的。

② 火光汉：《蟋蟀的选养斗——60年经验谈》，上海人民出版社，1990年版，前言。

③ 每个人都以自己认为最好的蟋蟀参斗，通常来讲两只蟋蟀对抗，每一只获胜的概率是50%。以一只蟋蟀为例，其打斗的场次越多，则其输的概率也就随之增大。但随着其获胜次数的增多，在它身上所押的赌注往往是越来越大的。比如一只蟋蟀两场都轻松取胜，虫主每次斗500元，这样两场下来就赢得了1000元。但是两场的轻松胜利往往会让虫主觉得自己蟋蟀非常好，可以打"大花"，于是第三次的时候他往往不会再斗500元，而改成押2000元，这样如果输掉的话尽管是两胜一负，但虫主总的输了1000元。

④ 梁漱溟：《中国文化要义》，载《梁漱溟全集》（第三卷），山东人民出版社，1989，第79页。

代民法"这种调节手段的传统社会。在人们的印象中，赌博很容易造成人们之间的纷争与不和。① 基于这样一种根据个别行为推论出的假象和预设，从古到今不论在官方还是民间的意义系统中，通过斗蟋进行博彩活动都成了被批判的对象。

在理论上对一种社会活动的合法性进行证成往往是知识分子（文人或士人）的工作，而作为读书人，他们往往又是更大的官方意义系统的代言人。所以如何让斗蟋的意义与中国社会占主导思想的意义系统——儒家思想系统——不相抵触，就成为那些在官僚体系之外但自己又喜好斗蟋的读书人要完成的工作，即他们要努力证成斗蟋的合法性。这些意义系统合法性证成的论述详细地呈现在各种版本"蟋蟀谱"的序言中。

> 夫促织之为物也，亦昭昭矣。出于《诗》，见于《颂赋》，尤详于《豳风》之篇。观其物至微矣，而每为古人所取者，何哉。取其暑则在野，寒则依人。闻其声矣可以卜其时也。后之人以时物而有振羽之声，鹰扬之状，虽捕之而畜诸器，合其类而使逐角之，以较胜负，以资博赛，以逸性情焉。何古今之不相及呼？万物之，在天下将以待人用也。而古今去用之共者，均之无害于义也。昔鲁人猎较，孔子亦猎较，盖言从俗故也。予可容矫之乎？近得促织旧本一帙，而俯览之，见其中分别物色之类，曲尽安养之术，似有得其爱物之道矣，使非心与物化者，何能爱之周详如是耶？使能推此道而上，亦可仁民矣。予因所感，遂复增己见，增以诗词若干，检梓以镂用彰不朽。兹古人感悟之智不拂，而后人爱物之心不废。虽非有裨于治道，亦可以资格物之学也。是何伤于义哉？予因序之篇首，后之君子览之勿见晒焉。②

---

① 很多时候人们理解一种行为往往只是从其后果或者所取得的"实效"来考察，但马克斯·韦伯告诉我们，要理解一个行为必须理解该行为发生的意义背景。

② 这段文字为现知传世最早的《蟋蟀谱》的"前序"，转自王世襄先生的《蟋蟀谱集成》。原版《蟋蟀谱》为明版白棉纸本，书口有"奋翼馆"三字，宁波天一阁藏，收入《中国古籍善本书目》。据书末最后一行题字可知此版本为嘉靖丙午年（1546年）刊本。"前序"中说道："近得促织旧本一帙，而俯览之……遂复增己见，增以诗词若干，检梓以镂用彰不朽。"可见该《蟋蟀谱》是根据旧谱增益而成，最早之蟋蟀谱始于何时，在本书之前尚有多少种流传于世，都有待更多古本的发现。

　　这篇序言中从自然法的角度为斗蟋蟀的合法性提供了三点支持。第一点是蟋蟀生于自然，它出现于人类最早的文献中，说明人类从很早就对其予以了关注。而基于其自然性质上的"逐角""博赛""逸性情"等都是发乎人对物的本性。这些本性从古到今都是一样的，既然是本性，自然也就"无害于义"。第二点是用传统和风俗来论证斗蟋蟀的合法性。其中提到了孔子仿效鲁人"猎较"，作者提出了这样的问题：孔子这样的圣人为何要和人比较追杀无辜的生命呢？回答是：既然万物都是供人用的，那遵从人类的固有行为习惯和意义——从俗——就比对生命的关注本身重要。所谓"从俗即是从心"，①而从心则是法自然。第三点是对物的喜爱是人的天性，感知万物是人心智获得的重要来源。格物致知即使无异于治道，但因其符合人与万物关系的自然，并且有利于人的心智培养，那么人类从之肯定不会对社会有什么伤害。由此，蟋蟀和斗蟋蟀都可以成为人类某些发乎人性（自然法）东西的载体。不伤自然和社会之义的博赛是应该被允许的。所以不论是在官方还是在民间，没有人会认为以一斤月饼作为赌注进行蟋蟀的竞斗是"伤风败俗"的事。

　　明朝周履靖在续增贾似道《促织经》二卷②的序言"促织论"中说：

　　　　论曰：天下之物，有见爱于人者，君子必不弃焉。何也？天之生物不齐，二人知所好亦异也。好非外铄，吾性之情发也。情发而好物焉，殆有可好之实存于中矣……况促织之为物也……似有解人意者。甚至合类额颃，以决胜负，而英勇之能，甚可观也……此君子之所以取之而爱之者……

　　这段论述明显也是从自然法的角度论证人们喜爱蟋蟀和蟋蟀竞斗的合理性。作者认为这种喜爱无须证成，只是因为它是发乎于人们的天性。

　　清代有一名叫王浣溪的安徽人，写过一篇《齐东问难》，它通过一个虚拟的对话直接把斗蟋蟀中呈现的意义与传统儒家思想结合了起来。

---

① 费孝通：《乡土中国　生育制度》，北京大学出版社，1998。
② 周履靖辑《夷门广牍》，刊于明万历年（1573年），其续增的《促织经》收于该书的《禽兽门》。

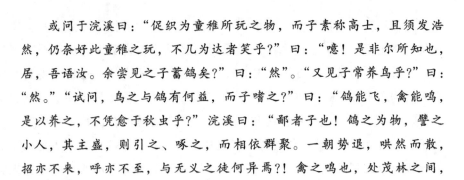

　　或问于浣溪曰："促织为童稚所玩之物，而子素称高士，且须发浩然，仍奈好此童稚之玩，不几为达者笑乎?"曰："噫! 是非尔所知也，居，吾语汝。余尝见之子蓄鸽矣?"曰："然"。"又见子常养鸟乎?"曰："然。""试问，鸟之与鸽有何益，而子嗜之?"曰："鸽能飞，禽能鸣，是以养之，不凭愈于秋虫乎?"浣溪曰："鄙者子也! 鸽之为物，譬之小人，其主盛，则引之、啄之，而相依群聚。一朝势退，哄然而散，招亦不来，呼亦不至，与无义之徒何异焉?! 禽之鸣也，处茂林之间，嘤鸣上下，杂奏笙簧，固所有也。今子笼而囚焉，其悲怨之声，如泣如诉，而子以为巧舌美音，不亦愚乎?! 如促织者，鸣不失时，信其昭矣; 遇敌必斗，其勇大矣; 折肢短筋，宁死疆场，如截肠啖睛，其忠如是。以视鸽之趋炎附势者，孰优孰劣?"

　　或举手而谢。曰："谨闻命矣! 因非吾济之所知也。故云。"

　　这段文字通过一种假想或虚设的对话，为蟋蟀及蟋蟀竞斗的合法性进行了很好的证成。作者巧妙地通过反驳"促织为童稚所玩之物"，把蟋蟀与鸽、鸟进行比较，达到对前者褒、对后者贬的目的。在世人眼里，养鸽子、饲鸟似乎属于高雅之爱好，但作者却认为鸽子"譬之小人"，"其主盛，则引之、啄之，而相依群聚。一朝势退，哄然而散，招亦不来，呼亦不至"，是"无义之徒"。而蟋蟀以人世间万物中之最小生灵之一却表现出了"信""忠""勇"等作为人应有的最高准则——也是儒家道统中推崇的最高准则。所谓"儒有忠信以为甲胄，礼义以为干橹。戴仁而行，抱义而处。虽有暴政，不更其所"。其中的"虽有暴政，不更其所"说的就是"勇"。《论语》中说："子以四教：文、行、忠、信。"又说："知者不惑，仁者不忧，勇者不惧。"

　　不知是受到古人文献的启发抑或人们在斗蟋蟀的日常生活实践中古今一直如此，斗蟋社会的斗蟋者①都给蟋蟀的竞斗赋予了杀场征战的意涵。现存可见的清朝、民国和现代蟋蟀罐上多有"常胜将军"字样。甚至那些在

---

　　① 斗蟋社会中的斗蟋者基本都是男性。在上海"堂子"中曾出现过女子的身影，但仅仅因为性别本身她就成了整个斗蟋社会的"名人"。这一现象本身也是一个社会学命题，在后面的章节中会有所涉及。

竞斗中没有败绩的蟋蟀人们也按照不同的级别授予他们"王""元帅""大将军""小将军"等级别。清朝《王孙经补遗》①的序言中曾把斗蟋蟀比喻成沙场上的选将、调兵、布阵。

> （蟋蟀竞斗）其间寓养兵选将之方，因时制宜之策，出奇制胜之智，卫锋陷阵之威……此说也，殆通于用兵之道也……使贾秋壑（贾似道）能知此意，当必知自振，命将出师以图战守。何至国破家亡，身败名裂哉？……推此意也，以之选将则得人，以之治兵则无敌，又安得以寻常嗜好目之哉？

至此，斗蟋蟀在中国千百年没有中断的历史洗练中被不断"赋魅"，逐渐形成了一种关乎人、自然、国家和社会的文化，它构成了中国浩瀚五千年所形成文化中的一种，并且是唯一以民间"社会嬉戏"的方式保留至今且长盛不衰的一种。它从某些方面折射了中国文化的特征。正如西方人对中国独特文化的评论："中国文化……不会从内部被哪种思想摧毁，几千年来，它就像一个闪闪发光的球体，将生活、自然和宇宙反映出来，形成一幅幅轮廓鲜明、奇特绚丽的象征图画。在发展历史中，它不仅反映生活、自然和宇宙，而且梳理和调整三者的关系……"②从这种观点我们可以看出，这些了解中国文化的外国智者们看到了中国文化坚实的根基是人、自然和宇宙的和谐，以及为了实现这种秩序的和谐而通过几千年形成的有效办法。

既然中国人通过特有的办法塑造出了生活、自然和宇宙的和谐，那如何理解斗蟋蟀这一古老的民间游戏中存在的认识与行为的紧张和分裂？一方面，官方和民间的主流话语反复叮嘱告知：通过斗蟋蟀赌博是违反伦常和规范的，因而是让人不齿的，甚至一些斗蟋者对此也深以为然。斗蟋蟀的"祖师爷"贾似道斗蟋蟀误国，斗蟋社会中的人几乎人人熟知并把其作

---

① 为清朝秦子惠撰写的《王孙经补遗》，光绪壬辰听秋室胶印本。所参考为王世襄先生所藏书之影印本。

② 阿尔弗雷德·韦伯：《文化社会学视域中的文化史》，姚燕译，上海世纪出版集团，2006，第62页。

为反面教材，不仅用以经常提醒自己，也提醒别人。另一方面，斗蟋蟀的主体是所谓的"市井小民"，他们在数量上有千百倍于那些宣称不齿于蟋蟀博彩的"士人"，他们绝大部分斗蟋蟀时会涉及博彩赌博。而新中国成立后，通过斗蟋蟀赌博在法律上属于聚众赌博，是被明令禁止的。每一位参与人随时都有被抓、面临治安处罚和罚款的风险。难道人们冒着与主流话语、意识形态甚至社会规范和法律对抗的风险，是因为斗蟋蟀背后有巨大经济收益？或者说他们冒这么大的风险是因为背后有高收益足以弥补各种风险可能带来的损失？事实上并不是这样，斗蟋蟀的人都知道"十赌九输"，斗蟋蟀中的"赌博"活动也是如此。这一点从事斗蟋蟀几十年的"安哥"深有体会。①

笔者：斗蛐蛐都能赢钱，或赢钱的（人）多吗？

安②：都赢钱？你开玩笑！你挨个打听打听，斗蛐蛐有几个能赢钱的。大部分人都输，赢钱的是极少数。有些人说自己今年又赢了多少，圈里人都知道，那是吹牛皮，打肿脸充胖子。他们在场子里的蛐蛐和输赢大家又不是看不到！

笔者：既然都输钱那为什么还要赌？

安：赌，一方面是人的天性，有些人就愿意赌。另外你也看到了，

---

① 作为一名完全参与的调查人员，从某种程度上笔者自身也是他们中的一员，笔者从事调查七年多，五年的时间曾带着自己的蟋蟀到"场子里"参与"打花"。即使在自己手里有"大将军"的年份，在经济上自给仍然会输三四千元。以一年虫本 5000 元计算（有一年笔者的虫本达到了近两万元），如果参与"打花"则成本一定会在 5000 元以上，也就是说，笔者自身每年只要参与"打花"就一定是输多赢少的。这里面经验的、心理的因素对收益有很大的影响——比如笔者押自己的虫子 1 万元，结果赢了，可能一下成本就回来了。但笔者认为这是不理性的，如果这样操作几年下来自己恐怕会输得更多。

② 笔者经常跟随在济南"打场子"的人员之一，无业，每年斗蟋蟀就是他的职业。50 岁左右，是最早带着"鲁虫"去上海、芜湖等地"打场子"的人员之一，在济南西部城区的民间斗蟋蟀界小有名气。大家（包括年纪比他大的）都称呼其"安哥"，也有人称其"安子"。他具体叫什么名字，相处了几年笔者都不知道，也没有问。在这个圈子大家几乎都有"小名"，什么"老六""胡胡子""曹拐子""红毛""王结巴"等不一而足，大家谈论的时候使用的都是这些"小名"，因为没有感性认识和长时间接触，尽管很多人也见过面，但笔者现在仍然无法对这些人员进行区分。当你询问他们真实姓名的时候，那些和他们打交道十几年甚至更长时间的人居然说不出他们的姓氏。这也可以算是这一"隐遁社会"的一个特色了。

斗蟋蟀的有几个像你一样有正式稳定工作的？没有收入来源就想着靠赌来"翻翻本"①，结果越赌越输。老弟，你记住，不管多么熟悉多么亲，在（斗蟋蟀）场子上坚决不借钱给别人。

作为一个几十年如一日斗蟋蟀，并且一辈子都要和那些斗蟋蟀的人一起合作共事、"摸爬滚打"的人，不仅见证了在斗蟋蟀中"十赌九输"的现实，而且说出了"斗蟋蟀的没一个好人"的惊人之语。这是一个更大的，并且是发生在斗蟋蟀群体内部的认同分裂——一批坏人，为了自己的贪欲在斗蟋蟀这场历史的嬉戏中不断输钱。这样的分裂足以让"斗蟋蟀"失去任何存在的合法性。但斗蟋蟀作为在中国流传了千百年的传统社会嬉戏，不仅自己内部秩序井然，而且其能为更大的民间社会秩序的构建不断产出观念和制度判准。对此应该如何理解和解释呢？这种矛盾、紧张和分裂下的千百年和谐很显然不能从个案的事实得到解释，我们必须进入中国传统社会结构安排的内部寻找答案。如果斗蟋蟀中产生的紧张和分裂恰好正是整体社会结构和文化构建的动力，或者是整体社会结构和文化的功能性需要，那我们的问题可能就会迎刃而解。

二　蟋蟀宰相与蟋蟀皇帝

社会学理论是伴随着"去超验化"以及对历史结构主义的解构而发展起来的。中国社会有着其独特而漫长的历史谱系，在此谱系中"重大事件""英雄人物"起着关键的横向和纵向连接作用，日常生活中的琐碎往往被这种堂吉诃德式的英雄主义的叙事所代替和淹没。与传统的宏大社会设计（结构安排）相适应，这种宏大叙事穿越历史，在史学家和普通市民的传诵中谱写着历史，并且这些历史叙事总是和家国的命运相连。最终，不管其是否真的在历史上发生过，它们真切地构成了一种"现实社会构建"，不仅

---

① "翻翻本"本意指一个赌输了的人总想着通过继续赌博不仅把以前输了的赢回来，而且让本钱翻番。这里有通过参与斗蟋蟀赌博让自己因为没有工作和稳定收入等不利条件得以改善的意思。

为国家的历程赋予可以被后人理解的意义，而且在实践中让它们融入自己的日常生活，成为自己意义系统的重要组成部分。① 斗蟋社会不仅是一个在游戏中嬉戏的社会，还是一个有着悠久历史谱系的社会，其中穿越历史的故事和人物传奇成为其"现实社会构建"的底色和行为指南。

中国是一个具有几千年历史的君主制国家，对于普通老百姓而言，君王总是高高在上的，能"一睹龙颜"几乎是所有老百姓的梦想。这样的"梦想"以及对宫廷和君王的艳羡，像一根看不见的丝线把两种截然不同的人和世界联系了起来。在传统社会的中国，儒家思想通过给君王们规定一系列的规范礼仪，帮助他们成为天下百姓的楷模。而斗蟋蟀，在历史上也曾因为宫廷"仪式"而成为民间重要的意义指引。

中国的传统社会是以伦理原则来作为社会秩序基础的社会，一切社会关系都被规范在占据统治地位的"礼治"原则之下，在这种生发于自然法的关系原则下，人生而有父母、兄弟，而且落于社会之中，随之而有夫妻、子女、亲友、师生、君臣、长幼，这些都是天然伦理关系。伦理关系即是情谊关系：父慈、子孝、兄友、弟恭、友信、臣忠等伦理观念、情谊关系自然生成，一个人与四面八方产生了关系，于是整个社会也便出现了家庭化、伦理化、义务化。这种伦理关系没有边界、没有根本性的对抗，由近及远、引远入近，天下是一家，四海皆兄弟，如此宏拓广远，绵延长久，为法律制度相维持的社会所不可比拟。梁漱溟认为，伦理本位的社会注重情谊，以人的天然情感维系整个社会，天然情感的抒发又往往会使个人忘了自己，以至于别人，从而使整个社会依一种义务关系而被编织起来。这种义务与西方的义务和权利观念相对：西方的义务代表了人际关系的僵硬和机械，而中国伦理关系中的义务更能显出软性和自由性的义务。尽管伦理本位的社会由于缺乏团体生活，从而使得个人没有纪律观念，缺乏现代的权利、义务观念，无法形成现代意义上的国家。但梁漱溟认为中国伦理本位的社会所创造之"互以对方为重之理，却是一大贡献"。② 它用一种相

---

① B. Enkssen, "*Small Events-big Events: A Note on Abstraction of Causality*," *European Journal of Sociology 31*, (1990): 25 - 37.

② 梁漱溟：《中国文化要义》，载《梁漱溟全集》（第三卷），山东人民出版社，1989，第94页。

对论的社会观解决了个人自由与团体限制之间的矛盾。① 即"两方互以对方为重，才能产生均衡。而由于不呆板地以团体为重，亦不呆板地以个人为重，而是一活道理，于必要时能随其所需伸缩。——一个难题，圆满解决"②。中国的历朝历代，宫廷（皇帝）和官僚都是社会伦理或儒家"仁""礼"思想奉行的典范，所谓上行下效。中国斗蟋蟀的盛行，和宫廷以及行政科层体制的高层官僚斗蟋蟀不无关系。

至于斗蟋这种被看作民间市井的嬉戏，到底是从宫廷传播到普通老百姓，还是因为市井百姓都以之嬉戏所以流行于宫廷，已经没有史料可查。但是宫闱中的皇帝和位居朝堂的王公大臣很多沉醉于斗蟋蟀却是有据可查的。

斗蟋蟀最早可以追溯到唐朝。宋末顾逢在《负暄杂记》中说："斗蛰之戏，始于天宝间。长安富人镂象牙为笼而蓄之，以万金之资付之一啄。"因为关于蟋蟀竞斗的起始年代仅仅限于宋人的文字记述，没有更确信的考古或物质佐证③，很多人对此持怀疑态度。但中国宋代盛行斗蟋蟀是大家公认的。宋代的宰相贾似道，以养、斗蟋蟀而闻名。其所写的《促织经》是目前能看到的被转抄传诵之关于蟋蟀选、养、斗的最早系统性论述，也是后世诸多关于蟋蟀著作的参考蓝本——之后宋、明、清等时代诸多关于蟋蟀选、养、斗的著述多以此书为参照，并在其基础上进行补充和修订。

《类书纂要》中记有"贾似道于半闲堂斗蟋蟀"之句，半闲堂在杭州葛岭，是宋理宗赐给他的宅第。贾似道整天与朋友、属下乃至妻妾在那里斗蟋蟀，以致元朝军队入侵都不知道。民间只要是斗蟋蟀的人，几乎没有人

① 个人与团体的矛盾诚构成现代社会科学中一个具有根本性的论题。在现代社会中，现代性给我们的观念是：秩序的获得必须以团体的方式获得。但社会科学从产生以来一直思考的一个问题是如何在秩序的获得中保证个体的自由。从霍布斯、洛克到卢梭等一大批人类的思想精英都想在这一问题上找到答案。近现代的韦伯、福柯、哈贝马斯、吉登斯等社会科学家也都在殚精竭虑于此。但由于他们都是处在西方理性的团体性秩序构建语境中，所以最后不免重复卢梭的无奈："人生而自由，却无往不在枷锁之中。"而根据梁漱溟的观点，中国伦理本位的社会安排可以很好地解决西方近现代一直无解的难题。针对此，对中国文化为中国社会塑造出的特殊结构和秩序逻辑，有待于中国的国人真正以"文化自觉"态度认真对待，从而为中国社会科学提供一个具有"文化自觉"性的见识基础，使之能在现代社会中为世界提供有中国特色的智识资源。
② 梁漱溟：《中国文化要义》，载《梁漱溟全集》（第三卷），山东人民出版社，1989，第95页。
③ 在斗蟋领域，一般用于饲养和竞斗的蟋蟀罐以及关于蟋蟀挑选、饲养、竞斗的书籍等都可以作为存在斗蟋蟀事实的佐证。

不知道这一故事的。他更为人们所津津乐道的是写了中国历史上第一本关于蟋蟀之选、养、斗的"专著"——《促织经》。① 一个朝代的宰相因为斗蟋蟀误国②，但同时为后世留下了第一部论述促织（蟋蟀）的技术性专著。这一点也着实为后世斗蟋社会留下了一个道德与"事实"分裂的先例。关于这一分裂，从关于人类叙事意义的文化社会学角度可以做出如下解释。

第一，贾似道其人其事在民间一直通过各种不同版本的口头故事被传叙。有一个年近古稀的老者就给笔者描述过这个故事，他的故事中对贾似道如何邀请大臣和蟋蟀界人士去其"半闲堂"，周围的人如何阿谀不敢让自己的蟋蟀赢或者努力保持一个较低的胜率以凸显贾似道玩蟋蟀技术的高明做了描述，甚至还描述了一个斗蟋技术很高，胜率也很高的人如何被贾似道迫害的故事。他的这些描述都无证可考，但是当他讲述的时候，在座的人都神情俨然地认真倾听并不时插话提问或补充，好像自己就是当年斗蟋蟀的参与者一样。当斗蟋世界的人们这样津津乐道并且添枝加叶进行描述的时候，表征着朝堂最高权威的贾似道，俨然成了他们当中的一员，那些被邀请的人好像就是他们在座每一个人的化身。其潜台词是：一个朝堂的宰相和老百姓一样沉迷于斗蟋，由此，那遥不可及的权力庙堂好像被拉进了斗蟋蟀的小弄堂。朝堂中的宰相和市井小民通过斗蟋蟀通了家。从而让民间的斗蟋蟀具有了某些合法性的基础。

第二，《元史·贾似道传》记载说襄阳被元军围困，贾似道却隐瞒不报，仍据地斗蟋蟀。由此，贾似道因为斗蟋蟀而误国广为后世所知。民间认定他斗蟋蟀是导致宋朝灭亡的原因。这无疑为斗蟋蟀的合法性蒙上了阴影。为了处理这一矛盾，民间把贾似道的误国和其斗蟋蟀本身剥离了开来——贾似道作为一国宰相，在国家危难的时候仍然据地斗蟋蟀，这明显是玩物丧志的表现。后世凡斗蟋蟀者都应以此为鉴。贾似道不值得学习，但斗蟋蟀者中不乏"君子"，人们应该以君子之心，为了"格物致知""怡冶性情"——甚至能从蟋蟀身上学习来的——"忠""信""义"等君子所应为的目的去从事斗蟋蟀的嬉戏活动。而与此相对应，以斗蟋蟀作为全职

---

① 《促织经》是否真的是贾似道所写也已经无证可查，但从明朝万历年间所写现存所知最早的《蟋蟀经》开始的诸多著者都认为《促织经》出自贾似道之手。

② 这一点是在嘉靖万历年有人写的，目前能见到的最早的《促织经》的序言中也特别有题记。

工作，甚至把其当成赌博的手段成为在"面子上"被民间社会谴责的禁忌。

第三，贾似道斗蟋蟀丧志、丧国，但一部《促织经》，又让他对斗蟋蟀这一民间社会的传统嬉戏做出了不可磨灭的贡献——后世蟋蟀谱都是在《促织经》的基础上增删修订而成。所谓"人奸技不奸"，《促织经》中系统地论述了蟋蟀的选、养、斗技术，从中可以推测贾似道在斗蟋蟀的经验和技术方面达到了非常高的水平。在这一道德和技术二分的基础上，民间把其称为斗蟋蟀技术上的"祖师爷"也就不再有什么道德上的亏负了。但是当这样做的时候，一个背景性的语境又浮现了：这个"祖师爷"曾是一朝的宰相。经过具有循环性质的技术过滤，斗蟋蟀误国这一不好的道德形象就没有了，从而朝堂宰相斗蟋蟀重新成为民间斗蟋蟀合法性的重要基础。

到了明朝，斗蟋蟀可谓达到了中国历史上的高峰，因为这一朝代皇帝也参与进来成为斗蟋蟀大军中的一员。《万历野获编》有载：

> 吾朝宣宗最娴此戏，曾密诏苏州知府况钟进千条，一时语云："促织瞿瞿叫，宣德皇帝要。"词语至今犹传……闻尚有以捕蟋蟀比首虏功得世职者。明宣宗名朱瞻基，1425年至1434年在位，是明朝的第五代皇帝。

《郓州史料》中收录了这位皇帝的敕旨：

> 敕苏州府知府况钟：比者内官安尔吉样采取促织，今他所进促织数少，又多有细小不堪者。已敕他末后运自，要一千个。敕至，尔可协同他干办。不要误了！故敕。宣德九年七月。

宣德皇帝为了蟋蟀要向一个知府下敕令，并且让其一定不要耽误了。在我们的印象中，封建的皇权好像无所不在，它的触角随时可以伸向民间；在官僚系统内部，下面的各级官员会对皇帝唯命是从，尽心尽力。但实际在斗蟋这件事上不是这样的。各种史料从来没有过皇帝直接向百姓征集蟋蟀的记录，并且从敕令看，原来让一个内官去采办蟋蟀结果不仅数量少，而且"多有细小不堪者"。实际上，在中国传统封建社会的社会结构中存在着诸多的二元分立："皇帝－官员""官僚－百姓""政府－民间"。

宣德皇帝的敕令记载于史册，更流传于民间——现在全国各地，从南到北几乎所有蟋蟀名产地都有一个同样的传说：某某地蟋蟀之所以厉害，是因为当时宣德皇帝斗蟋蟀，命令在全国捕捉采集，之后用车运往京城。但车到该地时道路不好走，车行又急，导致了翻车，蟋蟀四散逃窜。皇帝要的蟋蟀哪一个不是"元帅""将军"级别？① 翻车之后，这些"元帅"和"将军"们都逃到了附近的地里，因为那些皇帝采集的蟋蟀基因优良，其繁衍的后代出将率自然也高。同样的传说在安徽、江苏和山东的宁阳都有，并且当地那些深谙掌故又长年斗蟋蟀的人在讲述这一故事的时候，其中的情节几乎一模一样。这一故事的真实性无证可考，但很显然宣德皇帝运蟋蟀的车不可能在全国各地翻那么多次，这显然是民间的一种叙事，而叙事背后至少有三层意思的潜台词。一是说明某地的蟋蟀为何好，为其"好"找一个大家都喜欢并且愿意接受的合情合理的理由。二是更重要且具有社会性的意涵——每一个斗蟋蟀的人从那些"翻车"的地方得到的"元帅"或"将军"都是宣德皇帝所玩（尽管没玩成）蟋蟀的后代，那么"我"玩的蟋蟀也就是皇帝玩的蟋蟀。由此每一个"小民"在斗蟋蟀上都有了和皇帝一样，甚至比皇帝还要高的"待遇"。由此，蟋蟀从宫廷皇帝的手上到了民间"小民"的股掌中。宫廷、皇帝和市井小民在蟋蟀身上以及斗蟋蟀的嬉戏中通了家。三是皇帝作为一个社会的最高统治者，也是礼治秩序的化身，皇帝喜欢斗蟋蟀在很大程度上为和"赌博""不务正业"相关的斗蟋蟀正了名。由此，那些和民间没有什么关系，甚至可能并不真实的官方斗蟋蟀的故事被年复一年地在民间讲述。这些故事极具吸引力，即使到了现代，不仅那些常年斗蟋蟀的人知道，就是那些负责捕捉蟋蟀的农民以及在公安系统从事抓捕②工作的人员很多也对这些故事非常熟悉。这样，尽管在行动上他们好像处于"敌对"的关系中，但实际上，"蟋蟀宰相"和"宣德皇

---

① "虫王""元帅""大将军""小将军"是蟋蟀界对好蟋蟀的人为分级，也是对那些能在斗场上叱咤风云之蟋蟀的荣誉鉴定和褒奖。从技术上讲，对蟋蟀进行级别的界分很多不是根据斗的结果，而是在斗之前就必须审定的，否则就确定不了斗的级别。但做到这一点的人在蟋蟀界非常稀少。基本能做到这一点在蟋蟀界都被称为"老法师"。

② 斗蟋蟀在中国法律上被定性为"聚众赌博"，每年到了"虫季"都会成为国家重点打击的对象。

帝"的故事让他们在精神上通了家。

上行下效，明朝时，蟋蟀竞斗之风在民间盛极一时。明朝文人袁宏道[①]的《促织志》[②] 开篇就写道：

> 京师人至七、八月，家家皆养促织。余每至郊野，见健附小儿群聚草间，侧耳往来而貌兀兀，若有所失着。至于溷厕污垣之中，一闻其声，踊身疾趋，如馋猫见鼠。瓦盆泥罐，遍市井皆是。不论老幼男女，皆引斗以为乐。

乾隆四十五年（1780 年）一号称"老小仔"的人对将要遗失的蟋蟀谱——《王孙鉴》进行了增补修订[③]，其在"赠怡馆增订"前言中提到：

> 促织之名，其来远矣；促织之斗，爱者众矣，唯明朝宣庙时，雅尚此戏，盆极奢华，王侯公子竞为博赛，所以识者著辨识之论，做形象之歌，发明调养之法，叙陈疗治之方。传之至今而勿替也。

清代宫内及朝廷官员蓄养蟋蟀者大有人在。清人《金鳌退食记》云："本朝南花园内，于秋时收养蟋蟀。"清宗室庄亲王不仅是好斗者，而且编了一部四卷本的《蟋蟀谱》，此谱经皇帝"御览"发行。由此可见，清朝最高统治者当时也是斗蟋蟀的。[④]

---

① 袁宏道（公元 1568－1610 年），字中郎，湖广公安人。

② 《促织志》原名《畜促织》，仅数百字，编入袁氏《随笔》中。经陶珽改为《促织志》，收入《说郛续》[顺治三年（1646 年）宛委山堂刊本]。《促织志》经多种书目著录，广为人知，而《说郛续》各图书馆均归入善本。本书引用转自王世襄先生《蟋蟀谱集成》第四种。

③ 《王孙鉴》是一本根据前人古谱对蟋蟀的选、养、斗进行归纳、总结和增订的一本专门著作。后来修订者"老小仔"在"重订王孙鉴始末叙述"中说该书"士大夫争购之"，可见其当时颇有影响。但后来作者朱崔庭自己没有后嗣，该书遗存在家中角落，被进出之人随手拿着用来"烹铭"，"老小仔"所以带出，出于对一故人君子的惺惺相惜，着手对已经缺失过半的遗本进行增订。该版本通过复印被王世襄先生收于《蟋蟀谱集成》。

④ 斗蟋蟀可能是皇宫中每年必备的娱乐项目，因为清朝后期的宫廷中都有专门负责饲养调理蟋蟀的宫廷养师。笔者知一天津年近花甲的蟋蟀老玩家，其爷爷就是清末的宫廷养师。由是之故，其在蟋蟀界名气颇大，大家也都很尊重他。而他可能呈其先辈斗蟋蟀的传统和技艺，自己捉、选、养、斗的水平都很高。

从这一段记载来看，斗蟋蟀俨然成为当时生活条件较好的城市市民的普遍性"游戏"。参与"游戏"人的身份、人数、性别和年龄可能不同，但游戏中遵循的规则古今全国各地却几乎是相同的。规则本身如同法律一样，不仅仅是文字或口头的规定，更重要的是规则背后的精神。斗蟋蟀这种游戏之所以能在中国千百年来长盛不衰，主要的一个原因是它和我们的社会结构安排、民情和传统相契合，无意间得到了社会结构的支持，而斗蟋蟀中自然法的精神则契合了人的天性，成为斗蟋蟀能长盛不衰的生命之魂。

三　宫廷养师——宫廷的流落抑或民间的皈依

清朝时中国的皇帝也是斗蟋蟀的，因为在宫廷中有专门负责养蟋蟀的"宫廷养师"，他们的职责就是挑选和喂养蟋蟀，让它们打斗供皇室观瞻取乐。[1] 清末，宫中的"蟋蟀养师"和其他宫廷技师一样流落到民间谋生计。当时兵荒马乱，尽管很多人"身怀绝技"却也找不到施展的机会。但由于斗蟋蟀相对彻底的民间性，即使在动荡的年代，它仍然没有中断。国家面临破亡，原来在其监控下的民间活动和社团反而因此获得了喘息和发展的空间，"各种会社和地方习惯……生长于民间社会，其与普通民众日常生活秩序的关系更加有机和密切，以至于当政体变更、国家的法律被彻底改写之后，它仍然可能长久地支配人心，维系着民间社会的秩序"[2]。

清末民国时期，宫廷的"宫廷养师"们都从宫廷回到了民间社会。[3] 当

---

[1] 罗友枝：《清代宫廷社会史》，周卫平译，中国人民大学出版社，2009。
[2] 梁治平：《乡土社会中的法律与秩序》，载王铭铭、王斯福主编《乡土社会的秩序、公正与权威》，中国政法大学出版社，1997，第415页。
[3] 除了本书描述的这位流落上海的"宫廷养师"，笔者有幸知道在天津还有一位蟋蟀"宫廷养师"的孙子——一位已经年近花甲的老人。他自己现在仍然养、斗蟋蟀，并且在天津蟋蟀界的名声和名气很大。他对蟋蟀的喜好以及养、斗技术都是来自其爷爷的"家传"。民间传说他爷爷知道蟋蟀的"暗门"（秘密）并有密谱相传。但对此在聊天时老人坦言"密谱"有过，但在"文革"中已和一些价值不菲的蟋蟀罐一起流失了。

时一位养蟋蟀的宫廷养师,一路乞讨从北京来到了上海。① 从清末到新中国成立这一历史动荡的年代,斗蟋蟀的中心从北京转移到了上海。当时的上海是中国斗蟋蟀最繁盛之地。但在一个传统的"熟人社会"里,人们之间社会关系的持续互动需要在长期了解并信任的基础上才能建立。对于一个长期身居宫廷的人,在这样一个陌生的环境中,没有推荐人和"保人",即使空有一身"武艺"也无处施展。对于"蟋蟀养师"只有那些非常喜欢蟋蟀的大户人家才会聘用,也才能聘用得起。这位流落街头的宫廷养师偶然听得一富有人家父子两人都喜斗蟋,他打听到住处后衣衫褴褛地径直到该人家家中,直入中庭。家中老主人不在,小主人②把其当成了要饭的,让下人给些饭食打发走。该养师也不拒绝,拿了饭食亦不言谢,径直走了。过了几天他又来到该家,家里主人听了禀报也没当回事,又让下人给了他些饭食。这位宫廷养师仍然一言未发,拿了饭食径直出门。又几天,他再次径直进入该富人家中,下人如实向主人禀报,父子两人觉得好奇,就都出来见识一下这个要饭的。小主人根据该人身形枯瘦,衣衫褴褛,则断定其是个要饭的无疑,就质问他为何屡次三番直入中堂,且得到了饭食也不言谢。但该养师却语出惊人,说自己不是要饭的,那些饭食都是主人家自愿给的,他自己从来没有开口要过,故没有必要言谢,并且说话间神态很是高傲。小主人断定遇到了要饭的泼皮无赖,就要带人把养师轰赶出去。但老主人阅历丰富,他注意到尽管该人衣衫破旧但并不如其他要饭的那般肮脏,并且站在那里很挺拔,面目眉宇间有一种傲气。于是断定该人肯定不比一般乞讨之人,定是有些身世和来历。他阻止了儿子的轰赶,反而将该人请入室中上酒上菜好生款待了一番。过后挽留该养师在自己家中,让其修剪一下花木,也不勉强指派工作。该养师爽快接受了这一挽留。

---

① 该故事是一位上海蟋蟀玩家"沈老师"讲授给笔者的,他说这是发生在其爷爷(文中那位有钱人的儿子)身上的真实故事,是其爷爷讲述给他爸爸,他爸爸又讲述给他听的。沈老师本人说他在上海做些"小生意",但不管生意多忙,每年虫季一定要到山东来收蟋蟀。和他一起来的另一位"成老师",后来才知道他们合作,沈出钱和成一起收,但是最后成负责饲养和安排出斗。笔者去过上海浦东成老师的养房,是一个两室一厅的居民楼,虫季专门用来养蟋蟀。关于该故事笔者也向成老师求证过,他说这一故事周围的好朋友都知道。故事的真实性除了当事人的讲述已经没有什么可以考证。但故事的真假已经不重要,因为这一故事性叙事背后折射出的斗蟋社会的意义构建本身就具有其特有的社会学意义。

② 把该故事讲述给笔者的"沈老师"的爷爷。

在那样一个动荡的年代，能毫无条件地收留一个很倨傲、不知"领情"的陌生人在自己家中，的确需要勇气。很大程度上这就是一种社会关系的赌博——双方都根据自己的人生阅历在注台上押上了自己的信任。这种"赌博"实际上也是中国传统社会的"默会式契约"。这种契约背后的信任程度直接决定了赌注的大小。而信任程度又取决于经验性考验所获致的对对方的主观认知和认可。

大的历史时代在经历着变动，但是人们之间按照传统构建社会关系的方式和逻辑并不可能一日间被颠覆。西方现代化推进的过程，是不断通过契约和法律来调整和规范人们的社会关系，通过法律来重新界定人的边界，以契约来规范相互行为指向，最后用法律保护个人的边界和相互指向的契约并以法律编织社会之网的过程。《古代法》的作者梅因甚至认为："所有进步社会的运动……是一个'从身份到契约'的运动。"[1] 在很大程度上，西方社会的建构也不是一个简单的自然生成的过程，"它是一些专职人员（知识分子或统治者）反观和用其理论观点思考自己的社会……影响、限定、规范这一社会……通过一些思想有目地对一种原有而自发的社会构成的改造"[2]。中国有悠久的历史和传统，因为经验的有效性和时间的积淀这些历史和传统被内化到了每个人的内心。在这样的社会中，悠久的历史之所以得到维持是基于人们"口口相传"的经验积累和对传统价值的维持，即"人们更为关注的是维护传统，而不是弹性适应，当这种社会和处在这种社会中的人们必须跟上迅速变化的工业社会的节奏时，他们就会茫然不知所措"[3]。

中国在清末民初，即使在政治结构上经历了"五千年未有之大变局"，但民间几千年交往形成的社会结构却没有受到太大的影响，人们在儒家思想浸透下形成的交往习惯、风俗和传统不可能在几年甚至几十年的时间发生根本性的变化。斗蟋蟀的嬉戏一如既往地进行；斗蟋社会中人与人的交往方式和以前没有太大的变化；斗蟋蟀的规则仍然是千百年流传使用的古法。毫无疑问，对中国人来说现代契约是十分陌生的。现代法律的最主要形式——契约，只会发生在人们彼此间疏离陌生的社会中，因为"各人不

① 梅因：《古代法》，商务印书馆，1959，第110–112页。
② 翟学伟：《人情、面子与权力的再生产》，北京大学出版社，2005，第22页。
③ 孟德拉斯：《农民的终结》，李培林译，社会科学文献出版社，2010，第49页。

知道各人的底细，所以得讲个明白；还要怕口说无凭，画个押，签个字"①。然而在中国传统乡土社会中这样的做法会显得非常怪异。被要求签字画押的人会认为这是对自己的不信任，这对于关系的继续维持是非常有害的。"乡土社会从熟悉得到信任。这信任并非没有根据的，其实最可靠也没有了，因为这是规矩……乡土社会的信用并不是对契约的重视，而是发生于对一种行为的规矩熟悉到不假思索的可靠性。"② 斗蟋蟀社会中的人有自己特有的行为方式和规矩。对这两者的肯认足以让人们建立起某种稳固的信任关系。宫廷养师要进入收留他之"东家"的生活世界，其所唯一依靠并能形成沟通的就是围绕蟋蟀形成的一系列固有行为方式。

宫廷养师对自己的身世守口如瓶，可能他非常清楚，斗蟋蟀圈子中的人都不相信言辞。过多的言辞除了降低信任度之外对更加牢固关系的建立起不到任何作用。所以他平时就是一个不会说话的"园丁"。"老东家"除了每天不时从远处观察这个"怪人"的一举一动之外，也从来没有问过一句关于养师的事。大家都好像在等待着某件事情的发生……很快到了虫季，东家父子花重金购进了一百多只蟋蟀。一日饭间，"养师"突然对老东家开口："我能看看你的蟋蟀吗?"③ 少东家放下碗筷盯着"养师"，一脸的不高兴。老东家只是愣了一下，然后好像非常开心，一口答应了。饭后他让少东家看住房门，不允许任何人打扰，自己亲自陪着"养师"进了蟋蟀"养房"。

出来的时候已经是晚饭时光，大家重新坐在饭桌前，少东家一脸的不悦和迷茫，好几次想说话都被老东家用眼色逼了回去。经过了好长一段时间的沉默，"养师"仿佛做出了一个重大决定一样，他把目光转向老东家，徐缓而坚定地问道："你愿意听听我的看法吗?"老东家非常恭谨地回道："先生高见，望不吝赐教。""你的蟋蟀一只都不能用，全扔了吧……"养师说来好像轻描淡写。少东家像受了惊吓一般，从凳子上一跃而起："一只都

---

① 费孝通:《乡土中国 生育制度》，北京大学出版社，1998，第10页。
② 费孝通:《乡土中国 生育制度》，北京大学出版社，1998，第10页。
③ 斗蟋社会中的人是有默会规则的，除非好友或者是蟋蟀"主人"主动，外人提出看蟋蟀是非常忌讳的一件事。不把自己的蟋蟀轻易示人有很多社会性意涵，表面上这样做同不把自己的宝贝轻易示人一样，具有某种模糊的情感因素在，但实际上是不让自己的"元帅"或"将军"被外人知道。这样的信息"泄露"对将来赌博中的"押花"会有影响。蟋蟀被称为"万金虫"，同时也被称为"气虫"，人们在斗蟋蟀的更多时候是"赌气"比"赌钱"更被看重。

不能用？我父亲玩了一辈子蟋蟀，你懂蟋蟀吗？你知道这些蟋蟀是花了多少钱买来的？"一连串的质问裹挟着不满和愤怒。①

中国的传统及其之下的行为方式是生活于其间的人长时间才能习得的。对于一个20多岁的青年而言，"养师"只是其父亲因为仁慈收留的一个要饭的"落魄书生"，或者说一个因为其父亲的包容而享有特殊待遇的"长工"。这样一个人居然对其家庭中最重要的事情做决定，并且是全盘否定式的决定。这对任何一个人在情理上都是讲不通的。"少东家"因为年轻还没有内化中国的传统。情理只是传统的表象，传统的内在是建立在经验和熟悉基础上的不假思索的信任。

老东家阻止了少东家可能采取的更激烈的行动。他站起来恭恭敬敬给"养师"作了个揖："谨遵先生之言，但望先生能出手相帮。"原来老东家也的确遇到了难处。他一生酷爱斗蟋蟀，但自己相虫、养虫的功夫一般。就在"养师"来的前一年，他和另外一个大户赌徒"杠"上了，因为"斗气"豪赌了几把，输了20多根金条——几乎是他靠布匹生意几年的收入。今年对方又挑衅性地"约赌"，为了面子和那口气，他打算和对方赌一把，

---

① 在调研的过程中，笔者是以朋友兼虫友的身份，以聊天的形式，在断断续续近半个月的时间内从"沈老师"那里听来这一从其爷爷里传下来的故事。聊天不像访谈那样能保持问题的连续性和系统性。片断化的聊天很多时候没有时间顺序，并且会被其他的人和其他的叙事打断。调研需要保证所收集资料的科学性、可重复和可检测性，这一点让笔者一想到关于"宫廷养师"的讲述就非常灰心。这样花了好长时间得来的非常难得并且在现实之中被真实传述的故事，可以用一小段描述完，但那种中性描述对一个精彩事件描绘的刻板和无力实在让笔者不甘心。最后笔者决定把对话的记录，以文学作品或说故事的叙述形式呈现。正在笔者对这样做的科学性和可行性犹豫不决的时候，芭芭拉的《社会科学研究中的叙事》为自己的想法提供了支持。她在书中认为社会科学研究对象不同于自然科学研究对象，自然科学追求客观、可预测性和可重复性，而社会科学追求对人们交往中所使用和传达之意义的解释——这一点也是韦伯的传统。社会科学要研究的意义承载方式可以是神话、传说、寓言、小说、诗歌、电影、会话等。叙事追求的不是真实而是其所生发出来的社会性意义（参见芭芭拉·查尔尼娅维斯卡《社会科学研究中的叙事》，鞠玉翠译，北京师范大学出版社，2010）。当然，笔者清醒地认识到，叙事本身内含的非真实性与虚构的叙事之间是有根本性区别的。正如一个神话，当把其作为叙事进入社会科学研究对象的时候，其中所描述的情节和诸神不一定在现实中真实存在，但社会科学要保证该"神话"叙事本身的真实存在。作为调研者，笔者只能保证笔者真实地转述了"沈老师"从其爷爷里转述的叙事，并且这一叙事被"沈老师"朋友圈的叙事者所共享。正如天津那位"李老师"的爷爷作为宫廷养师的叙事被天津蟋蟀圈子所知并共享一样。但不论如何，在社会科学中采用对话的文学形式对笔者而言（也许在社会学调研中）是一种全新的尝试。

所以不惜重金购进了100多只"好蟋蟀"。

在清楚了老东家的苦衷和打算之后，"养师"看着老东家仍然徐徐地说："为了报答收留的恩情，我愿意帮你，但你能信得过我吗？""信得过。"老东家激动得有些颤巍巍地说。可能几个月来他一直在等的就是这句话吧。"好，你出六根金条，我给你选六只蟋蟀，蟋蟀选回来之后由我在后屋全权负责，没有经过我的同意，包括您在内的任何人不得接近观看。"六根金条选6只蟋蟀，在当时的上海滩恐怕也是少见，很少有人有这个魄力这么干。① 没人敢说自己一眼下去能值一根金条。"好，一切听您的。"老东家一口答应了。好像生怕"养师"后悔一样。在少东家看来，老东家好像着了魔一般。把自己的身家押在一个陌生人的身上，这是他怎么也想不通的。

第二天，他们三人去了上海滩最大的蟋蟀斗场——一个三四层楼高的圆形建筑，中间的大厅可以放得下几十张赌台，每张赌台开赌时的最低台花是5根金条。在赌赛开始之前这里是蟋蟀交易市场，全国最大的蟋蟀贩子都会到这里来——因为这里可以卖到全国最贵的价格。② 让老少东家诧异的是，"养师"好像对那里很熟。他询问了一个人（虫贩子）的名字，径直上了二楼他住的地方。那虫贩子一看到他好像被吓了一大跳，瞪着眼说不出话来，刚要说什么被"养师"制止了。养师说："我今天来就是替人选几条虫，你把最好的拿出来就行。""桌子上大盆里的就是我今年最好的。"虫贩子很快镇定

---

① 所谓"雕虫小技，博大精深"。蟋蟀从卵到成虫每7天一次蜕皮，一共要蜕皮7次。从蜕皮完到打斗，中间还要经过几次泛色的变化。用斗蟋蟀行家的说法，看着非常好的蟋蟀也可能"走色"，蟋蟀一旦"走色"就不堪重用了。蟋蟀的"走色"可能发生在成虫后的几天，也可能发生在成虫后的十几天甚至二十几天之后——在秋分定色之前，任何蟋蟀的"色"都可能发生变化。正因为蟋蟀的这一不确定性，才没有人敢说自己能把蟋蟀看透。那些在蟋蟀的诸多不可预测性中找到了相对确定性标准的人也就成了所谓的"高手"。但"高手"总是相对的，因为蟋蟀的选、养、斗几乎是属于不同领域的知识，一个能辨识蟋蟀的不一定会饲养蟋蟀——蟋蟀的饲养涉及根据"秘方"给蟋蟀制定"食谱"，观察蟋蟀的动态，最主要的是给蟋蟀"过岭"（也就是给蟋蟀"配媳妇"，让其"交配"）。给蟋蟀过岭是有严格技术和经验要求的，过了和不及都可能极大影响蟋蟀的战斗力，一个完全可以取胜的蟋蟀，可能因为"过岭"不好而轻易败北。另外，在斗场上斗的不仅仅是蟋蟀，更是人与人的较量。也就是说，蟋蟀的斗根本就不是简单的赌博，而是一个非常复杂的社会性事件。这一点在后面"嬉戏的堂口"一章会详细做出说明。

② 实际上这一传统一直持续到现在，每到农村市场的"虫季"过后，很多蟋蟀贩子就会成群结队地来到上海，他们常年相对固定地充斥在上海特定的大小旅馆中。这些"虫贩子"（也有一些案自抓蟋蟀的撬子手）带到上海来的蟋蟀质量普遍比农村市场上的质量高，当然其价格至少也是普通市场价格的十几倍。

下来，开始推荐自己的虫子。"养师"对桌上"大盆"里的虫子看也不看，直接说："这么多年了，谁不知道谁？你就别藏着掖着了，拿出来吧。"虫贩子好像很尴尬，悻悻地爬到床上，从床里面盖的被子下面拿出来三个精致的养盆。"这三条我从来没让人看过，要不是你来，我不会拿出来的，这是我今年最好的虫了。"到了这个时候，令父子两个很奇怪的是，"养师"连碰一下蟋蟀罐的意思都没有。"我只要你的'盆顶'①，既然'老板'这么不舍得，那我们就告辞了。"说完，站起来带着父子两个就走。父子俩被搞得一头雾水。

当他们三人已经走出房间准备下楼的时候，"虫贩子"喊住了他们："老板留步，借一步屋里说话。"三人重新回到屋里，"虫贩子"让他们落座。在他们三人的注视下爬到床底下，从下面拿出一个外包锦缎的精致木盒子，他小心翼翼地把木盒子放到桌子上，打开木盒子，里面装了一个非常精致的蟋蟀罐。"虫贩子"双手捧着把蟋蟀罐放到了桌上，然后对着"养师"说："您是明白人，这真的是我的'盆顶'了。""养师"只问了句："能看吗？"在得到同意之后，他打开盆盖非常迅速地往里扫了一眼接着就盖上了。然后以更快的速度把桌上蟋蟀罐里的蟋蟀全看了一遍。拿出了五个蟋蟀罐儿。"这条（床底下拿出来的）我给你一根金条，其他五条一起算给你两根金条。"说着示意少东家把三根金条放在了桌子上。"世道不好，另外也就是看在您的面子上了，不然给两倍也不卖的。""虫贩子"边说边把金条收了起来……

经过了这次收虫，少东家的不满情绪开始消失，但对几秒钟时间选回来的这六条虫的"好奇"或说不信任也随之产生。六条虫没有让大东家和少东家过眼，就直接拿进了"养师"后面的房间。晚饭上了好长时间，"养师"才姗姗来迟，脸上挂着他自入府以来少有的喜悦和兴奋。他好像看出了父子两个满肚子的疑惑，话也格外多了些。

"我在京城的时候养过蟋蟀，现在虫贩子，还有其他一些人都到上海来了，其中一些以前有过交情。今天带你们去找的这个行里都叫他'三爷'，是原来北方最有名的虫贩子，我认识他好多年了，所以很了解他的做派，每年最好的蟋蟀他都藏在床底下。这'毛病'到了上海他也是改不了的。"说到这里"养师"轻轻笑出声来，两位东家也豁然跟着笑了起来，这是几

---

① 到现在，每个斗蟋蟀的人还是称自己一年中所拥有的最好的蟋蟀为"盆顶"。

个月来三个人在一起吃饭时第一次发出的笑声。

接下来的一个月，"养师"再也没有出过自己的房间，饭食也都是由老东家亲自送去。当三个人再聚到一个饭桌上的时候，虫的斗期就到了："六条虫，有三条虫能出斗，其中两条这几天可以安排，但斗之前必须找好过龄和苡草的，江南最好的过龄师和草师就是孙不二了，我以前和他有过交情，可以让少东家带着一根金条去找他，明天让他过来给出斗的两条虫过龄，这两条中的每条每次可以斗 1 根金条，走两路本钱就能回来。另外那条过两天再去请他，再给他 2 根金条。"

安排停当之后，一切进行顺利，少东家年轻气盛，特别约了上一年输给其 20 多根金条的上海滩大户。他没听"养师"的话，一条蟋蟀押了 5 根金条，两场两条虫赢了对方 20 根金条。这样不仅仅把去年输的钱全赢回来了，更主要的是扬眉吐气，把脸面同时赢回来了。上海滩都知道这沈大户家里有两条厉害的虫。这让对方非常恼怒，在输掉之后当着上海滩虫友的面发出了"挑战"要约——一场 50 根金条的决战。少东家年轻气盛，当时当着整个上海滩玩家的面接下了战书，时间定在第 7 天上午，地点是当时上海滩最大的蟋蟀斗场。一时间，上海滩都知道了这场 50 根金条的"虫王之战"。

本来赢了钱很高兴，但听说要和那老对头一次赌 50 根金条，老东家气得差点儿背过气去。因为 50 根金条是他们的全部身家。一旦输了，他们也就倾家荡产了。"养师"沉吟了良久，以一贯不变的语气徐徐说道："对方肯定会从全国调最厉害的蛐蛐过来，我们没有选择，只能让那只还不太到斗期的'黑黄'① 出战了。明天我亲自去请孙不二，让他每天来给那只'黑

---

① 所谓的"黑黄"是根据蟋蟀的色而起的名字。中国古谱根据千百年的经验把蟋蟀分"青""黄""紫""黑""白""红（赤）"六色。这六种色并不是指蟋蟀体表的颜色——蟋蟀在收购的时候其颜色都是差不多的，而是一种能表征蟋蟀本身品种的那种"色"。蟋蟀的"色"是指类似于某种东西本质性的东西，斗蟋蟀的人都知道，蟋蟀斗得不是头大、牙大，蟋蟀比斗的是"色"。在斗场上，两个蟋蟀一放进去，那些老行家一看两条蟋蟀的"色"，就基本能断定输赢了。从某种程度上，蟋蟀"色"的品级也就是蟋蟀本身的品级。但因为蟋蟀"色"的概念如同道家"道"的概念一样，其判断只能依靠常年的感觉和经验，没有什么固定的"科学"指标。如果说"道可道非常道"，那么同样"色可色非常色"。而也就是蟋蟀身上这样的不确定性，让斗蟋充满了不确定性和魅力。"黑黄"是一种属于大将军级别的色级，如果各方面到位也会出"虫王"。很多时候"黑黄"和"白紫"可能处在一个"色"的级别上，遇到这两种"色"的蟋蟀基本就等于遇到了常胜将军。但"黑黄"属于深秋虫，也就是说，在相同出土情况下，其出斗期要比其他色系的蟋蟀推迟 20 天以上。

黄'过岭，① 他来一次给他一根金条。这条虫可以一战。""养师"的这一席话让老东家心里有了底，他什么话也没再说，开始变卖房产货物甚至筹借以凑齐50根金条。那江南第一高手孙不二每天中午午时和晚上子时会准时来给蟋蟀下雌。除了一天一根金条之外，他开出的唯一条件是"下雌"提岭的时候其他人都要回避。

到了第六天中午，江南过岭第一高手孙不二提完最后一次岭，在"养师"恭敬的陪同下领了第六根金条招呼也不打地出了门。"养师"疾步赶回后房观察"黑黄"的状态。他打开盆发现"黑黄"慵懒地在盆底爬行，完全没有了原来龙行虎步的神形。"养师"盆盖都没盖上一下瘫坐在了椅子上。面色一下变得惨白。父子二人从来没看到"养师"这样失态，猜想可能发生了什么"大事"。老东家小心地走向前问道："先生身体不舒服吗?""养师"轻轻把盆盖放到桌上，咬着牙说："孙不二给'黑黄'过度提岭，让它废了。"这话对老东家无疑是晴天霹雳。很显然，对手也知道了孙不二负责给这边的蟋蟀提岭，所以出了更高的价格或者其他手段把他收买了，最后他在这边蟋蟀身上做了让其必败的手脚。"先生，这事情不怪你，世道如此，人心如此，我们认命了。"失魂落魄的老东家还试图安慰"养师"。"你们都出去吧，今晚任何人不要打扰我，我会给你们一个交代，也给'他们'一个交代。"

晚上，皓月当空，东家一家人面临倾家荡产哪里还睡得着。父子两个悄悄来到"养师"的厅堂外远远往里张望，他们惊异地发现"养师"赤裸着身子，好像在打太极一样不断对着他面前的蟋蟀罐"发功"。他仿佛在通过月光的精华

---

① 蟋蟀古谱中早就认识到了蟋蟀有"三反"（和我们理解的自然常态不一样）：雌上雄下，胜叫败不叫，过蛋有力。具体来说就是在交配的时候，雌性要爬到雄性的背上去；在斗场上一定是胜了的鸣叫，而败了的好像"知耻"一样，躲到一边沉默不作声；蟋蟀在打斗之前必须让其"过蛋"（和雌蟋蟀交配），"过蛋"的次数以及间隔时间要根据蟋蟀的具体情况而定，蟋蟀"过蛋"（过岭）的情况直接能决定在打斗中的胜负。"过岭"不能过，过了蟋蟀在打斗中就会乏力，也不能不及，不及的话蟋蟀的"战斗力"就会打折扣，甚至有的蟋蟀和对方碰一下就走（如果这种情况出现，尽管不是蟋蟀本身实力的问题，但也会被判输一局），根本不想战斗。所以，越是好的蟋蟀，"过岭"越是重要。很多好的蟋蟀有"认雌"现象，即它只认某一只或某一类型的雌性蟋蟀，对这类蟋蟀如果不注意会出现"雌雄大战"或者雄性蟋蟀因为不满意而"自残"（咬掉自己的大腿或者啃咬水碗造成牙齿损伤）。还有的雌性蟋蟀天生不"过蛋"，见了雄性就会撕咬伤害。尽管这种情况比较少，但是一旦发生对那些"将军"们来说，损失是不可挽回的。所以"过岭"和"芡草"一样，是一门很需要经验和悟性的学问。大多斗蟋者对捉、选、养、斗只能在一两个环节谙熟，对所有环节都精到的非常少。

和自身的精气挽救那只蟋蟀……①第二天，眼看要临近开斗的时间了，父子俩进入后堂去找"养师"。发现他已经端坐在了椅子上，脸色苍白。他仿佛使出最后的力气指了指桌上放着的那个蟋蟀："'黑黄'活过来了，你们可以拿去斗了。"

他们的对家花了重金买了条号称"王虫"的蟋蟀，并且给对方芡草的居然就是那个"孙不二"。"黑黄"势如奔雷，没有给对方任何机会，碰面一个重夹把对方打晕在斗圈中……父子俩抱着"黑黄"和赢来的五十根金条冲回家去见"养师"，"养师"和他们走时一样端坐在椅子里。他虚弱得只剩了最后一口气息，他是留着这最后一口气等消息的。"赢了，'黑黄'赢了!"随着老东家一句哭喊，"养师"安静地合上了眼。父子两个号啕大哭……"宫廷养师"的忠义一时在当时的上海滩广为流传，这一故事②也以

---

① 在自然界中，按照中国的阴阳说，蟋蟀和蝈蝈是昆虫中阴阳的两极。蟋蟀属于至阴之物，而蝈蝈则属于至阳之物。蟋蟀必须在阴凉处才鸣叫，见阳光则很快会晒死；而蝈蝈在自然界中则要找到树梢阳光照射处，在明亮处放声鸣叫。月亮和太阳分别代表自然界阴阳的两极，所以借着月光，通过吸收月光的精华增加蟋蟀的活力也就是很自然的事。当然这样的说辞在现在看来有些"迷信"。但作为一种社会性意义的构建，这一理解"赋魅"在传统的中国是无可厚非的。

② 笔者机缘巧合在 2009 年的宁阳（县）泗店（镇）——中国当时最大的蟋蟀交易市场——遇到了这一故事的真实"继承人"——"沈老师"。他说这是发生在他爷爷身上的真实故事。他自己说"做小生意"，但从话语中得知他是做丝绸布料生意——不知是不是和其爷爷从事的布料生意有关联。笔者和他作为陌生人，加之几十岁的年龄差距，在短短几天的时间就成了"忘年交"。晚上坐在所住泗店镇家庭旅馆的院子里乘凉，他以聊天的形式花了几个晚上的时间给笔者讲述了这个发生在他祖上的故事。从社会科学的角度讲，这种故事的可信度是非常低的。甚至我们完全有理由相信它可能就是讲述人为了自己的特定目的编造出来的。这一故事尽管给笔者非常深刻的印象，但开始笔者只是想轻描淡写地描述一下，然后围绕自己的主题——这个社会的中的交往方式及其逻辑——展开自己的论述。在潜意识中，其可信度一直是一个挥之不去的阴影。这样的讲述按照社会科学方法来评判，根本不能作为论述的材料性依据。但另外有种力量拉扯着让自己把这些故事陈述出来，这种力量来自于文化人类学研究本身。大量这样的故事——社会科学没有办法根据某种科学的方法去分辨其真假——构建起来一个个鲜活个体的意义世界。甚至很多人一生就生活在某一个或某几个故事之中。对"沈老师"这样的老蟋蟀玩家而言，这样的故事不仅关乎他个人，帮助他确立起了个人的精神气质和行为准则，而且故事中蕴含的是他家几代人的命运沉浮。这些才是笔者真实的研究对象——一些只能通过可能被现代社会科学认定为"虚假"的故事中才能浮现出来的研究对象。由此，这些经由自己调研对象亲口讲述的故事，其可信度不应构成研究的障碍，它们是某种行为得以展开的"理想类型"式的场域。具备了这样的场域，行动者的行为才能被真实地展现和观察。基于此，笔者在尊重故事讲述真实性的基础上，非常大胆地采用了社会科学研究中可能不会采用的小说式"虚拟对话"的方式来讲述故事。笔者这种故意暴露故事的"虚假性"的做法，实际上是为了构建一个"真实"的社会行动的场域。另外，故事的内容来自考察和访谈对象的真实讲述。这也可以被当作另外一个故事"真实性"的基础。

各种改编的版本在斗蟋蟀的圈子里传播。

　　这是在调查中很难获得的一个"真实"① 而完整的叙事。故事叙事宣称了"宫廷养师"身上所体现出的"蟋蟀品质"——"忠""信""勇""耻"②。悉尼·胡克曾说："历史和文化上的某些事情……只有凭借对于人的意义和目的、对于某些目标和期望的一种洞察才能了解，而这些东西是不能靠对任何一种明显、公开行为的观察来确证的。"③ 他的这句话尽管强调了按照人本体论意义和目的对人的行为做出判断的重要性，但当他把人的意义和目的预设为某种明确的东西的时候，这在某种程度上已经让它们变得含糊不清了。从文化社会学的角度看，人作为社会人，其"意义"和"目的"不是个体性而是社会性和历史性的。人之意义和目的的社会性赋予人一种他人指向性——人在与他人进行社会互动的过程中，在特定的环境和场域中不断对不同的意义和目的要素进行排列组合，从而不断构建和改变意义和目的的整体性图景，即在互动的场域中，意义和目的不是结构性外在于人的，而是通过人的互动被不断改变和建构的；人之意义和目的的历史性构成了人行为和目标的惯习性、经验性和传统性。这些为人们的行动提供了一个框架，即人们即时性的社会互动是在惯习、经验和传统柔性设定的框架下展开的。一个国家或民族的历史越长，其惯习和传统中承载的关于人的社会性意义就越明确和固定。在社会交往中，一个人只要生活并了解惯习和传统就可以随心所欲而不逾规矩地和他人交往。他们交往过程中相互的信任不是对个人的信任，而是对历史积淀下来的经验性惯习和传统的信任。

　　上面的故事首先给我们呈现了一个社会和政治结构变迁的宏大叙事：清末至民国，作为最高政治象征的皇权和宫廷崩塌了。如果皇权、宫廷和官僚体系无所不在，那政治结构的崩塌肯定也意味着民间社会结构的崩塌。但实际上，皇权和宫廷的陷落在上海这样的城市中甚至没有影响到蟋

---

① 此处"真实"的含义不是指现代主流社会科学研究方法中所宣称的那种具有可预测性和可重复性的"真实"，而是故事叙事出自一个现实中真实的人，叙述自己家传经历的那种"真实"。

② 这是被蟋蟀界公认的中国斗蟋所具有的四大品质：忠于主人、信守春秋时日、斗时勇猛无比、败时知耻而不鸣（只有斗赢了的蟋蟀才鸣叫）。

③ 悉尼·胡克：《理性、社会神话和民主》，上海世纪出版集团，金克译，2006，第25页。

蟀比赛的照常进行。北京的宫廷养师原来是生活在政治社会结构中的一员，当政治结构瓦解，他自然也被从中挤出。斗蟋蟀在宫廷内有，在民间社会也有，但如果这一嬉戏背后的原则以及这些原则指导下的人们的行为习惯和传统截然不同，那"宫廷养师"即使养斗的技术高超他也不可能融入民间的斗蟋社会。但事实是，他围绕"斗蟋"在宫廷里长期遵奉的行为原则以及其在那些宫廷原则下的行为逻辑，很容易地就和民间的原则和行为逻辑接轨了。从斗蟋来看，这些原则、惯习和传统维系了政治结构和民间社会结构的相通性和一致性，这两种结构通过相通性和一致性保证了各自的完整性，即中国的政治结构和民间社会结构同质性大于它们的异质性，从而在运作上不具有原则的冲突或相异性。文化功能上的一致性一方面让国家和社会在功能上不具有互补性，另一方面也保证了国家和社会各自的独立——当一个结构瓦解崩塌之后，另外一个结构仍然可以独立运作。

上面那位"宫廷养师"，很显然处在政治结构空间内，在统治阶级的"严肃社会"中过着与民间生活空间隔绝的生活。当其所生活的"宫廷"或"严肃社会"的结构崩塌，他自然地流落到了市井百姓的生活世界。他的世界唯一能和市井中生活世界对接的就是"斗蟋蟀"这一共同的嬉戏。最终，这个来自"严肃社会"中的"不一般"的人，所表现出来的忠诚、勇气、胆识和诚信与嬉戏社会中所认可的赫然相同。嬉戏社会中的原则得到了来自"严肃社会"之宫廷养师的确证，"严肃社会"中尊崇的一些原则也天然与民间人们发自内心愿意尊崇的原则契合。"宫廷"与民间、政治空间与市井生活世界在"斗蟋蟀"中通了家。作为一个不参与权力争斗的个人，"宫廷养师"不论生活在哪里，他都是按照千百年来蟋蟀的自然规律以及围绕蟋蟀所形成的行为习惯、传统和规则行为，这些习惯、传统和规则从来没有被"宫廷"垄断，它们流淌在参与斗蟋的每个人身上。清末这位"宫廷养师"随着政治结构的崩塌和宫廷的陷落而流落街头，但中国的社会结构和民间嬉戏——"斗蟋蟀"并没有随着政治而消失，仿佛政治和斗蟋蟀的社会无关一样。千百年来"斗蟋蟀"按照自己独立的逻辑被斗蟋蟀的个体继承和发展。"宫廷养师"作为一个一生与蟋蟀打交道的人，其从宫廷的流落成就了其社会的皈依。

宫廷养师的存在从事实性史料上证明了宫廷中斗蟋嬉戏的存在。但是历史上斗蟋一直承付着赌博的恶名："蟋蟀戏由来已久，金盆玉笼，聊寄闲情……自以财帛角胜负，而网利之徒，设阱以诱，则戏而为博也。"① 自雍正、乾隆年间国家对斗蟋蟀就有法令的严限："凡押宝诱赌及开……蟋蟀盆并赌斗者……俱照赌博例治罪。"② 作为一种有着悠久的历史但是又不得不在历史的悠久中隐遁行事的"文明的进程"，还有什么比合法性对它而言更重要的呢？于是诸多有着宏大叙事背景的传奇和故事在斗蟋世界中宣传着一种合法化的意义，并使这些符号的意义成为其意义系统的重要组成部分，这种合法性意义系统的传递在很大程度上帮助维持了嬉戏与隐遁社会传统的持续性。按照哈贝马斯的观点"只要传统还保持其持续性，集体所达到的道德意识程度就像集体所获得的知识一样是不会被遗忘的"③。而这是保证系统和生活世界不发生危机的重要途径。

四　失落的"重阳旗"

清朝末年到民国，政治格局的巨变和历史的宏大叙事告诉我们，那是一个动荡和民不聊生的年代。但是在斗蟋界有一件让人不能理解、不可想象的事：那时候民间社会斗蟋蟀的全国性比赛——全国斗蟋界争夺"重阳旗"的比赛——居然没有间断过。因为比赛的总决赛在每年的九月初九重阳节进行，冠军会得到一个类似现在锦旗的"荣誉证"，被称为"重阳旗"，它代表着当时中国斗蟋届的最高水平和荣誉。谁得了"重阳旗"，那就成为当之无愧的中国斗蟋第一人。④ 争夺"重阳旗"斗蟋比赛是完全的民间活动，由民间自己组织。也因此，那个得到"重阳旗"，在蟋蟀界无人不知的人物，可能在官方的史册上不会有哪怕一笔的记录。但民间社会有自己的

---

① 《明斋小识》卷9，转自冯尔康、常建华《清人社会生活》，沈阳出版社，2001，第282页。
② 《明斋小识》卷9，转自冯尔康、常建华《清人社会生活》，沈阳出版社，2001，第308页。
③ 尤尔根·哈贝马斯：《合法化危机》，刘北成、曹卫东译，上海世纪出版集团，2009，第14～15页。
④ 这有点类似于中国的"武林争霸"和"华山论剑"，最后胜出的就是武林第一人；还类似于全国的人才选拔，头名称为状元。

记录方式，那就是通过斗蟋蟀这一游戏的继承和发展，通过围绕"斗蟋蟀"的人和事而展开的故事叙事。它们的载体不是书籍和史册，而是一个个鲜活并具有独特个性的个人。笔者有幸①认识了"重阳旗"的口述者。或者严格来说因为认识了"口述者"，所以才了解到了"重阳旗"。

现在北方的蟋蟀名家（也有的人称其为蟋蟀泰斗）柏良先生的老师就是当年"重阳旗"的获得者。老先生相对于斗蟋蟀界的一般成员而言可谓具有"显赫"的出身。根据熟悉的人口述，其祖上曾任山东政府主席。其祖母对当时的军阀韩复榘有过救命之恩。在柏先生这个斗蟋者身上，单个弱小的个人和宏大且看似不可抗拒的历史洪流交织在一起。他是一个历史和传统变迁的参与者和见证人，同时历史和传统的变迁也改变了他的人生轨迹。

优裕的家庭条件让他们有大的宅第和花园，并且雇了一个花匠，这个花匠是一位斗蟋蟀的遁世高手。他就是后来"重阳旗"的获得者"L"先生。柏先生自己说十岁左右就跟"L"老先生学习蟋蟀的捉、养、斗。根据一些济南斗蟋界元老级人物的口述，历史上出现过9面重阳旗②，山东省仅"L"先生得过一面，也是最后的一面。③ 这面"重阳旗"不仅确立了"L"先生在斗蟋界的地位，甚至在很大程度上确立了柏先生当下在斗蟋蟀界的地位。他的师门传承加上其一本关于斗蟋的经典著作——《秋战韬略》，让他在中国斗蟋界成了几乎家喻户晓的人物。很多上海斗蟋蟀的"大户"都主动找上门。就因为小小的蟋蟀，他在上海、北京、苏州、杭州等诸多城市都有不少朋友。他自己也广收门徒，自己亲授的徒弟近10人，最大

---

① 这种"有幸"是自己多方努力的结果。要认识一个人不可能像侦探一样查到住址直接登门拜访。尤其在斗蟋蟀界，这样的做法几乎是不能被接受的。这一社会空间因为其传统，保持着纯朴的"乡土本色"。人们通过斗蟋蟀认识，因为都是蟋蟀爱好者而相互介绍、交谈、了解和接受。在人际关系上它呈现的是具有自然法色彩之"差序格局"的样态。
② 如果按一年一届全国性比赛来算，全国性的"重阳旗"争夺赛进行了至少九年。至于这九面"重阳旗"之说是否确切已经无据可考，这一说法是从这些老人的上一代斗蟋蟀的前辈那里传下来的。
③ 在民国那样一个动荡的时代，"重阳旗"全国蟋蟀大赛的进行从某种程度反映了中国民间社会相对于政治的独立。但这种"独立"也不是没有限度的。毕竟任何社会不可能没有"政治"。

的"徒弟"年过七十，位列济南"十大高手"。"重阳旗"到底是什么样子，斗蟋界很多知道这一典故的人都讳莫如深。笔者曾就此事问过相关知情人。

笔者："重阳旗"是什么样子，您见过吗？

柏：是一面苏绣织成的三角旗，周边有穗头，正中央是一只蟋蟀，非常精美。其实"重阳旗"是和一个木盒子一起给的，木盒子包在"重阳旗"下面。

笔者：木盒子？有什么特别的说辞吗？

柏：没什么说辞，盒子里装的是银圆。

……

原来对拿到"重阳旗"的人而言，不仅意味着荣誉，其背后更是"一盒子"银圆，但如果不是见证者柏先生的提及，可能没人会意识到甚至根本不会去深究那"重阳旗"下面包裹的一小盒子银圆。银圆和现在的钱币一直关乎人类的物质世界，人们随时可以在这一世界中获取到它们。但"重阳旗"关乎的荣誉、声望、被人尊重等不论过去还是现在都是用金钱买不来的。也许是为了找回那面"重阳旗"，柏先生曾在当时济南市蟋蟀协会的名义下，主持过全国改革开放以后的第一届蟋蟀大奖赛。但20世纪90年代中后期，人们都在追赶下海经商的潮流。除了几家媒体报道外，大奖赛并没有在斗蟋界引起什么反响，甚至以后的济南市蟋蟀协会直到自动注销，再也没有举办过什么活动。自2009年开始，几乎每年都在上海、北京、苏州等城市举行全国性蟋蟀大赛，大赛中也有锦旗奖金，但"重阳旗"之类的叙事却再也没有出现过。笔者也曾和在上海崇明岛参加比赛的人员和队伍接触过，在对话中发现他们参加比赛大多是出于经济利益的考量。当时一等奖的奖金为3万元，二等奖为2万元，三等奖为1万元。

（笔者）问（上海某队队员）：你们怎么（为什么）组队来参加比赛？

（上海队）队员：有三万（元）奖金嘛，就来玩玩了，赢了就可以拿三万块。

　　（笔者）问（徐州队队员）：你们那么远来参加比赛也是为了奖金？

　　（徐州队）队员：我们一个团队捉虫、收虫，我们来参加比赛不论输赢让全国各地的朋友认识一下我们，看看我们的虫子是不是硬（厉害）。

　　尽管大家对参赛目的的说辞有差异，但无疑他们的参赛行动都是经济理性的。刘冠三先生时代一定要用"重阳旗"包裹住小盒子，而现代社会颁奖时"小盒子"要放在锦旗上面。"重阳旗"已经成了一个仿佛很遥远的民间故事和传说。

　　就是这样一个不被官方提及，被官方认为是"草根"的社会，却每天都在上演持续不断的"重阳旗"下的个人传奇。这种传奇与中华民族的历史相伴相生。在历史那恢宏的场面下，如果没有这些民间传奇的支撑，任何的恢宏都将失去色彩和意义。如今在这个沸腾着的"隐遁社会"中，"重阳旗"已经失落了，那种为了"重阳旗"而坚持和恪守的人也越来越少了，这背后所透射出的是一种传统流逝的伤感……按照哈贝马斯关于合法化危机的逻辑以及"生活世界殖民"的理论，[①] 我们必然要追问：我们生活在传统底色上并从中获取其认同的基础是什么？当传统逐渐逝去的时候，我们靠什么继续共同生存？

结　语

　　中国斗蟋社会的千年继存得益于中国传统文化对社会结构的安排。中国传统社会是迥异于西方生活结构样态的。中国官僚体系发达，但是这一发达的官僚体系在乡土社会中居然从来没能渗入民间社会生活中其原因有经济方面的也有政治结构方面的。

　　这样一些制约的因素，让中国自古代开始就呈现了一种明显的国家 －

---

① 参见尤尔根·哈贝马斯《合法化危机》，刘北成、曹卫东译，上海世纪出版集团，2009。

民间的二元社会结构类型。这种二元结构下的秩序安排在制度上体现得非常直接：针对官僚制有严格的规章，以此来增加各个官僚以及整个官僚体系行动的可预期性和稳定性。但是这种官僚体系的规定类似于一种"贵族法律"，针对的只是出于统治需要的对官僚阶层的规制。在民间人们更多地依赖于来源于传统、习俗、经验、宗族、某个地方神等诸多渊源构成的民间复合体性质的规则体系（法律）。由此，中国古代的法律缺少如西方古希腊流传下来的关于唯一正确的、理性的神的意旨之单一理念。"中国古代法并不具有人们惯常所认为的那种连续性和单一性……其间充满了离散、断裂和冲突……（民间法）的源流尤其杂多，不但有民族的、家族的和宗教的，而且有各种会社和地方习惯的……民间法生长于民间社会，其与普通民众日常生活秩序的关系更加有机和密切，以致当政体变更、国家的法律被彻底改写之后，它仍然可能长久地支配人心，维系着民间社会的秩序。"①

中国这种历史条件和长期力量博弈下形成的社会结构安排，为民间社会提供了一个独立的社会生活空间。在这一空间中人们以一种传统主义和经验主义的态度重新找回了自己的生活世界。围绕着洒扫的日常生活，中国人在中国特有的"差序正义"②的理念下，用出于"实用"目的的民间法规则，在乡土社会构建出了特有的"礼治"秩序。从而，中国的民间生活的实践是远离权力的，其存在形态接近于古希腊的"政治"③。由于受到了多方的约束，原来那个名义上"专断""独裁"的国家出于自身维持的考

---

① 梁治平：《乡土社会中的法律与秩序》，载王铭铭、王斯福主编《乡土社会的秩序、公正与权威》，中国政法大学出版社，1997，第415页。

② "差序正义"概念很显然源于费孝通先生的"差序格局"，意指在差序格局的社会中确定道德和伦理以及用建立在其上的规则来确定"公平"和"正义"。从而在"差序格局"社会结构下加入了对法律的思考。这一概念的详细说明可参见赵旭东《权力与公正——乡村社会的纠纷解决与权威多元》，天津古籍出版社，2003，第302~305页。笔者在此应用这一概念主要是说明乡土社会的规则（法律）、公平和正义等观念的指向都是现实的生活世界，或者说都是现实主义指向的。这和西方法律又形成鲜明的对比，古希腊和古罗马中早期的法律和社会正义、公平观念都是"自然法"或"理性"指向的（关于这一观点参见孟德斯鸠《罗马盛衰原因论》，商务印书馆，1962）。这种不同对法律渊源的认识、法律的构建理念以及法律结构-功能走向无疑构成了重大影响。

③ 前文提到，古希腊的"政治"作为一种城邦人选择的生活方式，与"行政"是严格区分开来的。

虑和历史的经验①,"找到了'无为'的生存价值,确立了'无为'的政治理想……除了自己不想持续的末代皇帝之外,(政府权力——笔者加)在人民实际生活上看,是松弛和微弱的,是挂名的,是无为的"②。当然,这种"无为"并不是说国家权力对民间社会置之不理,而是说国家对民间社会的渗透是非常不完全的。它的权力与民间社会权力实际在发生着频繁的接触,但这种接触有着非常清晰的交集构成的界域,而斗蟋蟀——这一皇帝、宰相和民间普通百姓都喜欢并在其中嬉戏的场域——就是这一交集千百年的现实呈现。

---

① 这种历史的经验指的是在专制王权争夺更多的社会资源过程中,民间社会由于在自给自足经济和差序格局无组织的经济社会结构安排下,其力量是非常弱小的,所以过度的资源和权力索取必然引发大规模的社会冲突——其表现为中国历史上无数次的农民起义。
② 费孝通:《乡土中国 生育制度》,北京大学出版社,1998,第62~63页。

第三章

"隐遁社会" 之微观叙事及其逻辑

从人的生存需求来看，社会应该被定义为一种为人类提供生存和生活场所的地方。这恐怕是最广泛的关于社会的定义了，在这样的定义下，政治空间也是一种特殊的为人们提供交往的场域，可以被界定为"政治社会"。但是从"国家－社会"的视角来看，社会是远离正式政治制度框架规制的，与此同时它往往又表现出一种涉及认同、承认、民主、和平等观念的微观政治建构性。于是，人们的生活世界与对其具有规制性的国家相对，它们具有两种截然不同的运行逻辑和方式。同时，有一个问题应该是很明确的，那就是社会是一种人与人之间的关系网络，在这个网络中，个人虽然相对于国家的规制而言获得了巨大的自由空间，但是这个网络是排斥个人主义的。个人境界的提升，个性的张扬必须伴随着个人所处的整个关系网络的提升和张扬才能真正获得成功。

费孝通先生关于中国传统社会的论述让我们坚信：要寻找考察那个"隐遁的社会"，就必须首先找到该社会中的一个或一些成员并与之进行长时间的"深度交往"。实际上，喜欢斗蟋蟀的人无处不在，我们每一个人身边的某位老者就可能是一个斗蟋蟀的老玩家，可能我们身边的某一个人就是"斗蟋网络"中的一员。斗蟋蟀作为一种流传了千年的传统民间"嬉戏"，其成员因为传统的承袭一定有相对稳固的行为、语言和交往方式。所以要融入这个社会，对这个社会和其中成员的行为、语言、交往原则和逻辑做出解释，除了必须完全参与这种调查形式之外，自己首先让自己成为一个"斗蟋"爱好者并"懂"蟋蟀是非常重要的。

一 "赋魅": 斗蟋与自然的叙事

斗蟋因为其悠久的历史和广泛的地理分布,所以其名称在古代蟋蟀谱和书籍中的记载就有 20 多种,如莎鸡、蚕、田鸡、酸鸡、王孙、促织、络纬、促机、纺绩、灶马、梭鸡、蛰秋、吟蛰、蛰、趋织、赚积、土渣、蛐蛐、虫、蟋蟀等。蟋蟀在中国北方最通俗的叫法为"蛐蛐",最科学最严格的叫法是"斗蟋"。蟋蟀如此多的名称与叫法,一方面可以说明其分布地域的广泛——不同的地方往往在自己的语言和文化系统中赋予其不同的名称,另一方面说明人们对其关注的普遍性。蟋蟀作为大自然的产物,它与人的关系往往被以各种形式隐喻为自然与人的关系。在经济、交通不发达,人们对自然改造能力相对较差的传统社会中,自然对那些通过"捉捕"蟋蟀的人而言具有某种不可名状的力量,在很多人那里自然是"恐怖的"、神秘的。这种因为未知和不可预测带来的心理感觉,通过故事、传说、神话甚至"谣言"被转移到斗蟋身上,即斗蟋被"赋魅"了。经由"赋魅",斗蟋获得了人类社会的意义,从而被编织进人类的意义之网。这种意义的连接时间越长,人与蟋蟀之间的关系就越紧密。以致到了现在,随着科学技术的发达,诸多神话、传说被当作迷信驱除出了人们的生活,但在斗蟋社会中它们却被斗蟋蟀的人"固执"地信仰着,并且越是那些玩斗蟋时间长、水平高的人越"迷信"。

马克斯·韦伯认为,西方资本主义产生和发展的历史是一个伴随着理性化而逐渐"祛魅"的过程。在此过程中资本主义取得了举世瞩目的成绩,但与此同时,其对自然和人的剥夺使其自身进入一种悖论的状态,也让人进入一种悖论状态。人类通过勇敢而具有创新精神的自我解放的努力,最后却得到了一个把自己关入"铁的牢笼"的结果。由此,韦伯对资本主义未来的发展感到无力改变而陷入某种宿命的悲观。[①] 韦伯从关注人们的行动及其意义开始,最后进入到了人类的宏观行动结构。在他的理论中,"祛

———————

① 顾中华:《韦伯学说》,广西师范大学出版社,2005。

魅"的理性化力量驱动人类的宏观行动结构，让其形成理性行动逻辑的固化。当韦伯这样做的时候，他实际上从关注行动及其意义的后康德主义传统走向了类似于涂尔干的"结构主义"。人类通过某种外在的对象呈现自己的行动。在此过程中，外在对象和行动建立了某种关系。对人而言这种关系不可能——人往往也不能容忍——停留在物质和物理运动关系的层面。价值、目的、情感、欲望等人类意义系统的要素必然要介入。人与外在对象长时间互动的过程，也就是这种意义系统不断完善和固化的过程。现代理性化要得以按照自己的逻辑运行，它必须首先破坏掉这一传统的意义系统，即所谓的让人与其对象之间经历一个"祛魅"的过程。从"斗蟋"这一隐遁的社会来看，理性化的力量并不一定必然"得逞"。目前中国的斗蟋完整地经历了中国现代化的整个历程，从中我们可以看到人类的意义系统有一套自我保护机制。

斗蟋蟀讲究的是捉、选、养、斗四个环节。每一个环节虽然都很辛苦，但都能给斗蟋者带来无穷的乐趣。也许是作为回报，人们赋予了蟋蟀一种人类的传奇和神话，并以此让人对其充满敬畏。每个斗蟋蟀的人没有不想收获"虫王"的。所谓的"虫王"就是蟋蟀中的"王"。它在斗场上战无不胜，任何蟋蟀遇到它都要败北。但这样的概率太少，一个斗蟋蟀的人一辈子在追求"王虫"，然而绝大部分一辈子都不会看到所谓的"王虫"。但对一个斗蟋蟀的人来说，一生中收获几条可以勇斗三秋的"将军"是可能的。那么这些"王"和"将军"为什么能出类拔萃呢？原因是它们不是普通的蟋蟀，它们大多是其他——如蜈蚣、土蜂、蜘蛛、螳螂等——自然界相对凶猛昆虫的化身，并且人们在辨识蟋蟀的时候认为"蜘蛛型""琵琶型""土蜂型""蜈蚣钳"① 等类型的蟋蟀都是异虫所变，所以也定能在沙场立功；很多人相信"虫王"是不与其他蟋蟀生活在一起的，它们往往与毒蛇为伴。所以斗蟋社会中流传着"虫王"总是站在蛇头上的说法。甚至更恐怖逼真一些，某某人看到一个坟头上盘着一条巨蟒，在其头上站着一只蟋蟀发出震耳的叫声……这种看似完全"迷信"的说法，在古蟋蟀谱中有详细记载，且千百年来玩斗蟋的人很多内心都相信。对于这样看似有些

———————

① 从牙的形状看，蟋蟀的牙齿很像蜈蚣的牙齿。

荒唐的说法人们之所以选择相信，不能仅仅将其看作是因为无知和愚昧，其背后的基础是某种人类深刻的体悟。这种体悟来自那些在漆黑的夜晚深入到浩瀚无垠的自然中的捕捉者。他们在与大自然的接触中深刻体会到了自己作为一个个体生命的渺小。久而久之，他们开始真正把自己看成自然界中的一员。甚至把自己"移情"成为一只蟋蟀，体味其在自然恶劣的环境下成长的顽强和不易，从而最终让自己匍匐在"自然法"下，在心理、情感和行为上都诚心接受其指引。

玩斗蟋水平高的"高手"，大多也是捕虫的能手。斗蟋界有这样一个不成文的共识——逮蟋蟀是玩斗蟋的基本功，不会逮蟋蟀，不了解蟋蟀生长的真实环境，也就不能切身了解蟋蟀的习性，从而让"斗蟋"这一游戏本身变得不完整。为了体验这一过程的完整性，笔者作为一个完全参与者，四五年的时间都跟着捕手们下地捕虫。所以捕虫的整个过程不仅自己有深刻体会，而且作为一个"专业捕手"，笔者对那些逮蟋蟀人的遭遇和讲述的故事能完全进行"移情"式理解。

捕手们在漆黑的夜晚只身在广袤无垠的野地里，用手电和头灯寻找那肉眼几乎看不到的好斗蟋。他们屏气聆听蟋蟀的叫声，判断那叫声响亮者所在的位置。玉米地、河沟、麦草垛、猪圈、残垣断壁之所都是他们要搜寻目标的良好居所。在寻找的过程中他们会踩、挖、撬或遇到蜈蚣、蜘蛛、土蜂窝、蛇、刺猬、黄鼠狼、野狗甚至野狼。他们身处自然中，无论多么讨厌这些东西，它们都会每天大量或突然出现在他们面前。所以对这些东西习以为常甚至把经常看到它们当成一种排遣旷野带给他们的孤寂的方法，对任何一个常年的捕手来说都是再平常不过的事情了。如果在整个晚上这些东西看到很少或根本没看到，那将是一件非常恐怖的事情，任何捕手都会心犯嘀咕和忐忑不安的。基于这样一种自然而然的自然法下的情感，那些长年逮蟋蟀的斗蟋者们把蜈蚣、蜘蛛、土蜂等和蟋蟀相联系，赋予他们和蟋蟀关联的意义也就变得可以理解了。实践中，那些认为"蟋蟀是由蜈蚣或蜘蛛精变化而成"这样的说辞荒诞不经的人，大多自己不亲自在大自然中捕捉蟋蟀。而那些"老捕手"同时是上了年纪的蟋蟀老玩家，对古谱中的这一描述基本都会持认可的态度。这并不是因为他们迷信或愚昧，或者傻到就是把这样的事情当成"事实"。当你看他们微笑着谈论这些事情的时候，你会发现他们并不相信这样的故事，但是他们信奉和尊重它们。这些老捕手——同时是蟋蟀的老玩家们——把这些叙事当成自己感受的一部分，他们微笑着把这些叙事融入到了自己对自然的感受中。他们不相信叙事本身，但是叙事的功能在他们那里不是揭示真理或某种真相的澄清，而是自然的神秘感给他们带来探索的乐趣。

　　大自然的神秘感往往体现在人们行为的禁忌上，大多数捉虫者认为自然中有某些神秘的自然法存在。如果谁触犯了这些自然法，那自然一定会通过某种回应实施它对触犯者的惩罚。斗蟋蟀的人对一些东西都是有共识的，认为如果某些特定的东西被触犯，那么蟋蟀是有超感觉的。他会远离这个违犯者。有这样一个真实的①故事在山东乃至全国蟋蟀界流传。有一个山东济南人，有一年去宁阳收购并捕捉蟋蟀。他40岁左右，不知道靠什么发了财，迷恋上了斗蟋蟀，每年都是收蟋蟀的大户。② 一年他大量收购，三块、五块钱的蟋蟀看都不看，只要送来就要。这样很快几千只蟋蟀就收到了。他组织自己团队的成员③对这些收集上来的蟋蟀立即昼夜排斗。④ 大量斗败的蟋蟀他没有放生，而是在其所住的旅馆厨房下油锅炸了一大盘作为下酒菜。他的这一行为炫耀的成分很大，但是在当地引起了轩然大波。上海、北京、天津等地的虫友知道此事后都对此人表示很愤怒和鄙夷。山东虫友对其行为更是愤慨，可以说是骂声一片，他们认为此人在全国给山东斗蟋界丢了人。自那年以后，他团队里的人以及和其熟悉的人都确认说，他再也没收到一只好蟋蟀。

---

① 之所以说"真实"不是因为这是笔者的亲身体验，而是讲述者和故事的"主人公"都彼此认识，即"主人公"是一个在斗蟋界真实存在的人。笔者没有和"主人公"接触过，但是收蟋蟀的时候周围的人从远处指着他说："看，那个傻瓜今天也在这里。"这种故事的真实性从严格的社会科学角度讲是可疑的——因为没有真实的影像资料呈现，但在真实的社会生活中，它从来没有被人质疑过。

② "大户"在斗蟋界用来指那些有钱、每年在收蟋蟀上花费十几万元甚至几十万元的人。当然也有一些"假大户"，因为一个人收蟋蟀到底花了多少钱只有自己才清楚，因为一个人所收蟋蟀的价格谁也不知道，一只蟋蟀可以说两块，也可说两千块收的。

③ 斗蟋蟀一般都是几个人组成一个可以合作的团队，成员在蟋蟀的选、养、斗方面一般会有互补。

④ 这种收完蟋蟀就进行排斗选蟋蟀的方法在斗蟋界大部分人是不认可的，只有极个别的人会这么做。这样做的人大多被认为不"懂"蟋蟀。

　　笔者：您认识炸蟋蟀吃的那人吗？

　　安哥：怎么不认识，哪年收蛐蛐都遇到，每年在场上也经常遇到。那就是个傻×，斗蛐蛐的哪有炸蛐蛐吃的？××××（骂人脏话），你可以打听打听，周围的人谁不知道，从那以后他再也没收到过蛐蛐。①人家卖蛐蛐的知道他炸着吃之后都躲着他，市场上认识他的老乡不管价钱高低，人家都不卖给他蛐蛐了。老乡们都想赚钱，但他们都知道卖给这种人蛐蛐，这一个虫季很可能就逮不到好蛐蛐了。我们人（类）不知道，但蛐蛐之间都是有感应的。老天惩罚他，这种人就该遭这种报应。现在在济南（斗）场上，人家和他对上的都找理由撤了，不和他斗，和这种人沾边会沾上晦气的。

　　从这位济南资深玩家的话可以看出来，那位"炸蛐蛐"吃的人已经被整个济南斗蟋界排斥了。山东有"炸金蝉""炸蚕蛹""炸知了"吃的传统，甚至"炸金蝉"已经成为一道很多人都喜欢吃的鲁菜。这个人把蟋蟀当成了和这些昆虫一样的食材，但他不知道，他这样做实际上是对所有斗蟋蟀人的侮辱和挑衅。蟋蟀和金蝉、蚕蛹、知了不同，千百年来，随着斗蟋蟀这一民间嬉戏的进行，它身上已经承载了太多人类的情感、期待、尊重和敬奉。当他烹炸蟋蟀的时候，烹炸的实际是千百年来人类在蟋蟀身上寄托的精神和承载的意义。他的行为也是对大自然赠予的蔑视。由此，人们相信他所受到的惩罚——哪怕是明显人为的人际关系排斥——都是大自然安排的。

　　有一个50多岁，30多年如一日抓蟋蟀的人给笔者讲述了发生在他自己身上的故事：

　　有一天晚上，我在一个村子周边抓（蟋蟀），那天刚下过雨，天黑得伸手不见五指。我听到有一只叫声很响的蛐蛐，就朝那边走。突然脚下一滑我结实地趴在了地下，我感觉一只手按到了一只很大、会动

---

① 这里"没收到过蛐蛐"不是说再也没买到蟋蟀的意思，斗蟋蟀的人即使收了几百只蟋蟀，如果没有长出"将军相"的，他们会说"一只也没收到"。所以"没收到过蛐蛐"的意思是再也没有出过什么"将军"。

而且黏糊糊的东西。我当时感觉浑身汗毛都起来了，另一只手上的"铁枪头"①本能地朝那个东西划了过去。结果一股东西溅了我一脸。等我爬起来开灯一看，原来是一只巨大的"癫蛤蟆"，癫蛤蟆的血溅了我一身。那一晚上我连一只哪怕非常小的蟋蟀都没有捉到。几十年没有发生过这种情况。所以说自然界有些事情我们真的说不清，真太玄了。我觉得冥冥之中有个东西在管着这些。以后抓蟋蟀可不能不管不顾，自然界的生命是随便碰不得的。

如果我们深入分析这一段自我陈述，发现其中的逻辑很简单——一次意外导致叙述者杀死了一只癫蛤蟆，并且癫蛤蟆的血溅了其一身，而这一事件导致他一晚上连一只哪怕很小的蟋蟀都没有抓到。②从理性的逻辑来分析，导致他没有抓到蟋蟀的原因很多，可能是因为那场刚下完的大雨，也可能这件事情对叙述者产生了巨大的心理和精神压力，导致他在抓蟋蟀的时候心不在焉，还可能是他那天晚上抓的那块地方蟋蟀的出土率非常低……但很显然，叙述者完全排除了这种理性思维，而直接在癫蛤蟆的死、自己身上的血和蟋蟀之间建立了一种被自己认为是真理性（实际上是价值、情感和意义）的关联——癫蛤蟆的死和它的血导致了所有的蟋蟀都远离他。对这样的"事件"，我们很多时候会习惯于从个体心理学角度进行解释，认为这是个人心理作祟的结果。但在斗蟋蟀的世界里，这个讲述者的想法很容易移情并得到几乎所有倾听者的认同，并且他们会补充自己类似的经验对这种说法进行"确证"。这就说明这位讲述者经历的不是简单的个人心理问题，而是大家都具有的"集体心理"现象。到底是什么赋予了人们这种类似的心理结构，这很显然构成了一个社会学问题。形塑人们这种类似的心理结构的是贴近、包围每一个抓蟋蟀者充满神秘和恐怖力量的外在自然。

---

① "铁枪头"是经常抓蟋蟀的人的必备工具。其形状和古代的"枪"一模一样，只是没有枪杆，所以俗称"铁枪头"。蟋蟀很多躲在地底下，有的在墙缝中，用它可以撅地、撬石。它另外一个功能是遇捉蟋蟀的到意外的情况时可以用来防身。那些专业抓蟋蟀的人被称为"撬子手"，这一称呼就是来自这一工具。

② 这种情况别说对一个有几十年抓蟋蟀经验的人，就是对一个刚抓蟋蟀的新手也不太可能发生。在野地里抓一只好蟋蟀不容易，但一般的蟋蟀即使没有什么经验一晚上也是可以抓几十只的。

这一点从"鬼撞墙"这一陈述中能体现得更清楚。

2012 年，在宁阳姚村①家庭旅馆里认识了一位上海的"老法师"②，他雇了一辆小面包车和四个"撬子手"晚上去抓蟋蟀，邀笔者一起同去。笔者和四个"撬子手"拥挤地坐在一辆面包车后座上。他们都三四十岁的样子，每个人都笑呵呵的，非常乐观。因为要驱车走出 100 多公里，路上他们就开始讲自己在抓虫过程中的一些经历。其中一个讲述了自己遭遇"鬼撞墙"的经历。

> 我真的遇到过"鬼撞墙"，我要编瞎话就让我这一季子（一个虫季）逮不到蛐蛐。③ 那天月亮很亮，走路都不用照灯。我一个人去老早看好了的一块地（逮蛐蛐）。那天逮了一只蛐蛐感觉神相特别好，那蛐蛐我在市场上千儿八百都不愿卖。我想今晚也值了，就（从玉米地）钻出来往回走。我从十来岁逮蛐蛐从来不迷路的。那天晚上走着走着就转回来，走走就转回来。④ 我觉得有些邪门，但不管怎么也要走啊，就沿着来的小路再走，这一次可了不得了，我周围突然全成水了，水中间在我面前开了一条路出来。我当时吓坏了，从来没遇到过这种事，当时多亏我冷静，突然记起"老人儿"⑤ 说过"鬼撞墙"就是这个情况。我一下意识到自己遇到"鬼撞墙"了。
>
> 多亏我当时很清醒，我摸着找到块石头坐下来，我一步也不走了，就在那里坐着。其实这也是老辈传下来的经验——遇到这种情况一定原地不动，直到水退了为止。那天晚上也奇怪了，别的蛐蛐也都不叫

---

① 宁阳泗店镇的一个村子，是宁阳最早的蟋蟀买卖市场，在 20 世纪 90 年代末期盛极一时，据知情人介绍，当时的市场以姚村一个小村子为中心可以绵延 20 多里地。兴盛了十几年后该村子的市场开始衰落，泗店镇蟋蟀买卖市场和"黑风口"相继成为山东乃至全国最大的市场。但姚村作为一个老产区，很多山东和上海的人仍然每年必来此挑选蟋蟀。

② 对长年专业逮蟋蟀的农民的称呼。

③ "让自己一个虫季逮不到蛐蛐"，这对一个"撬子手"来说毫无疑问是一种诅咒。他们很多一年的主要收入来源都是在虫季。没有人会为了一个随便的故事要给自己下"一个虫季逮不到蛐蛐"这样的诅咒。在这么严肃的承诺下，不论其所经历的是不是符合科学或者是否能被科学解释，但至少他是想让我们相信，他所陈述的就是他所经历的。

④ 在交谈中他们经常反复重复一句话，这样做第一是增加描述的形象性、真实性，第二是对所叙述情节重要性的强调。

⑤ 民间社会称呼那些生活在自己周围，有生活经验、经历丰富且年纪大的人为"老人儿"。

了，就那只准备卖钱①的蛐蛐叫得那个响啊。我抱着它听它叫了一晚上，天快亮了周围的水才退。后来我就走着看，原来那些有水的地方都是平地，就那条路通向的地方距离我不远就有口井。后来我感觉这和我捉到的那只蛐蛐有关系，为什么那天晚上其他蛐蛐都听不到叫了，就它叫得特别响。最后，我找了一个水草好的地方把它放了。

那整个晚上，在空旷无垠的玉米地里，周围除了蟋蟀的叫声、自己的脚步声和身体摩擦玉米叶子的哗哗声，周围寂静得不再有一点声音。这时候身边的每一个黑影都仿佛会成为一个不知是敌是友的魂灵。这种大自然带来的恐惧，没有亲身经历的人可能永远无法体会。而此时远处一声人的交谈、一道手电的亮光都会让人感觉无比的温暖和幸福。莫斯曾说："各种日常习惯也不断地被干扰事物秩序的东西打乱，如干燥、财富、疾病、死亡、战争、流动、特殊形状的石头、反常的个体等。在所有这些冲突中，在每一次对神奇事物的知觉中，社会都会迟疑，它在寻找，它在期待……整个群体的期待会让人相信这种期待会产生一种虚幻的现实，就像相信它所追求的意象一样。"②很多时候，这种虚幻的现实让人相互靠近，成为愿意过社会生活的动力。随着类似"鬼撞墙"这样的故事的传播，自然使"蟋蟀"被不断"赋魅"，斗蟋世界也因为这种"赋魅"而被一种独特的意义之网不断编织。

在山东临清有兄弟三人常年一起抓蟋蟀卖钱。有一次他们为了一只蟋蟀在地头的河沟中一连蹲守了三天③。

那蟋蟀叫得特别响，但是一听见动静就几个小时不叫，肯定是条大货。④那天我们基本判断准了它（蟋蟀）的位置正准备动手抓，突然出来一条巨大的蟒蛇，有碗口那么粗，那个头大得我们哥仁儿从没见

---

① 在卖蟋蟀的人那里，靠蟋蟀"卖钱"意思是卖个"大价钱""好价钱"的意思。
② 马塞尔·莫斯：《社会学与人类学》，佘碧平译，上海译文出版社，2014，第 132~133 页。
③ 常年捕捉蟋蟀的人可以根据蟋蟀的鸣叫声音判断出蟋蟀的品级，"将军"以上蟋蟀的鸣叫一般都非常特别，虫王级别的鸣叫那就更有特点了。但是越是级别高的蟋蟀其捕获难度越大，远远感觉到震动它们就会停止鸣叫，有的一停就是两三个小时甚至更长时间。这样当一步步靠近蟋蟀所在位置的时候，就可能需要两三天的时间。
④ 逮、卖蟋蟀的人称个头大且质量高的蟋蟀为"大货"。

过，我们撒腿就跑，现在"枪头"和"铁钩"还丢在那里，谁还敢去啊？老辈都说虫王身边都有大蛇等守护着，大家都觉得可能是传说，那天我们是真的信了。你说在玉米地旁边怎么会有那么大的蟒蛇？除了老辈所说的解释我们现在一直都想不通……①

另外，在民间社会，很多人都听说过"老人儿"留下的忠告：晚上走夜路如果有"人"拍肩膀千万别回头，因为那可能是一个直立的狼或狈，人一回头它们锋利的牙齿就会直接咬住人的喉咙。有一个从小玩虫的人用自己的亲身经验对这一"老人言"进行了证实。

尹师傅：那是十几年前的事情了，一天晚上我在（济南）长清②一块地刚出来，想到另外一个村看看，路上走着突然感觉有"人"拍了我一下肩膀，还把"手"放我肩膀上了。这深更半夜的，我当时一个人出去的，周围没别人，并且身后没有脚步声。多亏我反应快，一下想到可能是遇到狼或者狈了。这种事儿咱没遇到过但听"老人儿"说过啊。我就装没事儿一样自己继续往前走，那"手"就一直搭在我肩膀上，跟着我走了二三十米。

笔者：是不是错觉或者有人故意和你开玩笑？

尹师傅：深更半夜谁会出来开玩笑，人走路都有声音的，当时后面一点儿声音也没有的，走了二三十米它把"手"拿开了，我就知道它可能走了，我往前走了几步之后略微回头用眼的余光看到是个什么东西蹿地里去了。

笔者：你当时什么反应？心里没害怕？

尹师傅：（他用眼看了一下周围的人）遇到这种事心里不可能不害怕，但遇到了你能怎么办？那就照"老人儿"说的做呗，你再害怕也得硬着头皮往前走……

---

① 这段对话发生在 2010 年 9 月 5 日。那时已经到了收蟋蟀的后期。
② "长清"原来是山东省的一个县，随着城镇化成为济南市的一个区。该地区的"红牙黄"和"紫牙紫"色系的蟋蟀全国有名。曾是全国知名的蟋蟀产地，现在每到虫季仍然有很多人去捕捉，但因城镇化占地和农药使用，蟋蟀数量和质量都急剧下降。

漆黑没有灯光的夜晚，孤身一人面对空旷无垠的大自然，对环境的不熟悉，各种无法预料和准备之突发性事件的出现等情况，为大自然盖上了一层神秘的面纱。于是，那以不常见的方式摇曳的树枝，寂静玉米地里的一声异响，本来司空见惯矗立在地头的一座坟头，都被那些常年捉蟋蟀的人拟人化了。它们在不断编织的故事中被赋予各种不同的人类意义的表征。对于那些常年逮蟋蟀、和大自然打交道的人来说，自然以及生长于其中的一草一木都是值得敬畏的。当和那些老玩家展开"科学主义"或"无神论"的讨论时，他们从来不会进行激烈的反驳，相反都会非常相似地以一种独特的沉默应对。而那些"科学主义"和"无神论者"们几乎全都没有过只身在漆黑的夜晚、无垠的玉米地里捉蟋蟀的经验。蟋蟀的捕捉，在老一辈蟋蟀玩家那里仿佛是一门必修课。他们不相信一个不会捕捉蟋蟀的人能玩好蟋蟀。在他们看来，从古到今，蟋蟀如同农忙农种一样，都是根据大自然的规律"依时而动"，不能体悟大自然，也不可能了解蟋蟀的习性。既然在斗蟋社会中人们围绕的核心是"蟋蟀"，那大自然的各种神秘被以"故事"的意义编织形式赋予斗蟋也是很自然的事。在大的原则叙事方面，斗蟋社会秉持的是一种自然法原则。

在笔者所在以及正在观察的这个"隐遁的社会"中，那些捕捉蟋蟀和自然接近的每个成员几乎都经历过各种和蟋蟀有关系之"鬼神"的故事，并且大多数讲述者都以各种姿势和语言保证其所讲述的是他们自己真实的所见所闻。对于那些别人的故事，他们在转述的时候往往也表现得深信不疑。这个社会是一个充满了"鬼神"故事的社会，是一个被"赋魅"的社会。这些故事帮助斗蟋者们构筑起了日常生活中的宗教，为他们自己提供了建立在经验基础上之神圣的确证性。"在任何情况下，无论这种描述用的是人类的、动物的，还是其他什么特征，想象力都借予这些实体一种可以感知的存在形式。这些实体存在于某个地方、某个时代，或者曾在某个地方、某个时代出现过。这些实体被证实在这个世界上存在过。正是从这个时候起，人们保持了对神灵或英雄的记忆，以一种崇拜的形式讲述他们的故事，并纪念他们。"①

---

① 莫里斯·哈布瓦赫：《论集体记忆》，上海人民出版社，2002，第151～152页。

斗蟋的民间社会有自己独特的集体记忆塑造方式，这种方式是建构主义的——通过日常生活经验的描述、汇集和分享。建构的基础是大家面对的相同的大自然以及支配自然的自然法。在多样化的经验性叙事中，人们获得了基于大自然和自然法的共性。多样的经验性叙事不再是碎片化和特殊性的，而具有了可沟通的普遍性和共性。由此，一种具有历史结构性之集体记忆、文明的进程和传统被通过日常生活的体验构建出来。

梁漱溟认为，中西社会结构自古希腊罗马以后就开始分殊：西方发展出集团生活的社会结构，而中国走向了伦理本位的社会生活样式。其主要根源于宗教。[①] 关于这一观点的逻辑展开是这样的：中国古代社会和古希腊、古罗马的社会结构是相似的，因为那时候它们都是一种建立在宗教基础上的"宗法社会"，社会组织的发展和社会地理范围的扩大都要以相同的宗教信仰为基础，但当时宗教信仰分立，"各家有神，不能相通"。这种宗教信仰的"多元"化决定了大规模社会合作和集团生活不可形成。但到了罗马帝国强大时期，情况发生了变化。罗马帝国要想维持自己亚、非、欧三大洲帝国的秩序，不可能强迫那些被征服者信服它的神。所以罗马帝国采取了非常巧妙的政策，"将被征服者的神移来增加到罗马。罗马于是有较他邦皆多的神，仿佛宗教的总汇，它就利用宗教的吸引力，助成其统治"[②]。基督教产生之后，建立在宗法基础上的家族制度所造成的人类隔离被彻底打破。它推翻了各家各邦的家神和邦神，除了上帝之外，反对一切偶像崇拜；它打破了建立在家族小群体和阶级之上的社会制度结构设置，让人人结合成如兄弟般的超家族团体——教会。依靠教会组织，基督教在西方社会创造出了从来未有的团体组织形式和团体精神。并且基督教用严格的组织和教规造就了人们共同的生活方式和习惯，这种共同的生活又为政治、

---

① 在此需要提及的是，梁漱溟关于西方的基督教形塑了西方现代集团式社会组织结构的观点，与韦伯的问题——何以资本主义只生发于西方——有"异曲同工之妙"。他们都关注到了西方基督教对西方社会的影响。所不同的是韦伯更关注基督教的"新教伦理"之心理作用的社会结构形塑，而梁漱溟所关注的是基督教的"社会团结"之作用。在这一点上他更加类似于涂尔干。由此我们看出，作为几乎同时代人，东西精英智识阶层在很多观点上其实是相似的。中国并非没有自己的理论传统，只是我们作为后继者需要做更多的挖掘工作。

② 梁漱溟：《中国文化要义》，载《梁漱溟全集》（第三卷），山东人民出版社，1989，第54页。梁漱溟关于宗教在古罗马成为地跨亚、非、欧大帝国中的作用，与孟德斯鸠的论述是相同的，具体参见孟德斯鸠《罗马盛衰原因论》，商务印书馆，1962，第二、三、九章。

社会及经济的组织提供了基础，最终导致了西方人的团体生活。在团体生活中，个人与团体的关系有两个特点，"第一，于此确识个人隶属团体，团体直辖个人。第二，于此公认团体中各个人都是同等的"①。个人在团体生活中的长期训练，学会了以他者的眼光看待世界和他人，从而培养出了西方社会的公共观念、纪律习惯、组织能力和法治精神的所谓社会"公德"，最终造就了西方社会团体性质的社会结构及秩序逻辑。

所以生活于其中的人们自己塑造出了一些生活中的多样化的神。约翰·R. 塞尔认为社会是由风俗和习惯而不是其他来维持的。② 而风俗和习惯的保存形式是日常生活中历史久远的仪式，正如涂尔干对原始宗教仪式的描述那样，仪式中必须有神或者神话人物或者神话故事才能维持其有效性甚至合法性。③ 由此，这些从来没有出现或发生，也根本不可能出现或发生的神和有关神的故事，对那些讲述者而言永远是真实的，因为那是他们构建斗蟋社会传统延续性的独特方式。

二 "谈资"：斗蟋的社会性叙事

除了在竞斗的比赛中，民间的斗蟋者大部分是在竞斗之后或之前的街头某个小吃店的小桌旁碰头。在喝酒之前大家总会比较矜持地围绕三种主题进行交流，并且都是围绕"我"这一中心展开。

1. "斗蟋"事件

第一类主题是发言者自身针对亲自参与的某次竞斗对在座的人进行交代、解剖和评析；④ 第二类主题是针对自己某只出色的蟋蟀抛出话题，让大家参与点评；第三类主题是通过斗蟋蟀真实的或故事性的叙事对自己或他

---

① 梁漱溟：《中国文化要义》，载《梁漱溟全集》（第三卷），山东人民出版社，1989，第66页。
② 参见约翰·R. 塞尔《社会实在的建构》，李步楼译，上海世纪出版集团，2008。
③ 参见埃米尔·涂尔干《宗教生活的基本形式》，渠东、汲喆译，上海人民出版社，2006。
④ 为了更好地理解，以谈话记录的形式呈现交谈的"现场"无疑是很好的一种形式。在进行调查的8年间，笔者把每次和自己命名的那个"隐遁社会"中人员的交谈和感想都记录了下来。文章中关于谈话的引用，都来自这些自己参与的真实记录。另外为了保护谈话者的隐私，谈话中熟悉姓名的就用姓代替其全称，不知道姓名的就采用英文字母代替。

人的社会关系进行交代并"点评"。

> 孟：×××（脏话）①，昨天遇到个事儿那才叫郁闷呢，就我那条"黄大头"，走了三路了，到了"强哥"那个"场子"里，我没注意和老六给摞上（对上）了。下虫了他才出来，我一看是他的就不想斗了，我们平时关系挺好并且都不摞（对）的。昨天邪门儿了，对方可能觉得自己虫子挺好——后来才知道也是条走了好几路的"凶头"——偏要斗，还说什么不是他的虫。我说斗个300（元）的盆底②就行了，可对方一个劲儿往上叫花。我一看你这是想欺负人啊还是怎么的？咱的虫也不错，三路都没打架。谁怕谁啊？来吧，你来多少我接多少。最后打到六千多（元）。双方下虫引草，芡草碰头的时候，他的虫子"知知"起叫了。"黄大头"本来就性烈，听到叫声"噌"一下就蹿过去了，"啪"一口，对方直接没牙了。他自己押了4000（元），也不是小数。他一看这情况直接急了，开始耍赖，说我芡"冲锋草"。③ 我说："你看我的手还在这里没动，我草在虫身后那么远怎么芡冲锋草？"接着他又说两个虫没"交口"。④ 最后裁判说往后放。结果我们最后一对

---

① 笔者所接触的生活在这个社会中的大部分人，其所使用的言辞是很"脏"的，好像不用那些"脏"字，他们就不会说话了一样。很多人说话之前往往以一句"脏"话开始。这种"脏"话很多时候不仅仅是一种习惯性的口头语，其中大多具有社会学的意涵。这一点在后面关于"语言和修辞"的章节中会有详细说明。行文中的"脏话"一律用"乂"代替。

② 在蟋蟀斗场上都有以金钱来衡量的基本起斗点，一般最小场子的起斗点是100元，中场子的起斗点几千元不等，一般的大场子起斗点就有上万元甚至几万元。起斗点是双方把自己的蟋蟀放入斗栅开始竞斗的最小金钱数，被斗蟋者称为"盆底"。有一些在小场子100元或300元起斗的，最后双方通过"喊花"和"押花"能斗到几千元甚至几万元，这时候往往被称为"埋地雷"——故意把很好的蟋蟀放到小场子"喝钱"。关于"喝钱""喊花""押花"等相应的概念会在后文中有介绍。

③ "冲锋草"是指在斗栅开栅之后，为了帮助双方蟋蟀找到对方，就要用芡草引领。但当两个蟋蟀接近的时候"监板"会喊"提草"，如果这时候还在用芡草引蟋蟀，那就是领"冲锋草"了。"冲锋草"很容易让对方在没有准备的情况下被突然冲过来的蟋蟀伤到，属于人为造成的"突然袭击"。所以在斗场上如果领"冲锋草"会引起很大的不满和争议。

④ "交口"是斗场上的专业术语，指两个蟋蟀在斗栅碰头互咬的第一口，蟋蟀一旦"交口"，"监板"（裁判）一定要大声报"交口"，以表明比赛正式开始。"交口"之后，如果有蟋蟀别头且用芡草无法开牙领正则算输掉一局。而如果裁判没有报"交口"，如果有一方别头无牙则只能算没有斗性。这时候没有斗性的一方可以选择往后放，等蟋蟀有斗性之后再斗，也可以选择交上"堂子费"撤虫不斗。

儿，他的虫就再没芡起牙来。在场的都看到了，那一口已经合上了，是合没牙的，怎么可能再芡起来？×××（脏话），就开始要赖说我领冲锋草在先，没牙要撤，不斗了。我一看都是老熟人，为了几千块钱也不至于，也就撤了。你们说，这么熟的关系，俺说不斗不斗，是他偏要斗，最后又要赖说领冲锋草。你哪怕说句好话，都是熟人了，就说虫子没性，给个台阶我也就撤了，大家都说得过去，但还要横说我领冲锋草，我一句话没说，直接把虫撤了，你们说老熟人至于吗？你们说老六这个人怎么这样？

这一段话大体的意思是有一次斗虫遇到了个熟人，因为熟悉，所以以前从来不斗的，但既然对上了就打算斗个最低 300 元的就算了，可对方一直"叫花"叫到了 6000 多元。斗的时候虫子冲过去一口把对方咬败了，但对方要赖说他引草犯规，不仅不认账还要找他的责任。这段话非常具有那个"隐遁社会"言辞的代表性，其围绕着一次斗虫的突发事件，把自我、他人、蟋蟀以及人与人的冲突关系都映射了出来。并且针对该事件，发言者个人与言谈中所涉及之人的亲疏、爱恨、敬佩和愤恨不平等情感都表达得淋漓尽致——他们从老熟人在场上遇到都不斗这样一种相互谦让和尊重的相对稳定的关系，几秒钟之内就变成了剑拔弩张的冲突关系。正因为这种关系形态转变的剧烈性，才导致双方都不能接受。所以事后关于蟋蟀竞斗中涉及人和事及其表现和言辞，都带有强烈的情感和人格评论的色彩。

在这样的事件中，"我"和"对方"成了两个被扔进池塘的小石子。形成的涟漪波及的都是长期在一起斗蟋蟀的熟人——很多时候冲突双方的熟人圈子有很大的交集。最主要的是，可能很多圈子中的人并不是这个事件的经历和见证者，但这样的事情一定会在平静的圈子中不胫而走。在这种情况下，当事人的三种决策可能导致三种不同的社会关系后果。

其一是双方对该事件都保持沉默，如果参与和见证者也都保持沉默，不在私下场合议论评注，则这一事件会平静地过去。但事实是不可能每一个见证者都保持沉默，而他们一旦展开讨论，就必然会偏向和自己关系好的一方，而对陌生的一方则会大加贬斥。那些没有参与的听众很可能会先入为主地听信讲述者非客观性的描述。这样哪方好事者多就会占优势，对立的一方可能就会处于不利的地位，从而自己在整个斗蟋社会中的名声和地位也会变得非常不好。

其二是一方完全站在自己的立场上在斗蟋圈子中为自己辩护，把所有的过错推到对方身上，而对方保持沉默。这样受损的一定是保持沉默的一方——他可能会在一些虚构的谣言中被整个关系圈子排斥；所以这样的事件一旦发生，作为理性人的当事人一定会尽自己所能在尽量大的关系圈子中为自己辩护，以保证自己站在道德或合法性的一边。

其三是双方都知道对方会在关系圈子中通过一些不符合实际的故事性叙事来"臭"自己，所以，他们都会在第一时间在尽可能广的关系圈子中散播斗场上发生的故事性叙事，① 通过各种方法证成自己的"合情合理性"。

这样的事件在斗蟋社会中经常发生，一旦出现矛盾，那就是一次人际关系争夺战。在论战中沉默或者不辩驳的总是会暂时性地失去可能的朋友，使自己人际关系圈子变窄。在这样的关系冲突中，"我"在整个事件中的论证逻辑和"修辞"非常重要。"自我"论证和修辞一定要处于中心的位置，所涉及的人和事无论多么重要总是以"我"和"修辞"为中心被论证。自己要在所有对人、对事的应对中通过自我的言说被证成是完全理性和得当的。

笔者在调研中曾多次尝试针对这种关系模式进行"破坏试验"——笔者让相互认识的两个人（"破坏试验"的实验组）——这一对儿有的是曾因为某件事有矛盾的，有的是普通的朋友，有的是很要好的"兄弟"。试验的结果很是让我吃惊——所有的人，不论与对方关系是好还是坏，在对对方做评价的时候要么保持沉默，要么做出"负面的"的评价。如笔者同时认识两个人，一个是济南蟋蟀界少壮派中的骨干，另一个是老派的代表人物。下面是笔者和少壮派那位在一起的时候的一次对话：

> 笔者：你认识×××吗？
>
> 少壮派：怎么不认识，20年前我就认识他，你怎么也认识他？

---

① 当双方这样做的时候可能会"添油加醋"，也可能"实事求是"。但在带有情感性的对抗性叙事中，"实事求是"的情况非常少。所以"斗蟋社会"是一个大家都在"讲故事"的社会。说得好听一些，他们都是些故事编撰者；说得不好听，他们都是些"撒谎者"。但值得我们注意的是，该社会成员之间的关系居然能在诸多的"谎言"和相互诋毁中维持某种程度的信任和稳定。

笔者：我也是听别人说起过这个人，你们熟悉吗？你觉得他人怎么样？

少壮派：那是个老狐狸，人品很差。我和他原来关系还不错，后来闹翻了。我有一年出了只好蟋蟀，他知道后说要带着去上海，说赢了钱三七开——我七他三，输了的话和我没关系。结果回来他就说那只蟋蟀第一路上去就输了，我又不是傻瓜，打听当时在场的山东这边的人，人家告诉我那条蟋蟀好几个上风，总共赢了几千块。那可是20世纪90年代啊，几千块呢？那时候"万元户"都了不得，这你可能知道。你说这个老家伙是不是个东西？最后我就去跟他要钱，他又改口说就打了一路，要给我500块钱了事。从那以后我就和他翻脸了，再也没来往。这老家伙心术不正，老想着利用、算计人，兄弟你最好也离他远点儿。

笔者自己作为一名完全参与的调研者，经常在这位少壮派的推荐引领下出入"斗场"，每年笔者的好蟋蟀也就是他的好蟋蟀。因为这层关系，笔者自然成了他争取的对象，所以"你最好离他远点儿"的忠告并不是真的是为了笔者的利益着想。没过几天，笔者又去了老派代表那里，结果得到的是另一套说辞。

笔者：您认识×××吗？

老派：（有些吃惊地看着我）你说的是×××区的×××吗？你怎么认识他的？

笔者：是的，我是通过一个朋友在斗场上认识的，听说他芡草不错，人也挺好的。他说以后带着我斗蛐蛐呢。您觉得这人靠谱吗？

老派：相当不靠谱，不仅他这个人不靠谱，你要跟他斗蛐蛐这件事更是不靠谱。你想斗蛐蛐我给你找个人带着你，不要跟着他。这个人第一没文化，第二没正式工作，就是个典型的"三无"人员。我告诉你，这个人人品不行，平时就爱喝酒，喝醉了酒就胡说八道。前些年我和他关系还不错，有一次他喝醉了就坐在我客厅里胡说，被我从家里赶出去了，我从此再也不让他进我的家门了。没文化又酗酒，这样的人不要交。

对比他们的对话，感觉老派没有提供什么有力的证据充分论证为什么不能和那位少壮派交往；相反少壮派倒是提供了有力的证据证明"老派"做事的不"仗义"。通过对以前交往中发生的点点滴滴事件的回忆、对比和审视，结合他们的性格和处理事情的方式，笔者感觉那"老派"有非常大的可能做出那位"少壮派"所说的事。如果笔者是"斗蟋社会"中的一员，会选择疏远那位"老派"人士而和那位"少壮派"走得更近一些。但根据笔者的观察，一些斗蟋社会中的成员并不是根据笔者这样的标准做出选择的，笔者想他们肯定都曾和笔者一样听到过双方的陈述，但他们大多选择两方面都走动，不轻易选择站队。因为"老派"有些社会资源是"少壮派"所没有的，而"少壮派"的"仗义"老派人士又不具备。但这两种资源都可能成为其他成员所需要的。由此，一个总是"负面地"评价交往对象的社会如何能获致一种相互的信任和稳定的社会关系结构这一点基本有了答案——斗蟋者以一种实践理性的态度审慎地在社会关系之网中选择自己的位置，只要每个人都有被别人需要的社会资源，那就一定不会失去所有的社会关系。那些需要你的人会主动和你构建某种关系。

斗蟋社会是一个熟人社会，其中的人完全在按照传统的方式行为并不断构建费孝通先生"差序格局"式的人际关系和社会结构。这种社会结构建构的动力总是某一事件——一个能把当事人投射进去，并因为偶然性而依据固有的模式没法找到经验性应对模式的事件。而双方当事人的言说和言说对象对言说的"解释"和"理解"则呈现为某种独特的社会现实构建过程和逻辑。

2. "将军" 蟋蟀

大家围坐在一起的第二个主题自然是"蟋蟀"，而关于蟋蟀的谈论又往往分为两个阶段——酒前和酒后。在喝酒之前，特别是在有像笔者这样陌生的"旁观者"在场的时候，大家谈论蟋蟀时候的态度和言辞几乎可以用"小心翼翼"来形容。炫耀自己现在或者曾经战绩卓越的好蟋蟀是斗蟋圈子里每个人都愿意做并且乐此不疲的一件事。每个人拥有的"好虫"几乎是斗蟋人最重要的谈资。"好虫"们在"战场"上惊心动魄的胜利构成了斗蟋者最重要的记忆。既然如此，那他们为什么要"小心翼翼"呢？答案是因为"它们"太重要了。初听起来这好像是在进行循环论式的同义反复——因为重要所以"小心翼翼",因为"小心翼翼"所以重要。但实际上并非如此,如果把一种交往的意义和逻辑作为详析模式的第三变量,那么循环论的同义反复也就被打破了。这就好比人们聚到一起打牌,人们肯定不是为了出牌而打牌,而是为了赢牌而出牌。没有一个打牌的老手会开始就把自己最好的牌打出去,相反,最好的牌往往被留到最后。在斗蟋蟀这个圈子里,大家的聚会不是简单地聊天和联络感情,他们每次都是一次人际关系的玩牌游戏。所以什么时候抛出自己的拿手牌——他们手中的牌就是他们现在或曾经乃至将来的"将军"(好蟋蟀)——往往涉及自己在人际关系网络中的位置。

在喝酒之前,他们都能非常理性地克制自己想要炫耀的冲动。大家非常矜持地聊一些通常的见闻或都相互熟悉的人或事。这时候那个最想炫耀的人总是先忍不住挑起关于"好蛐蛐"的话题。但是当他说起某条"好虫"的时候,往往不是提及自己的,而是夸赞在座某人在过去某年的某条"虫"有多厉害。那条厉害的"虫"往往是大家都熟悉或知道的。① 因为大家都是长年的朋友关系,所以在座的除了"虫主"之外,肯定不只一人从谈论的蟋蟀身上受益。于是大家都会非常自然地加入到对那只蟋蟀的夸赞和评价中。对"虫主"而言,这时候夸赞的不是那只蟋蟀,而是他本人。所以这一时刻可能是他在这个圈子里最得意最幸福的时刻了。在陶醉一段时间之后,他一定会不忘回馈——让最初引起话题的那人到自己处的位置上待上一会儿,他会开始夸赞那话题挑起者某某年的某条"好虫"。就这样,伴随着一杯杯啤酒的一饮而尽,大家基本上通过他人之口,轮流让自己被夸赞表扬了一番。这一回合的交往看似大家打成了平手,但实际上那些有过特

---

① 斗蟋蟀往往都是以团队形式进行的。这样做有多方面的原因,其一是在收虫、养虫和斗虫的过程中可以相互传递信息,相互照应。团队中往往不同的人需要具有不同的才能——有的善于在收的时候认虫,有的善于饲养,有的芡草好;其二是在蟋蟀竞斗的过程中往往需要穿梭于不同的斗场,而每一个斗场往往都是独立而封闭的,人员多了认识人自然就多,可能参加的斗场也就多;其三是在蟋蟀竞斗的过程中可能会出现各种状况,甚至涉及直接的纷争乃至语言的冲突,这是一个人不能应付的;其四也是最重要的一点,竞斗涉及金钱,一只好蟋蟀通过双方的"叫花"会到几千元乃至几万元,这样的数额和风险往往不是一个人所能承受的,需要有人商量一起确定"花面"的大小。如果输了,可以通过内部分配分散风险;如果赢了,那就是大家内部受益。如果一条打大台面的蟋蟀赢了,那其知名度会以几何级宽度和广度在"圈子"中传播。所以提到某一只蟋蟀,经常在一起的人都会非常熟悉。

别好的蟋蟀或者没有特别出色的蟋蟀可供夸赞，以及如笔者般根本没有好蟋蟀可夸赞的人，在这一轮通过对"好虫"的切磋被甄别了出来。

随着每个人大量啤酒的饮用①，在座的人会逐渐从理性的"阿波罗"状态进入感性的"俄迪尼索斯"状态，从而也让"人际关系博弈"进入了第二个回合。这时候，那些第一回合因为有"好虫"而胜出的如果在第一轮交往中（因为性格的原因）能保持相对的沉默，久而久之他往往会因为自己这种沉默的性格品质——沉稳、内敛、让人看不透——得到大家的认可，而他也会逐渐被大家认为是一位行事稳健、值得大家信任的人。但大多数情况下，"俄迪尼索斯"会战胜"阿波罗"。第一轮因为"好虫"而在人际关系中占优势的人在酒精的作用下开始抛弃矜持、克制和"小心翼翼"。他往往也不再满足于借别人之口夸赞自己的"好虫"，而是直接把话题收回到自己这里，开始直接掌控对其"好虫"的夸赞。随着说话方式的改变——由他人夸赞转向自我夸赞，以及夸赞重复率的提高，那种通过"好虫"往自己脸上贴金之夸赞本身的边际效用开始急速下降。这时候在第一轮言辞交往中处于相对弱势的人开始打断、插话甚至逐渐表示出某种不屑。但也正是在这一过程中，处于弱势的人有了可以通过语言和逻辑争取自己人际关系位置的机会。

> 王：我去年那条"红牙青"②，那真叫厉害，走了五路没打架……
>
> 某甲：你是 100（块）还是 200（块）走了五路？你要是几万块走五路那厉害了，今天你可能就不坐在这里和我们喝酒，就去和上海人混去了……
>
> 某乙：他那条"红牙青"都是打的 500（块）的上档，确实是厉害，前两路我没看到，从第三路我开始押，第三路我和他一样押了个"盆底"，很轻松，一口就拿下了。第四路、第五路老王还是打 500（块）上档盆底，我都押了 1000（块）。两路感觉还是没费劲就拿下了。那虫确实是厉害，老王也让我挣钱了，挣得比他还多。来，老王，

---

① 在山东斗蟋蟀的圈子里，不抽烟、不饮酒的人是非常少的，大部分人不仅烟瘾和酒瘾非常大，而且吸烟和饮酒的量也非常大。甚至很多时候笔者觉得，不吸烟、不喝酒成了融入这个圈子的一个巨大障碍。

② "红牙青""白牙青""红牙黄""紫牙紫"等都是一些名虫的称呼，山东的"红牙青"不是谱上有名的名虫。

我敬你一个……

某甲：后来那虫子呢？你是不是给卖了？

王：没有……

某甲：什么没有，人家（济南）槐荫（区）的老六说看见你在场子里2000（块）卖的。你说让我怎么说你，那么好一条虫子你2000（块）就卖，你说说你，你是斗虫的又不是虫贩子。这么好的虫咱2000（块）市场上也买不到啊，我要是早知道我就要你的……

王（尴尬）：你听老六瞎说，他嘴里有准话吗……

对话中那"老王"遇到了一条"好虫"，也着实有夸耀一番的资本，从而让自己在"桌面上"成为大家瞩目的中心。但实际上他一句话还没说完就被打断，并被某甲把话题从虫的好坏转移到了所斗钱数额的多少。某乙的接话证实了"老王"那条厉害的"红牙青"的确存在，但他实际上在强调的是自己有眼光，能辨识好蟋蟀，同时还有勇气押钱。他呼应某甲指出"老王"自己的虫子每次只打500元，而他自己每次都押1000元，最后借敬酒顺路表示了感激，从而让自己的"炫耀"不露声色。而最后某甲通过追问虫子的下落直接让本来可以炫耀一番的"老王"陷入了尴尬的境地。某甲通过"埋怨"和"指责"表明了自己一种对待蟋蟀和斗蟋的态度，并同时让自己在关系网络中占到了优势位置。

在"斗蟋社会"中有一个非常独特的情况，那就是当大家实施"贬损"的策略时，很少看到被贬损的一方认为那是对自己的侵犯而反目。自然，这种"贬损"从来都不是针对某一个人的，它往往指向那些在交谈（临时的社会关系）中占据优势或将要占据优势的一方。甚至更奇怪的是，从总体上看，关系中的人通过这种在接近醉酒状态下的贬损，只要不涉及严重的人身攻击，总体看，它反而能让相互间的关系更加紧密。一个可以在相互贬损中相互交往的群体还有什么能让他们轻易被拆分呢？从关系结构来分析，这些"贬损"是某种制衡的手段，一个总能通过不断变动调整平衡的群体，因为其有自身内部关系的调节机制，自然是最能保持自我持续性和稳定的群体。

围绕"虫"和"虫事"，"斗蟋社会"中的人们使用外人听不懂的特有术语，特有的句子组织结构，甚至特有的语言形成了非常独特的行为和交往方式。在长期的交往中笔者了解到，那些四五十岁甚至更大年纪玩蟋蟀的人，大多都曾有过正式或非正式的"师父"。一些玩得好，被公认水平高的人或字号，大都有传承有序甚至辈分森严的师承。而这也是这个圈子中的第三个谈资和主题。

3. "斗蟋"中的"师承"

在斗蟋蟀的圈子里，师承是一个人决定自己社会关系位置的重要资本，但这一资本的使用有着比"好虫"资本的谈论更为严格的要求。它不能像"好虫"那样能被夸耀，即使是夸耀也一定要谨慎地把握好分寸，让人感觉不出有抬高自己的夸耀成分。既然不能被明显地言说，师承在多数情况下是作为一种大家默会肯认的背景性知识存在并发挥作用的。如果一个人试图简单地以师承来抬高自己的身价，那就好比一个人张口就触犯行业禁忌却又想让行业里的人都尊重他一样自相矛盾。斗蟋社会中的人在摆明自己的师承时要比介绍自己的"好虫"时小心谨慎得多。与介绍自己的"好虫"一样，向别人摆明自己的师承更加不能通过自己的"嘴巴"，而要借用别人的"嘴巴"说出。在关于"好虫"的谈论中，大家就好比在进行一次出牌游戏，大家都愿意以嬉戏、为难、刁难乃至让对方下不来台的方式进行。但呈报师承意味着向所有人自报家门式地公开亮出自己的底牌。它很大程度上让自报家门的人通过其师承对自己的社会地位固定化了——这种固定化往往是具有优势性的固定化。但同时可能意味着本来博弈并流动着的社会关系建构发生了阻滞甚至停止——在作为整体性并在流动中构建社会关系网络的微观互动中，一旦一个点被铆定，那其他点的变动就受到了限制。关系建构的游戏因为这种限制将会在趣味性上大打折扣。既然是一种涉及社会关系的"嬉戏"，大家对那种早早"铆定"自己位置的做法都很反感，因为那会让游戏失去了游戏的乐趣。

师承在斗蟋的关系网络中具有某些先赋的特征，即一个在师承上占据优势的人，而他又总是在关系建构游戏中表述并强调师承，那就好比每次玩牌游戏中他总是靠那个一定会在他手里的"大王"赢牌一样，会让整个游戏变得索然无味。这样的人实际上会被其他的游戏者当成一个不会"玩牌"的人。而总是这样做的这个人也一定是一个不明白游戏规则和这一游戏背后那些大家都不言明但又约定俗成知识背景的人。所以关于师承的话题如果不是由在蟋蟀界已经具有权威的"前辈"自身介绍,那也一定要通过别人之口来介绍,并且被介绍人的师承来头一定要很大并得到大家的认可。否则,这种介绍很快就会成为大家用蟋蟀界特有的语言嘲讽的对象。

同时,关于师承的谈论往往是大家试图小心翼翼地跨过的文化边界,把话题从某个特定的斗蟋圈子引向其之外更广泛的社会关系的一种特定模式和办法,即它构成一种向外指向的,以自己为石子投入水中,让泛起的涟漪不断向外波及,也是费孝通先生所说的差序格局社会关系结构的构建方式。当这样做的时候,人们聚集在一起所围绕的中心往往不再是关系的博弈、竞争和嬉戏,而是趋向于如下几种情形:第一,介绍自己进入一个新的圈子或让一个新人进入自己的圈子;第二,不同的圈子之间开展沟通、交流、合作或合并;第三,以自己斗蟋蟀圈子中的身份为媒介,把自己的社会关系推到更广阔的社会空间中去。

实际上,"斗蟋社会"通过很多自身独有的背景知识,精心地把自己和整个大社会文化和环境做了区分。但这种区分的界限、标准和"度"如同这个社会中人与人的界限一样,不是泾渭分明而是模糊和流动的。特定的术语、独特的话题和谈资,很容易让"局外人"感知到这种界限,但界限却很难被"局外人"把握。对于一个"斗蟋社会"中的局内人而言,因为他长期生活在其中,那些界限根本不需要被作为外在物去感知,它们本身就内在于他们,并且很多人通过这些界限进行自我的身份界定。这种界限是通过长期的生活经验得来的身份和文化的边界,如果不能内化它们,那一个人即使生活在这一"隐遁的社会",成天和这一社会中的人打交道,仍然会被当成一个"陌生人"。

三 文化的"默会"与交流

1. "默会"的交流

笔者要寻找的那个社会对"局外人"而言是"隐遁的",它仿佛穿了一件隐身衣在每个人身边"行走",但和它擦肩而过的人却都感觉不到其存在。整整几年的时间,笔者就是作为这样一个"局外人"在虫季天天生活在这个社会中，但对它却感到非常陌生且有一种隔膜存在。当笔者逐渐能够看到这个社会的样子，感觉到它的存在，能作为其中的"半个"成员生活于其中的时候，笔者才发现和这个"隐遁的社会"的陌生和隔膜源于与生活于这个社会之成员的隔膜和陌生。这些成员以自己独特的方式交流，他们之间的一个眼神，一个细小的肢体动作，乃至一个不经意的微笑和轻微的咳嗽都在传递信息和意义。这一点和费孝通先生所描述之乡土社会中人们不需要语言的交流方式几乎完全贴合："在亲密社群中可用来作象征体系的原料比较多。表情、动作在面对面的情境中，有时比声音更容易传情达意。即使用语言时，也总是密切配合于其他象征原料的。譬如：我可以和一位熟人说：'真是那个！'同时眉毛一皱，嘴角向下一斜，面上的皮肤一紧，用手指在头发里一插，头一沉，对方也就明白'那个'……的意思了。"①

记得最初开始寻找那个"隐遁的社会"的时候，自己购置了一整套收虫的"行头"②，把自己"装扮"成一个看着很"内行"的"收虫人"，来到全国最大的蟋蟀市场——山东省宁阳县的泗店镇③。从宁阳县汽车站一出来，一"黑车"④出租司机就问笔者是否到泗店。上车后的对话让笔者第一

① 费孝通：《乡土中国　生育制度》，北京大学出版社，1998，第16～17页。
② 收虫的人往往从自己的装备和"行头"就能被别人辨识，这也显示出自己"收虫人"的身份。这些行头包括：一个用来装所收蟋蟀的特制编织筐（长年收蟋蟀的老玩家随身携带的编织筐往往非常小巧精致）、芡草和芡草筒（很多老玩家的芡草筒都是紫檀木制作，尽管收虫的时候不会把自己最好的草筒带上，但是也大都非常精致，因为这很多时候是某种"身份"的象征）、蟋蟀网罩（一般要准备两到三个，用来抓捕收虫时逃跑的蟋蟀）、看网（在打开"老乡"递过来的蟋蟀罐并且开罐的同时要把看网罩在盛蟋蟀的小瓷罐上，以防一开罐蟋蟀见光跳蹿。为了提高看蟋蟀的速度一般不用看网，但是对于那些价格高的必须使用看网，每年都会有因为蟋蟀跳蹿逃逸而让买卖双方发生纠纷的事情发生）、腰包（横跨在腰间的特制小包，很多人用皮质的，也非常精致，里面分好多层，用来把100元、50元、10元、5元和1元的钞票分开）等。
③ 虫季繁盛的时候，这个本地人口不过几千人的小镇上每天会汇集十几万人，东西十几里的地方，人们擦肩接踵，可以用拥挤来形容。这个镇是中国最大、最著名的蟋蟀产地——宁阳县——最集中的蟋蟀销售地，但并不是唯一的一个。虫季的时候，整个宁阳县几乎每一个村庄都是"蟋蟀集市"。全国各地收蟋蟀的人汇集到这里，而宁阳的农民几乎"全民皆兵"，妇孺老幼全都加入到了捉和卖蟋蟀的行列。
④ 到了虫季，很多没有营运许可的"小面包"司机到处拉客。他们都属于"蟋蟀链条"上的一环，几十年如一日地拉载外地乘客。因为没有各种"成本"，所以对外地收虫的人来说，这些"黑车"灵活、方便、便宜。很多外地收虫者和一些"黑车"司机常年打交道，彼此很熟悉，对这些外地人来说，打这些"黑车"反而意味着安全和可靠。

次感觉到了自己的"笨拙"。

> 司机：你是不是刚开始收虫（蟋蟀）？
>
> 笔者：你咋知道的？
>
> 司机：到了虫季我就专门拉各地来收虫的，干了十几年了。从脚
> 蹬三轮到电动三轮，再到现在这个"小面包"。坐过我的车的也不下上
> 万人了。尽管我自己不斗虫，但是一见面我就能感觉出对方是不是老
> 手。老手的眼睛都贼着呢。你的装扮、行头和神态一看就是刚入行。

在司机滔滔不绝的谈话中不觉间就到了宁阳泗店的一个小旅馆，他好像和开旅馆的一对儿老年夫妇很熟。夫妇一人殷勤地招呼他在门外沿街的小桌上落座喝茶，一人热情地引领我入内，在二层小楼的二楼安排了一个房间。[①]

从旅馆老板那里得知，旅馆除了笔者之外还住了五个人——四个上海人、1个苏州人（后来才知道这四个人在近 20 年的时间里像候鸟一样，每年都来宁阳泗店收购蟋蟀，并且住在这同一家旅馆中）。笔者去的时候已经是下午三点多钟，简单收拾了一下，尽管非常心虚[②]，但为了那种自己理解的"完全参与"，硬着头皮"装模作样"地拎着一个大筐下去到路边"收虫"。当笔者下去的时候，已经有两个收蟋蟀的上海人把躺椅挪到了旅馆前，他们两个人动作都非常一致地摇着蒲扇悠闲地躺在躺椅里。因为旅馆

---

① 这时候，镇上的每家每户都是旅馆，他们把自己的房子加盖，隔断出很小的房间，专门供虫季收虫的人住宿。房间里一般就一张不到一米宽的小床——大一些的房间会放两到三张小床，一台吊扇和两个小马扎或板凳。条件非常简陋，但是很少有听到收虫人抱怨的。因为即使这样简陋的房间到了虫季不提前预订也是根本订不到的，笔者的运气不错是因为一个南方人临时决定去别的地方收虫正好把房间空了出来。

② 对蟋蟀好坏的辨识是非常困难的一件事，在有行家引导的情况下，三五年时间也只能做到入门，笔者当时对辨识技术没有过多地在意，因为自己认定自己的调查只是以"完全参与"的方式体验、观察和收集资料，与蟋蟀辨识技术无关。后来笔者才认识到，不"认识"蟋蟀，只能作为一个"陌生人"在斗蟋的社会中行走，因为生活于该社会的成员的一切活动都是围绕"蟋蟀"展开的。笔者"不认识"蟋蟀，却装模作样地要在成千上万只蟋蟀中假装选出那些好的，这时不仅担心自己在卖蟋蟀的人那里"露馅"，更担心在那些旁边盯着笔者的行家面前"露馅"。现在想来，那种"装"和"假"呈现的是一个非常"滑稽"的场面。

面对着镇上唯一的大街，很多卖虫的"老乡"都驻足想给他们看蟋蟀，但看到他们没有丝毫要收的意思，都犹豫几秒钟自动走开了。有极个别的大着胆子走过来问要不要看，他们也都显得不耐烦似的摇着蒲扇大声说着"不看""不看"。然后接着闭上眼睛摇蒲扇，一种似睡非睡的样子。此时形成了一个奇怪的场景，街上卖虫的"老乡"很多，但好像都"不敢"来给他们看虫。他们就这样半躺着，尽管外面买卖蟋蟀的人来人往，但是时间到了他们这里好像停滞了。笔者找了一个距离他们三四米的地方，拿了一个马扎坐下，把筐放在旁边，仿效别人拿出一根茭草叼在嘴里，装作内行一样开始收蟋蟀。[①]

卖蟋蟀的"老乡"看到笔者坐下来立即围了上来，很快笔者的周围就围了一大群拎着一筐筐瓷罐给笔者看蟋蟀的老人、妇女和儿童，但躺着的那两个上海人那边却没人过去。笔者低着头开始看被源源不断递过来的蟋蟀。不到半个小时时间，笔者面前已经摆了二三十个"收"下的小瓷罐。突然不知躺着的上海人中哪一个喊了一嗓子："拿张桌子给他！"笔者被从四面八方塞过来的小瓷罐搞得晕头转向，也不知小方桌是怎么被传进来的。一个小时不到，笔者面前已经摆了笔者收的40多个小瓷罐。卖蟋蟀的人不仅没有减少反而越来越多。笔者瞟了一眼周围，那两个上海人以及周围收蟋蟀的好像都"好奇"地看着笔者。一看这样收不了场了，笔者立即果断对周围的"老乡"宣布一个不看了，并且迅速收拾东西撤到了宾馆里。等笔者进入旅馆20分钟"老乡们"才渐渐散去。看到没有了被再次"围困"的危险，笔者又搬了一个马扎出来，这次坐得距离那两个上海人近了些。笔者自己都没有想到，一段友谊从不经意的闲聊开始了。

笔者：老师傅您是上海人啊？

上海人（后来知道他姓沈）：对的啊，我们四个人都是上海人，有

---

① 后来才知道，笔者的一举一动他们都看得非常真切，笔者手一拿卖蟋蟀人的小瓷盆他们就知道笔者是"菜鸟"级别的了。仅就收购蟋蟀这一看似很简单的行为，从你坐下、你与前面的小桌保持的距离、在等待时候的神情，那些该领域的"老手"立即就能知道你的总体"水平"了。至于到开盆看、选等动作展示的时候，你的具体斗蟋水平到什么程度已经基本被"曝光"了。

一个在里面睡觉，一个到下面村子里收虫子了。刚才是我喊了一句让老板娘给你一张小桌的。

笔者：谢谢您，刚才没想到一下围上来那么多人。

沈：你是第一次下来收蟋蟀，对吧？（我当时有一种伪装被揭穿了的感觉，脸上感觉火辣辣的）我们一看你收蟋蟀就知道你是第一次，收蟋蟀没有你这样收的。

笔者：您怎么看出来的？（我真的很好奇，我尽了最大的努力让自己看起来像一个内行）。

沈：我们下午3点到6点基本都是不看蟋蟀的，午后人眼睛的瞳孔放大，小蟋蟀都看成大的了，你还那样低着头看，看不了几个瞳孔更大，小蟋蟀都会比蚱蜢大，所以我马上让老板娘给你塞了张桌子……

如果这位姓沈的上海师傅不这样坦诚地给笔者解释那塞过来之桌子的意义，笔者恐怕好多年也不会明白。尽管在忙着收蟋蟀，但对这张桌子笔者还是在自己的意义系统里解读了的。笔者认为它有两种最可能的解释：一是示好；二是为了给其常住的旅店老板娘增加点儿收入（一张桌子当时是要5元的）。但最后那位上海师傅的解释完全超出了笔者能想象的意义系统。后来笔者慢慢认识到，像沈师傅这样的蟋蟀老玩家，其举动和言语所表达的意义都是围绕蟋蟀而展开的。他的举动在其他"玩家"眼里意义非常明显，对于"递桌子"他们都能立即领会和明白背后的意涵。而笔者的解读完全是作为斗蟋社会"陌生人"的解读。这种解读反过来又加强了自己对于斗蟋社会的陌生感。这一点让笔者意识到，"完全参与"的调查实际上意味着能理解斗蟋社会中生活之人的行动和语言意义，并按照这种意义的指引去行动和言说。正如费孝通先生所说："语言本是用声音来表达的象征体系。象征是附着意义的事物或动作……并不是事物或动作本身具有的性质。这是社会的产物，因为只有在人和人需要配合行为的时候，个人才需要有所表达；而且表达的结果必须使对方明白所要表达的意义。所以象征是包括多数人公认的意义，也就是这一事物或动作会在多数人中引起相同的反应。因之，我们决不能有个人的语言，只能有社会的语言。要使多数人能对同一象征具有同一意义，他们必须有着相同的经历，就是说在相似的环境中接触和使用同一象征,因而在象征上附着了同一意义。因此在每个特殊的生活团体中,必有他们特殊的语言,有许多别种语言所无法翻译的字句。"①

尽管只是短暂的交流和刚相识,随着太阳下山,这位上海的沈老师就让笔者坐到他身边看他收虫。他收到的虫子也允许笔者拿着瓷罐看。② 随着天色渐晚,一些开摩托车的"撬子手"开始陆陆续续怀里或兜里揣着一两个瓷罐过来给他们看。

在接下来的收虫时间中,他们每个人在悠闲中皆呈现一种孤傲的样子,笔者没好意思过多地打扰,但是我们挨得那么得近,他们好像故意把一些技术性、社会性的东西通过自己的行为演示给笔者看。笔者自然也是想利用这段保持着没有言语的距离在旁边好好观察他们。就这样,观察者与被观察者居然在沉默中进行着一种交流。

在隐遁的斗蟋社会中并不是所有的人都具有那种适合这种社会生活的个人特性。有的人尽管生活在隐遁的社会中,和其中的人发生频繁的接触,但是严格来说,因为他们的行为逻辑、日常生活中的表达方式都与隐遁社会中的人有很大的区别,他们实际上很难被这个社会所认可,从而不会被这个社会的成员发放准入的"通行证"。这种"通行证"的获得不是靠金钱或权势,而是依赖在大家都明白其意义之"默会"知识基础上的平等交流。

2. "默会"的误差

在斗蟋社会中,除了斗蟋本身被斗蟋者们无限迷恋浸淫之外,很多斗蟋者兼有与斗蟋相关的其他很多爱好,其中对蟋蟀罐以及蟋蟀用具的收集和收藏就是重要的一个。蟋蟀罐以及"过笼""蛉房""食盆""水碗"等是喂养蟋蟀、保证蟋蟀健康成长、保持并发挥其良好斗性的最主要的器具。

---

① 费孝通:《乡土中国 生育制度》,北京大学出版社,1998,第16页。
② 一般不是很熟悉的人,蟋蟀的老玩家是不允许别人看自己所收蟋蟀的。认识不到几个小时,这位上海老师傅不仅让笔者看他收虫,而且主动让笔者看所收到的蟋蟀,这的确也是一种投缘。笔者遇到过好多老玩家,他们对自己所生活社会的成员非常挑剔和苛刻,但不知为何在笔者和他们交往的时候却总能得到他们坦诚无私的指引和帮助,甚至几小时的交流,他们就愿意把自己几十年关于蟋蟀了解的经验告诉笔者。笔者心里清楚,这一"现象"用"投缘"是无法解释的。笔者到现在认为最合理的一个解释就是他们对斗蟋蟀这一传承了千百年的民间嬉戏活动的担忧。他们希望笔者这个年龄的人能把这一民间传统继承发扬下去。

由于中国的斗蟋传统悠久，自唐代到宋代再至明清，只要有斗蟋就会用到这些器具。而且自宋代到明清，宫廷中斗蟋已是民间皆知的事实。传说从宋代起官窑开始制作瓷质蟋蟀罐，此传统一直延续至明清。除此之外，中国民间自古就有全国知名的制罐名家，他们制作的蟋蟀罐工艺复杂而且具有独创性。由此，流传下来的官方和民间的蟋蟀罐或其附属器具的数量巨大、价值不菲。有一个朱老板就收藏了大明宣德年间官窑出的瓷质蟋蟀罐。此物现在世间已经罕见。据说一个与这个朱老板收藏的蟋蟀罐类似的罐子在香港拍出了 1000 万港元的高价。在崇明岛全国斗蟋大赛上，这位尽管自己不怎么懂（被内行当成外行）但是很有钱的朱老板就把他的这个"价值千万"的蟋蟀罐带了去。他郑重其事地把罐子拿出来放在宾馆房屋的正中央。苏州、无锡等地一些玩罐子的名家闻讯都赶了过去。四五个人围着罐子仔细观看，一边还啧啧赞叹。最后经这位朱老板的同意，他们从各个方位拍了照。他们中有两个老人属于江苏三队，是国内玩斗蟋和蟋蟀罐小有名气的人物。这两人也都认定此罐为真。就这样，朱老板进一步得到了对自己蟋蟀罐的肯定，他也是很想通过这次蟋蟀罐的对外展示多交几个斗蟋、玩罐的朋友。

可是谁也没有想到风云突变：比赛中江苏三队和北京队、上海秋声队以及朱老板代表的青岛队分在一组。江苏三队几个玩了一辈子蟋蟀的人，被北京队和上海秋声队连下两城，没有了晋级的机会。按照赛程的规定，每队在小组循环比赛三场，两败者出局。江苏三队因为已经输了两场，第三场不论输赢都没有晋级的机会。所以青岛队的这位朱老板信心满满，他认为自己肯定能赢得比赛了。原因有二：一是江苏三队已经出局，再拿出自己的好蟋蟀来拼已经没有意义；其二，也是最重要的，他断定江苏三队的那些老玩家都是些"识趣"的人，给他们看那么珍贵的蟋蟀罐是一种人情，他们对这样的人情不会不有所表示。

出于这样的判断，到比赛的时候，这位朱老板没有让自己最好的蟋蟀上场①。但出乎意料的是，江苏三队派出的全是让在座发出惊叹的级别非常高的蟋蟀。一场比赛要斗六只蟋蟀，前两只朱老板的胜出，当他边芟草边

---

① 崇明岛 2008 年那场比赛朱老板的蟋蟀质量是最高的，尽管没有派上最好的，但所出场的蟋蟀一露面已足以让在座的大惊。因为曾是上届冠军，所以这届他的夺冠呼声仍然很高。

自我会意地瞟对手的时候,对面的莨草手(观看蟋蟀罐的老人之一)却聚精会神,表情非常严肃。结果接下来的比赛江苏三队连下四局,并且每局都胜得干净利落。这样的最终结果是:已经被淘汰的江苏三队把认其为朋友的这位朱老板逼上了背水一战——对阵上海秋声队的境地。最后因为上海秋声队那被大家背后诟病的"药水虫"的原因,实力最强的朱老板被淘汰。

和江苏三队的比赛让朱老板不能接受,因为这和他自己领会的意思相差太大。他认为江苏三队的那些老人们严重伤害了他的感情。赛后他直接冲进了正在收拾东西准备打道回府的江苏三队的房间,指着在场的两个老人开始叫骂,让他们给个说法。两位老人好像也是感觉不好意思,只是一个劲推脱说是江苏总队的整体安排,所出的蟋蟀情况他们并不知情……朱老板不依不饶,开始在"促织园"的天井中破口叫骂——"大闹天宫"。他叫骂的理由就是"老家伙们不懂事","不仗义","太不够意思","我把轻易不示人的罐子给你们看,你们为什么不识抬举,不还人情"。他这样吵闹惊动了几乎所有比赛的队伍和人员,大家都出来劝说,朱老板警告说自己要永远退出比赛,说这样的比赛不公平。组织筹备组和裁判、裁判长们都出面好言劝慰并商量给了他一个崇明岛大赛最佳虫师的称号,争端才告一段落。

斗蟋社会是个讲人情的社会,但主要是一个"斗蟋"的社会。一切事件都是围绕斗蟋蟀展开的。在崇明岛大赛上,江苏三队那些老人,几乎每一个都是蟋蟀界叫得上名号的"老人"。但他们连输两局失去晋级机会之后,他们首先想到的是斗蟋的"脸面"问题。一帮蟋蟀界的名人,被不太懂蟋蟀的小角色打得抬不起头来,这种事情传出去是会在全国蟋蟀圈子里丢脸的。所以和朱老板的对决,即使对他们而言没有任何好处——甚至他们可能让自己最好的蟋蟀落败或受伤,也要让最好的上。这是一场颜面保卫战。但朱老板进入蟋蟀界也就四五年的时间,他自己甚至还不怎么懂蟋蟀,只是因为财大气粗,买蟋蟀的时候价格高,其蟋蟀的质量自然好很多。也就是说,这位朱老板是在用钱玩蟋蟀。对这样的人,即使有给看宣德蟋蟀罐的情分在,但是在颜面面前这点情分也算不得什么了。另外他们也许本来的目的就是打败所有队中实力最强的朱老板——他是上届冠军,据他自己后来介绍说，他那年的蟋蟀比夺冠那年质量还好得多。那些"老人"们去看蟋蟀罐可能是故意在战术上给对方放烟幕弹。让朱老板产生他自认为的那种他们可能还人情的想法。蟋蟀比赛好比战场，讲究的不仅是排兵布阵，更主要的是迷惑用诈，所谓"兵不厌诈"。

笔者曾把自己所看到的故事叙述给那些七八十岁的老玩家听，想听听他们的看法，结果他们的看法惊人地相似。

笔者：那些苏州的老玩家怎么想的？自己就要被淘汰了为何还出最好的蟋蟀？

老玩家1：那位朱老板根本不懂斗蟋蟀。可能那一年所有的队打得就是他，他根本不了解那些人（斗蟋蟀的老人），这种全国性的斗蟋蟀就是打仗，是要讲究排兵布阵的。所有可能性都要想到，他那么想当然，大意轻敌，人家要的就是他这种状态，肯定打他，换成我，我也这么干。这仗打得太漂亮了。那位朱老板是不是最好的虫子都没机会上了？

笔者：那肯定的了，他把最好的都留着打决赛呢，结果稳胜的最后一场晋级赛被淘汰了。

老玩家1：稳胜？这种比赛大家打得就是感觉能"稳胜"的人。人家肯定给他做了个局。

第二位老玩家的看法和反应与第一位差不多，他一听就断言那位朱老板中"陷阱"了。

笔者：'朱老板'让那些老玩家看蟋蟀罐不是个情分吗？

老玩家2：你和我说说那个蟋蟀罐是个什么样子的？

笔者：已经碎裂了，是后来粘连起来的。

老玩家2：罐子上画的什么图案？

笔者：一个仕女撑了把伞，有垂柳、池塘和鸭子。

老玩家2（哈哈大笑了几声）：那一定是假的，大明宣德的宫廷蟋蟀罐没有那样图案的。那些苏州玩罐子的老家伙能认不出来。看来人家是故意给他设套了，几十年前我们团队玩"抓俘虏"，这种心理战是经常用的。这就是斗蟋蟀中的"兵不厌诈"。

在这个具有明显的"隐遁社会"特征的人群中，那位自以为"占理"的朱老板很显然是个"陌生人"。^① 这些"陌生人"的特质就是不具备按照"隐遁社会"中被普遍认可的规矩、原则、逻辑和语言行为的能力。斗蟋社会中一些默会的知识是通过长时间的学习和体悟内化在每个斗蟋成员的内心的。没有这些内化的知识，行为上自然就会表现出"外行"，在具体事件特别是在斗蟋蟀的对抗中非常容易因为默会的误差而犯错，导致在斗蟋蟀的团队对抗中失败。

3. 隐喻与反讽

承继索绪尔、奥斯丁、赛尔等人，哈贝马斯确认了传统语言学研究关于语言和言语的划分，即言语是人们日常的对话和交谈，是使用语言的行为，而语言则是言语中的一般结构，是通过逻辑分析和结构分析抽象出来的表达规则系统。在此基础上，他对言语行为及其有效性基础进行了理论构建，认为一个成功的话语必须满足三个有效要求："对参与者来说，就它所提供的某种事实而言，它必须被认为是真实的；就它表达出言说者意向的某些内容而言，它必须被认为是真诚的；就它与社会认可的期望相一致，即它是否与实际存在的社会规范相符合而言，它必须被认为是正确的。"^②但在斗蟋这一社会中，正像它所处的"隐遁"地位一样，其中交往使用的言语都不满足哈贝马斯提出的有效性基础条件。但其中的人们仍然在有效地交流，由此，在这一独特的社会空间中的言语使用，无疑对建立于言语之上的交往行为理论提出了新的课题。

毕竟任何交流不可能离开语言，语言表达本身就是一种情境和逻辑的展示，能指与所指之间的和谐与沟通——表达的精准性和可理解性——必须有一种情境和逻辑连接的存在。按照负负得正的推论，在反情境和反逻辑的情况下同样可以成就表达的精准性。而这种反情境和反逻辑的语言逻辑正是"隐遁社会"的一种主流语言表达逻辑，其表现形式就是隐喻与

---

① 参见西美尔《时尚的哲学》，费勇译，文化艺术出版社，2001。
② 哈贝马斯：《交往与社会进化》，张博树译，重庆出版社，1989，第29页。

反讽。

从表达和交流的意图来看，隐喻是因为特殊情境的原因，意图无法被直接表达出来，所以用一种委婉含蓄的表达方式来替代。反讽有隐喻的一层含义，另外一层含义就是一种讽刺的强化。隐喻和反讽在我们的日常交流中是不可能作为主流表达和抒发方式而存在的，特别是在市场经济社会条件下，这两种方式是要尽量被避免使用的，因为市场经济要求明确而不是多重理解，最好的体现就是买卖合同；它要求信任而不是"口蜜腹剑"。在社会科学中我们也反复重申叙述的明确性，以达到被正确理解的目的。但是在"隐遁的社会"中，隐喻和反讽是两种主流表达方式。

这个社会的表面是一个和谐的"好好社会"，为了维持这种和谐，就必须尽可能地排斥直接的批评，所以就大量使用隐喻。另外这个社会中的一个特点是：人们的关系往往是靠时间来沉淀的，时间沉淀的结果就是人们之间的相互熟识。因为彼此太熟识了，所以"他者"的缺点往往会被放大出来，其结果是人与人之间的关系建立在了了解基础上的"吹毛求疵"。这时要和"他者"继续保持关系，直接的言语批评很显然难以达到自己"出气"而不严重损害关系的效果。

甲：老王，你去年那虫子太厉害了，在×××的堂子上那么厉害的两条虫子被你一口一个……

乙：你那条"天独"才是真厉害啊，尽管打的是100块钱的花面，你看把对方那条"红牙黄"① 给咬的，对方那"红牙黄"可真是好虫子啊。一条腿能咬到那程度，也就你有这样的眼光。

这样一段话，如果不进入一种话语背后的语境来考量其意义，可能会得到这样的信息：

①两人在去年的斗蟋比赛中都"咬"出了好虫；②

---

① "红牙黄"一般被认为是"将军"级别的一种蟋蟀类型。蟋蟀的"色"是属于黄虫色系，牙色是红色的。这种蟋蟀身体泛出的黄色越浓，牙的红色越深，则其级别越高。当然并不是所有的"红牙黄"都是将军，只是说这一类型的"出将"率非常高。

② 在斗蟋界，"咬"出好虫，就是曾有过很厉害的、战绩不错的斗蟋的意思。

②两个人彼此欣赏，对对方的斗蟋也很欣赏而且印象深刻。

但随着进一步了解和交谈，我们会惊奇地发现，这段话竟然是在特定情境下的一种特定隐喻与反讽式表达：

> 甲：我和他交往20多年了，他收的虫子从来没有超过5块钱的，还能买到好虫子？他连胜了两场不假，但那是什么斗场啊，打的都是50块钱的花，谁拿好虫子去？
>
> 乙：他还拿条一条腿的虫上场打，要不是对方那虫子老得不能动弹了，他那"一条腿儿"人丢大了，多亏还玩了那么多年虫子了，拿条独腿去打100块钱……

当这样的对话进行的时候，往往有他者在场，对于一个深谙其道并知其来龙去脉的听众，他是这样进行言语交流的：

> 丙：你们两个去年打的都不错，我那边就没出什么好的。
>
> 甲（乙）：可别这么说，你那几条后秋的多厉害啊！
>
> ……

由此，多年的虫友，居然这样在相互讥讽中做到和平相处，很多人都不会往心里去，下一次的聚会他们会开始新的话题，在新的语境中使用含有另外一种意义的语言。

这样的表达方式，通过在"相互嘲讽和伤害"的平衡中保持了人际关系的和谐，通过相互贬低实现了相互不被贬低，通过相互不信任维持了一种相对持久的信任。很显然，在"隐遁的社会"中，这种隐喻和反讽不仅仅是一种语言表达方式，生活于其中的人们是在用这种方式叙说着自己独特的生存逻辑。

4. "陌生人"：文化的"外来者"与失败的交流

一种特定社会——不论是传统社会还是现代社会，人们交往所承载的内容——意义不是一个个孤立意义的存在，而是通过意义的背景被形成某种意义的图景。这一点被哈贝马斯敏锐地捕捉到了，他认为："我们生活的

生活世界给我们提供了具有绝对明确性的背景知识，但这种背景知识不必然指导或导致交往，不必然地提供我们交往所需要的知识，因为在生活世界中这样的背景知识往往都是不能被具有普适性和真理性知识规定的'非主体性'知识，而只是作为一种交往的潜在背景和前提条件而存在，这一背景知识要促成交往必须通过语言。依靠语言形成一种主体间的关系的实践。"① 但实际上，如果对哈贝马斯的观点做某种补充，则语言本身也不过是知识背景的一部分。语言的形成和被广泛使用恐怕是人类所有知识中最耗费时间的一种了。所以，我们的观念、习惯、传统乃至蕴含在一切知识背景中能被我们把握并熟练使用的意义，都必须依赖于一段很长的交往时间。也就是说，它们必须以时间作为自身形成的基础。这一观点肇始于埃利亚斯的"时间社会学"。"在这种社会学中，生成、过程和历时性被看作是人类生活的本体论依据。"② 在日常生活中，人们通过琐碎与不经意所建立的关系依靠的正是这种"时间社会学"的时间性与历时性，我们"文明的进程"③ 最终是通过时间来呈现的。时间让人们在交往中使用的意义具有了稳固性，从而使得社会和社会交往成为可能。因此，也只有在充分了解了这种建立在长时间、历时性"时间"基础上的稳定意义交往之后，也才能陈述并解释那个"隐遁的社会"。

"时间"是促成人们相互熟识的充分条件，但长时间的接触和交往并不意味着一个人能融入其所接触和交往的关系网络。一个如"斗蟋社会"这样经历了漫长时间洗练的社会，一定有其基本的原则指引，不了解这些原则，并按其指引行为，就可能永远是这个社会的"陌生人"。

根据齐美尔的观点，说一个人是社会中的"陌生人"，主要是看他在群体中的地位被这样一个事实所决定："他从一开始就不属于这个群体，他将一些不可能从群体本身滋生的素质引进了群体。"④ 上面提及的对师承的夸耀就是一个明显的例子，师承相对于特定的斗蟋圈子而言是外在的（斗蟋圈子本身就是由具有师承关系的人们构成的除外），不是从群体内部自然滋

① 哈贝马斯：《后形而上学思想》，曹卫东译，译林出版社，2001，第 75~88 页。
② H. Martins "Time and Theory in Cociology," in J. Rex, *Approches to Sociology: An Introduction to Major Trends in British Sociology* (London: Routledge and Kegan Paul, 1974), pp. 246 - 294.
③ N. Elias, *The Civilizing Process*, V.1: *The History of Manners* (Oxford: Blackwell, 1978).
④ 齐奥尔格·西美尔：《时尚的哲学》，费勇译，文化艺术出版社，2001，第 110 页。

生出来的。笔者就曾遇到过这样一个斗蟋社会中的"陌生人"。

"斗蟋社会"的呈现形态可以被描述为一些松散封闭的群体。但当深入调查真正了解这些群体之后，就会发现它们所谓的"封闭"只是针对"陌生人"而言的。它们的内部具有极大的伸缩性。如果该团体内成员的能力够大，成员的关系资源够多，那么这些团体几乎可以和全国任何想认识的斗蟋成员建立起社会关系。从这一方面讲，斗蟋的一个个小团队具有极大的开放性。但这种开放只是对斗蟋界的成员而言。由此围绕斗蟋的开放性也构成了其封闭性。对于不懂斗蟋的人来说，它们是"私密"和"排外"的。新成员的进入，除了内部成员的引荐之外几乎没有其他的进入渠道。但一旦进入其中的某一团体并能被接受成为其中的一员，那就可能意味着一个城市乃至全国蟋蟀界的团队和成员都有了向你开放的可能。在这个社会中，如费孝通先生所说，人们之间的关系是靠一根根私人的线连接着的。

在笔者决定开始调研的时候，正好处在非虫季，整个斗蟋社会及其成员消失得无影无踪。为了能够找到他们，笔者抱着试试看的态度借用了网络这种沟通和交流渠道。通过"中华蟋蟀网"加入了一个叫"中华蟋蟀群"的QQ群。出于一种语言、文化、地域熟悉程度以及容易接近程度等因素的考虑，笔者按照地域对群中的每个成员进行信息检索。最后笔者注意到有一个成员的所在地是济南。笔者给他留言，和他展开了对话。① 此人姓赵，他给我的回话有些让笔者喜出望外：首先他表达出了一种很愿意和笔者交往的愿望，另外他在介绍自己时，居然声称自己是济南现存斗蟋泰斗的徒弟。笔者感觉"隐遁社会"的大门向自己敞开了，因此和此人在现实生活中展开了一年多时间的交往。

---

① 笔者对这个"社会"以及社会中人的想法、行为方式等几乎一无所知。所以只能把自己"清零"，以一种完全无知和求教的态度去和对方交往。但后来逐渐意识到，自己的这种态度是不可能和其中的成员展开深入交往的，因为他们绝大部分都不想让自己成为一个对蟋蟀一无所知的人的老师。斗蟋社会是围绕蟋蟀展开的，如果你对蟋蟀一无所知，那必将意味着你能进入这个社会并理解它的可能性非常小。所以，斗蟋社会刚开始的交往在很大程度上要求的是一种围绕蟋蟀展开的"平等"的交往，在交往过程中随着交谈和了解的深入，如果某个人对蟋蟀的理解确实独特，并且在竞斗的过程中成绩骄人，那么人们自然会趋向一种"承认"的不平等。

这个人从开始和笔者见面交谈就非常"高调",对自己在社会①和斗蟋蟀界的定位非常高,② 同时对笔者的警惕性也很高。开始的半年多时间,他总是经常让笔者请他去其指定的地方吃饭,他很喜欢喝酒,或者说是酗酒。酒喝到一定程度就说一些个人素质如何高,自己在济南斗蟋蟀界地位如何高的话。处于一种对机会把握的考虑,笔者表现出了对他充分的"耐心"。可是逐渐地他开始追问笔者"玩虫"的意图,笔者坚持说就是喜欢,但是不懂,所以想找个人带领入门。他对笔者的说辞好像根本不相信,言辞中处处暗示笔者有不可告人的目的(他好像把笔者看成了公安局的"眼线"),并且要看笔者的身份证、工作证等证件……③

随着交往的深入,④ 结合这位赵老师自己的言谈,笔者通过倾听、比对、观察和分析大体了解了他的一些基本情况。他暗示其父亲是市教育局某位早已退休的领导,自己二十年前曾在某国有企业上班,后来和领导吵架愤而辞职下海经商,开过商店、做过买卖。但十几年前因为厌倦又抛开了自己已经做得不错的生意,开始了自己追求无拘无束、自由自在生活的旅程。而这些堂皇的言辞背后的事实则可能是这样的:二十年前因为某种

---

① 他没有工作,靠在国有企业工作的妻子的工资收入生活,但其父亲是教育系统的老员工——他住的房子也是其父亲在教育大院的房子,并且他妻子原来是农村户口,但得益于其父亲,他的妻子不仅解决了户口,还进入了教育系统的一个下属国有单位工作。他把这一切功劳都算了自己身上,认为是他改变了其妻子的命运,也改变了其家庭的命运。

② 后来随着笔者交往圈子的逐渐扩大,济南的主流蟋蟀圈子笔者基本都了解了,但是很多人从来没听说过有这么一个人。但他所宣称的自己的"师父",的确是济南蟋蟀界的一位前辈。从他的言谈以及后来他斗蟋蟀体现出来的竞斗水平推断,那位当时就八十几岁的蟋蟀界老前辈可能根本和他没有什么师徒关系,但他小的时候好像曾经和那位前辈做过不长时间的邻居。

③ 对于一个常年玩蟋蟀的人来说,笔者的一言一行都被看作完全的"外行人"。因为语言的缘故(绝大部分玩蟋蟀的人都说本地方言,而笔者说普通话),几乎所有的人对笔者都有一种不知来自何处的警惕。以后也证明,在笔者参加蟋蟀竞斗的过程中,很多人都把笔者当成"泄密"第一怀疑对象。这也确实在斗蟋蟀的圈子里引起过不小的误会。

④ 这种交往的深入不是出于一种人与人之间情意的加深,而更多的是源于笔者请他吃饭次数的增加让他产生的依赖感或"亏负感"。笔者和他的交往完全按照一种类似"各取所需"的路子进行着:他从笔者这里获得免费的吃饭、喝酒,同时获得了一个听他吹嘘自己的忠实听众;对笔者而言,为了进入这个社会,也把能在他身上的花销调整到了自己微薄收入的极限,同时作为一个倾听者,笔者在他一遍一遍重复的诉说中试图进入他的意义系统,了解他话语背后的社会性意义内涵。他把笔者叫到了饭桌上,而笔者让他躺到了社会学的"手术台"上。这种交往一直维持到笔者确信他只是笔者要了解的那个社会的"局外人"或"陌生人"为止。

原因从一不错的国有单位辞职——笔者怀疑他可能是在单位犯了错误或者是被开除而离开的；为了生计他可能经营过商店等，但从其浮夸、好逸恶劳和酗酒成性的表现推断，估计也没有经营长久，十几年就一直赋闲在家；他沉迷于网络，不斗蟋蟀的时候就买卖蟋蟀罐，可能会有不多的盈利；住在教育局大院可能是其父亲给其留下的房子里——他自己在外一直宣称自己是教育系统的人，过着所谓"自由"的生活。

其家庭支出，包括其玩蟋蟀和买蟋蟀罐子的钱完全来自其妻子一个人的工资收入。他妻子对其所作所为好像没有一点"火气"和怨言。正当笔者对此困惑不解的时候，他自己的炫耀给了笔者答案。

> 本来她是农村户口，我让老爷子帮她办成了城市户口，并且成为教育系统某国营单位的正式职工。她们单位现在工资和福利待遇都挺好，她现在工资能拿到4000多（元）……要不是我哪有她的今天，她的一切都是我给的，所以我做什么她都不会反对……

斗蟋社会之所以能让自己成为赫然独立的空间，"斗"是非常关键的。"斗"的背后是因为不服输所以要通过力量和能力的爆发分个高低上下。更何况从古到今，人们在小小的斗蟋身上承载了"忠""信""勇"等中华民族的儒家品质。而这位赵姓老师很显然把人生的诸多失败和不如意映射进了斗蟋游戏中，他幻想通过自己的某个"将军"或"元帅"的胜利，帮他把在真实的世界中失去的，在假想的蟋蟀竞斗中赢回来。当他以斗蟋蟀"老师"的身份带着笔者这个"新手"接触斗蟋社会中其所认识的有限几个人员时，[①] 笔者发现他与圈子中一些默会的技术和知识格格不入。

第一，关于师承的问题，师承作为一种外部先赋性关系，在斗蟋蟀的熟人小圈子的人际嬉戏中是排斥引入的。而那位"赵老师"好像对此完全无视，每次聊天必然把那位济南虫界的泰斗级人物搬出来，并且以他的

---

① 所谓"拜师"实际上没有什么规范的仪式，笔者只是真诚地表达了笔者想学习斗蟋蟀的想法，在经过半年多的考察之后，他说要收笔者做"徒弟"。但笔者知道，他所谓的收笔者为徒大部分是出于经济的考虑——笔者是他喝酒和虫友聚会的付款人。对于传统的师徒关系笔者是非常看重的，但是在当时的情况下，自己到处寻找那个"社会"而不得入，可谓寝食不安。建立这样的师徒关系纯粹是出于一种"研究"的需要。

"大徒弟"自居。① 他说的时间和次数多了，其他人每到这个时候都是端起酒杯以相视微笑、相互敬酒、转移话题作为对其说法的忽视和不屑。

第二，斗蟋蟀的圈子的社会关系是围绕蟋蟀竞斗发展推衍出来的。如果蟋蟀常年出将率低，竞斗场上总是败多胜少，那即使师门显赫也不可能为自己的人际位置赢得优势。而这位"赵老师"，经常带五六只蟋蟀打一百元的场子，最多一只占上风，很多时候是全军覆没。在一个圈子里大家都看得清楚，这么高的失败率说明他在蟋蟀选、养、斗的技术方面都不高明。这明显和其师承不符。久而久之，圈子里的人也就没人相信那种师承的叙事了。但是大家谁都不会点破，每次还是微笑着看他"表演"。

第三，在城市中斗蟋蟀的大多是社会的底层人员，但是这个圈子遵循的人际交往标准和原则并不是按一个人所处社会阶层和社会地位的高低，相反圈子中的人对那些宣称自己在圈子之外具有社会关系优势的人都非常反感和排斥。斗蟋是中国特有的一种社会嬉戏，这种嬉戏不允许先天优势者存在，它要求所有参与者必须平等，而即使有不平等，那优胜者也一定是建立在较高的斗蟋技术、技巧和出将率基础上的。另外，这种嬉戏的社会游戏要能长久地进行下去，大家对相互"人品"的认定是最根本的——没有人愿意跟一个成天想着耍奸使诈，眼里只有利益没有朋友的人在涉及利益的游戏中合作。

那位"赵老师"根本不知道遵从这些默会的知识背景和原则，每次在酒精的作用下不是标榜师承就是通过强调自己"教育系统管理者"——这一自己在虚幻中自我认定的身份——表明自己的社会地位比在座那些无业者、小贩等高。有时甚至直接表示对在座人的蔑视。这严重违背了这个圈子里的人际原则，甚至连最基本的社会交往原则也没有遵守。这一点让他和其他斗蟋界成员之间那私人连接的丝线彻底断裂。他不再成为任何人借以联系的节点，尽管还是可以在这个圈子里喝酒交谈，但大家都把其当成

---

① 这位"引荐人"在其酒酣时多次提到过他的那位济南虫界泰斗级的"师父"，尽管他每次都是为了抬高自己在虫界的地位，但笔者从他多次的描述中发现，他这个"徒弟"身份可能是自封的。那位玩蟋蟀的老前辈在他十几岁的时候和他做过邻居，他经常去串门，也偶尔逮着蟋蟀斗着玩。后来那前辈搬离了，在蟋蟀界也有了名气，他去过他家里串过一两次门，之后就没有联系了。但是他认定自己是那个前辈第一个徒弟——一个没有行过拜师礼的徒弟。很显然，这位"引荐人"是通过一种虚幻的自我认定来抬高自己。现在看来，他当时一起玩蟋蟀的那个圈子在斗蟋蟀圈子中也是非常边缘的。因为这个缘故，没有人有机会接触那位蟋蟀界的前辈或者其身边的人，因此对其说辞都不置可否。

一个"陌生人"。而为了维持自己继续可以在这个圈子里作为"陌生人"发言的资格，这位"赵老师"只能经常性地请客吃饭。应邀吃请者不再和他围绕斗蟋并按照斗蟋规则嬉戏。他们也和他一样开始在斗蟋社会之外那个不被在座所熟悉的更宽泛的社会中虚构并吹嘘自己的社会地位。这时候笔者清晰地感觉到，这些人虚构和吹嘘的能力并不比"赵老师"差。因为他们首先是"社会人"，① 然后才是斗蟋这一"隐遁社会"中的人。这时候，由于被表达的关系都摆脱了在场者熟悉的时空限制，大多数社会关系都变成了在虚假虚构基础上的吹嘘，"赵老师"的"吹嘘"逐渐被声音更高、底气更足的吹嘘盖过。他本来具有的那点优越感被荡涤干净。于是，吹嘘的碰撞和不能协调开始演变成借助酒精表达的不满和争吵。为了维持住这种关系，这位斗蟋蟀社会的"陌生人"和那些最底层的斗蟋者之间的本来应有的嬉戏关系变成了吃请。

"陌生人"反映了斗蟋世界中的接受、排斥和驱逐现象。被社会驱逐应该是社会对待个人最严厉的方式。福柯《疯癫与文明》中那些"疯子"实际上是"社会权力"以技术、知识和真理之名进行的社会驱逐。② 排除福柯知识考古中所描述的那种状况，在斗蟋这一生活世界中对一个人进行排斥和驱逐的现象是作为一种常态存在的，但是作为其中行动着的人，因为其行为实际上是出于一种主体间流动性的关系，③ 所以只要他愿意，一个人总能在该社会空间中找到自己的位置。社会对人的驱逐本质上是一种自我驱逐，所以当一个人被驱逐，其背后的含义是他自身拒绝学习这个社会要求其成员遵从的原则，而当一个人这样做的时候也就无异于拒绝进一步保持并建立和他人的关系。生活世界社会关系的特点有三个：时间的持久性、互惠性和非功利性。一个对时间没有很好理解的人、唯利是图的人以及在社会上对关系资源的维护出现亏空的人，最后往往会成为斗蟋社会中的"陌生人"。

---

① 这里的"社会人"是指生活在一个比斗蟋社会具有更宽广人际关系网络，具有更多样性原则指导的社会。市场逻辑、利益、金钱、自私、肆意吹嘘、算计和欺骗在这样一个原则多样的社会中更具有活力和土壤。

② M. Foucault, *Madness and Civilization: A History of Insanity in the Age of Reason* (New York: Random House, 1965)

③ Alfred Schutz, *The Phenomenology of the Social World* (London: Heinemann Educational Book, 1972)

现代社会和市场制度的安排以自由主义和个人主义为立基，它们运行的要件——契约——要求人们成为为自己行为负责的独立人，从而让人们从传统含情脉脉的连带关系中脱离出来，让人们从"共同体"的生活走向现代以金钱算计为手段和目的的生活。人类社会进入一种亚当·斯密所说的"全民皆商"的时代。人们原来的关系是"通过惯例和自然法联合起来的集合……（社会成员）他们的意志和领域在无数的结合中处于相互关系中，而且在无数的结合之中也处于相互结合之中"①。但是随着商品和市场逻辑的建立，"社会是由整个地球或者是一片有某种边界的领土来体现的。因为在这个概念里，必须不考虑人的相互间一切原始的或者天然的关系。建立一种关系的可能性无非是以众多的赤裸裸的个人为前提的……因此，所有的认同和所有的人的关系，在惯例面前和惯例之外，以及在每一项特别的契约面前和契约之外，可以理解为潜在的敌意或潜在的战争……在交往和商业里，一切权利和义务都可能归结为纯粹财富的规定和价值"②。这样的社会结构和制度安排为原来在生活世界中的"陌生人"找到了很好的栖身之所。在这种安排下他们无所顾忌甚至无赖般的行为方式，对那些在文化指引下行为的人来说，反而成了一种个人疯癫般英雄主义的叙事。

市场制度的安排和逻辑也往往意味着对人们建立在时间基础上的社会关系的破坏。这正如卡尔·波兰尼所说明的：社会总是试图抑制市场逻辑，市场逻辑为社会所包容的背后，实际上是二者产生了"脱嵌"。③斗蟋社会空间这种人际关系原则和逻辑——通过对其中的"陌生人"原则和逻辑的破坏者的深描，通过他们与生活于文化体内人的鲜明对比——无疑可以很好地映射出来。

四 "隐遁社会"的社会关系原则

卡尔·波兰尼引用诸多人类学材料说明：在那些运行良好的初民社会

---

① 斐迪南·藤尼斯：《共同体与社会》，林荣远译，北京大学出版社，2010，第87页。
② 斐迪南·藤尼斯：《共同体与社会》，林荣远译，北京大学出版社，2010，第88页。
③ Karl Polanyi, *The Great Transformation: The Political and Economic Origins of Our Time* (Boston: Beacon Press, 1957).

中，经济因素从来都没有占据过社会的主要位置，相反一直是处于非常次要的从属地位的。人们在社会生活中不仅不追求图利的效率，相反还通过各种方式破坏这种效率的原则。用经济契约原则来作为社会运行的指导原则在初民社会中也是从来没存在过的。尽管在初民社会中也有物品的交换，但这种交换不是按图利原则进行的，而是遵循一种互惠甚至利他的原则。任何图利原则的引入无疑都将对这样的初民社会造成毁灭性打击。① 波兰尼的人类学论述很显然受到他那个时代最伟大的人类学家马塞尔·莫斯（Marcel Mauss）的影响和启发，莫斯在其人类学研究中发现：在原始部落中物品的交换是服务于友善的人际关系的建立的，人们刻意压制关于图利的欲望，而采用一种礼物交换的方式进行物品的交流，接受礼物的人在接受了礼物的同时也承担了一种"还礼"的义务。来往的礼物流动的目的不是利益，而是人与人之间一种精神和道德的连接。所以人们交往中遵从的原则是互惠。②

1. 关系资源的透支与平衡

社会学中有关关系资源的研究认为，人既然是社群生活的，就一定要生活在关系网络中，而社会关系资源是一个人在生活世界中最重要的资源，关系资源丰富的人总能在社会中如鱼得水，关系资源稀少的人在社会情感和社会互助方面都会面临巨大的困难。③ 人们社会生活中的交往也是一个交换的过程。"在社会交往中，存在趋向于不平衡的张力，也存在趋向于相互性的张力……个体和群体对在投入和产出之间维持某种平衡并且不要在他们的社会交易中欠债很感兴趣……他们希望在他们的恩惠中达到一种平衡，并积累使他们的地位高于其他人地位的信用。"④ 笔者与那位斗蟋社会中的陌生人——"赵老师"的交往持续了五六个月的时间，其间因为斗蟋蟀的

---

① Karl Polanyi, *The Great Transformation：The Political and Economic Origins of Our Time*（Boston：Beacon Press, 1957）.

② Marcel Mauss, *The Gift*（Cohen & West Ltd., 1966）.

③ 具体可参见桑吉尔·戈伊尔《社会关系：网络经济导论》，吴谦立译，北京大学出版社，2010；刘军《法村社会支持网络》，社会科学文献出版社，2006年；边燕杰《关系社会学：理论与研究》，社会科学文献出版社，2011；林南《社会资本：关于社会结构与行动的理论》，张磊译，上海人民出版社，2005。

④ 彼得·布劳：《社会生活中的交换与权力》，李国武译，商务印书馆，2008，第64页。

关系，和他的大部分社会关系资源都进行了接触。① 在此过程中，他基本上是在透支自己的关系资源。② 他有一个被其称为"师弟"的斗蟋社会的朋友，本来他们可以很正常地交往，但他偏要以"师兄"的名义频繁地到那位"师弟"那里让其请吃。那位"师弟"是名下岗工人，家中拮据但是好面子，每次还要带他到相对有场面一点的地方吃饭。③ 但是几杯酒下肚，这位"赵老师"就开始轻蔑地列举人家的诸多不是。有一次酒后去其家中，居然说出"你看你穷得这个样子"的话，最后被"师弟"以拳头赶出了家门。

有一年虫季，他带笔者到济南东边去抓蟋蟀，我们到了一个村，该村一家三兄弟每天宴席轮流接待我们。后来笔者才知道他是在对方老人住院的时候认识他们的，他看到人家三兄弟孝顺就留下了号码，到了虫季就直接过去住到人家家里。三兄弟都有工作，老大还在一煤矿每天上夜班，但他以自己是省会城市来的，并且吹嘘自己是"教育系统"的人而显示出自己的高高在上，每天除了让三兄弟陪喝酒，还让他们每天晚上出一个人陪着他捉蟋蟀。三兄弟都是在中国乡土文化中长大的，也许书本知识不多，但对人情世故的谙熟绝不亚于任何一个城里人，他们表现出了足够的克制，把反感包裹在了礼仪性好客的笑容中。

在同一年，这位"赵老师"又到了另外一个好多年不走动的远房亲戚家捉蟋蟀（那里现在是山东的蟋蟀产地之一），当时这个远房亲戚在路边开了一家摩托三轮维修店，平时非常忙，而且正赶上家中孩子住院治疗，在照顾生意之余还要抽时间去所在市医院看望自己的孩子。而"赵老师"对此不以为意，不仅住在其家中天天要求酒菜招待，而且提出让对方晚上用车拉着其去抓蟋蟀……

斗蟋社会尽管是一个封闭和独立的社会空间，但是这种封闭和独立很大程度上是由于斗蟋蟀的专业性和国家对斗蟋涉及赌博的打击，并不是说该社会及其成员与外部社会隔绝，行为呈现明显的独特性。相反，该社会

---

① 在斗蟋的社会空间中，人们之间的关系是很严肃的，但是斗蟋之余很多人会聚到一起闲散地吃饭、聊天。笔者的很多资料都是在这样无意间获得的。这样的时刻是观察人们之间微妙关系的最好时刻，特别是中国传统中所说的"酒过三巡"之后。这时候常人方法学中的"破坏试验"会显示出其观察与捕获信息的优势。

② 对此笔者很不理解，不知是不是笔者作为观察者的在场激起了其"表演欲"。但在观察中，笔者注意到这种关系资源的过度使用，对他以后在斗蟋圈子中的立足的确是很具有破坏性的。笔者目睹了斗蟋圈子中他两个所谓的"朋友"和他"翻脸"的情形。

③ 在知道了他的家庭条件之后，笔者在场时都会主动和他在"争抢"中付账。

与其所在的更大的社会通过其成员成分和角色的多元性而发生着广泛的联系。更大社会的传统、习俗和行为方式很多时候为斗蟋社会的成员提供基本而且可共享的社会知识背景。在人际交往中，保持资源交换的对等性也是斗蟋社会成员非常强调的。一个总是透支自己关系资源的人，涉及的不仅是个人的交往和行为方式的适宜性，而且会被从人品和社会规范方面品评认定。一旦被认定为人品和遵守社会规范方面有问题，斗蟋社会中的成员会通过拒绝交往的方式对这样的人进行排斥。

在"场子"里斗蟋蟀不是单打独斗的事，而往往需要几个人合作。首先，关于蟋蟀选、养、斗的技术很少有人能做到全面——有的人能辨识蟋蟀但是不会饲养；① 有时间和饲养技术的人可能没有资金和渠道购买到很好的蟋蟀；有了好的蟋蟀，到出斗的时候可能找不到一个会"芡草"② 的；当这些都具备了，可能因为大家缺乏资金而使得尽管有好的蟋蟀但是没有足够的本钱押。所以各种要求注定了斗蟋蟀是一个团队合作的工作。但因为人的性格、脾性、行为方式、观念等的差异，这种合作肯定是一个不断熟悉、了解、体谅、认同和磨合的过程。斗蟋蟀的每个人都有自己的个性，这就注定了这种合作需要参与的个体不断磨炼自己的妥协、同情、宽容、不自私的品质。而这些也正是一个社会公民所应具备的一些最重要的品格。

在斗蟋社会中不同人的合作并不总是愉快的，但在"同情"的基础上，大家都能"移情"地从对方的角度考虑问题，所以，合作分手后大家在斗

---

① 蟋蟀的辨识是最复杂的一项技术，但是斗蟋蟀的人都说蟋蟀是"三分选，七分养"。之所以这样说是因为蟋蟀在被挑选的时候还都只是些幼虫，它们到出斗期还有 40 天左右的时间，这期间饲养不好会出现各种状况。有的蟋蟀须没了；很多因为性烈会撞破头；还有一些因为到了撒三尾（在蟋蟀罐里放雌蟋蟀）而不撒，或者撒了不合适，一些好蟋蟀会出现"自残"现象——把自己的腿咬下来。如果养不好，底子很好的蟋蟀到了 40 天后的出斗期可能就不能斗了。饲养的工作是一项辛苦而细致的工作，特别是在撒三尾之后。蟋蟀强调要"子午龄"，即要求中午 12 点和晚上 12 点分别让蟋蟀下一个龄，而且饲养者要等下完龄之后把三尾（雌蟋蟀）提出来。每天要喂新鲜的水食，每天反复如此。几十条甚至一两百条蟋蟀一套下来最少也要几个小时的时间。另外饲养的食物配料每个饲养者皆不同。很多饲养者根据自己几十年的经验摸索出了自己独特的配方，但一般都会保密。

② "芡草" 就是用特别的一种植物的毛尖"挑逗"蟋蟀以激发起其斗性，而斗性的好坏在实力差不多的两只蟋蟀之间，往往是决定胜负的关键。所以，越是级别高的斗场，对芡草师的要求越高。另外，芡草师也应该是一个辨识蟋蟀的高手，因为当双方的蟋蟀进入斗栅，大家开始"喊花""要花"的时候，芡草师往往要根据双方的情况决定"花面"的大小。一个应该输的竞斗，因为芡草师芡草技术的精湛而转败为胜的情况在斗场上经常发生。

场上或日常生活中相遇仍然是朋友。很多时候，在斗蟋社会哪怕很短时间的合作都能够被泛化到一个人一生以时间为基础的整个社会关系中。

一位济南的"军哥"①，自己捉、斗蟋蟀 30 多年，他有一次在一斗场里的一次感慨，形象地说明了斗蟋社会的关系变动样态。

> 咱（和另一个二三十年前就一起捉蟋蟀的斗蟋者）都玩（蟋蟀）30 多年了，各种情况都经历过，现在逐渐看开了。我玩虫（蟋蟀）这么多年，和数不清的人合作过，最后能一直合作下来的没有。和有的人的合作时间也就一两年，时间长的也就三五年。合作不来大家也不是敌人，我这几十年不论和什么人合作就做到一点：我从来不亏欠任何人，我也敢说，咱们圈子里没人说我占过人什么便宜。现在我斗虫上风多。②花面打不上去我就自己少打点。当然，对那些事儿多、小肚鸡肠的和他们的交往也就是一锤子买卖。交往总是双方的，咱们不图钱，但总要是个能交得住的朋友。那"老李"，原来斗虫乱押，每年都输几万块，这都是有目共睹的，后来说什么要和我一起玩，我就和他一起玩了两年，两年间光押我的虫每年净赚几万块。原来他成天吹嘘自己在医院多么有关系，去年我家里老人生病想让他帮忙，结果告诉我自己不认识医院的人。这也就罢了，你来看望一下也好啊，人家连个面也没露。就这品性我想想都觉得堵得慌。这样的人怎么合作？今年合作的这个小陈玩虫时间不长，他自己有车，我只要有事，人家随叫随到。

斗蟋社会是一个熟人社会，这种特点不是因为乡土社会中人们"生于

---

① 在济南的斗蟋社会中，就笔者所知被称为"军哥"的人不下三个，被称为"强哥""安哥""权哥"的人也在三个以上；那些所谓的"二哥""三哥""六哥"更是多得数不清；小辈一般用小名称呼，被称为"东东""强强""六子"的也都不止一个。每当他们谈论这些人物的时候笔者就感觉无比混乱。"军哥"大家经常说，笔者好不容易认识了一个被称为"军哥"的，结果下次斗蟋蟀或闲余交谈，当大家谈论"军哥"的时候笔者以为自己能对号入座，但实际上笔者认识的那个"军哥"和他们谈论的"军哥"根本就不是一个人。谈论者往往对"军哥"们都认识，但他们没有人刻意去加以区分——他们对交谈的对象及其交往圈子这样的谈论"语境"和"条件"太熟悉了。没有几年甚至更长时间的交往，对斗蟋社会成员这种"称呼"的指涉都搞不清楚的。

② 那天他带了三只蟋蟀三只都占上风。总花面在五六千元，他自己押花一千五六百元，其他都是朋友押花，其实押花赢钱也是一种人际关系中收受的"福利"。

斯,死于斯"的地缘限制,而是因为以下几点。首先是斗蟋本身需要很长时间的经验积累。在一个城市中,即使相互不熟悉,但是几十年如一日总是会在各种"斗场"以及收购蟋蟀的场合认识,甚至成为竞斗的对手,不论输赢,最后见面次数多了自然就能相互认识。其次是这个社会中"差序格局"式关系的社会交往结构和方式。一次"爆堂子"、一次赛场上的争执或意外事件会立即像一颗石子扔到平静的水面一样,成为整个城市斗蟋者的谈资。其中涉及的事件和人物,会很快被大家所熟悉。最后是师承,每一个城市的斗蟋社会就像一个"江湖",都有一些斗蟋的"名宿"以及其下的门徒,他们往往成为一个门派或字号。随着各地"蟋蟀俱乐部"和蟋蟀协会的成立,很多人在这些现代组织中结识并熟悉。由此,在斗蟋社会中,关系成为资源的一个前提是要经历时间的长期考验的,这一考验的过程实际上就是一个信用建立的过程。关系资源的维护成本是非常高的,因为在这一空间中一个人为了关系资源支付的往往是代表他"身家"的身份、人品、荣誉和脸面。一旦这些东西破产,一个人在斗蟋社会中也就"破产"了。这种逻辑背后的东西远远超出了市场经济中经济和利益追逐的意涵。但无论如何,与在中国传统社会一样,追求关系资源交换的对等和平衡是这一社会中交往的一项基本原则。

2. 关系连带中的"利他"与"利己"

涂尔干在理论上坚持社会优先性,其在《自杀论》中把"利他性自杀"看作为了社会的整体性而采取的个人行为,认定其背后的动力就是对社会群体的维护。在另一本书中他认为:"群体必须以个体为前提,反之,个体也必须以群体为前提,因为个体只有组成团体,才能继续生存下去……在我们的心中,存在着某种非个人的因素,因为某种社会的因素内在于我们每一个人。既然社会生活既包括表现又包括实践,那么这种非个人性就自然而然地扩展到了观念和行为上面。"[①] 在整个的调查研究中,笔者能时刻感受到存在于斗蟋世界中的利他主义。这种利他主义是否如涂尔干所认为的以"社会"或"集体"作为自己的归宿去付出和牺牲呢?不是的,在斗蟋社会空间中,人们更多地把利他当成一种礼物或者馈赠,用他们的话说是"缘分"和"情谊"。

---

① 埃米尔·涂尔干:《宗教生活的基本形式》,渠东、汲喆译,上海人民出版社,2006,第422页。

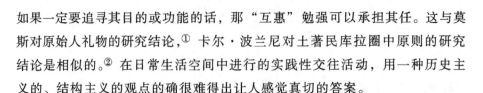

如果一定要追寻其目的或功能的话，那"互惠"勉强可以承担其任。这与莫斯对原始人礼物的研究结论，[①] 卡尔·波兰尼对土著民库拉圈中原则的研究结论是相似的。[②] 在日常生活空间中进行的实践性交往活动，用一种历史主义的、结构主义的观点的确很难得出让人感觉真切的答案。

斗蟋社会中的"利他主义"与社会关系交往中强调资源交换的对等相呼应。社会中关系的对等不是市场上的等价交换，因为这期间交换的不是外在于人的商品，而是依附并内在于人自身的很多东西——情谊、情感、物品（家传或者自己喜欢主观认为适合的）、面子、帮助等都可以成为交换的对象，但这种"交换"不是目的本身，人与人也不是单纯的商品和契约关系。交往始终围绕作为一个赫然独立于世间的独特生命体而展开。任何交往都要有一个场域和起点，现代西方经济学把市场定义为人在现代社会展开交往的主要场域，而把建立在算计理性基础上的利己主义作为交往的起点。当它这样做的时候，首先硬生生地把人从社会中拖了出来，把他塞入了市场；其次是把人的完整性割裂了，而把作为手段的商品交换当成了人关系建立的目的。这正是波兰尼所批判的"脱嵌"[③] 的核心意涵。实际上，斗蟋社会与费孝通先生所描述的乡土社会一样，人们交往的起点是利他，交往的目的是通过相互的利他建立一种平衡的社会关系，最终通过这种社会关系实现社会性——而非简单物质和商品性——的"互惠"。关系总是由一个想和另外一个人建立关系并能"同情"地理解另外一个人也愿意与之建立关系的人发起。由此，发起人自然不能想着——在实际中也不可能——从对方那里先得到些什么，他总是会以"利他"的行为表明自己的意愿，对方如果有同样的意愿，必然也会回以某种"利他"的行为，从而让双方的关系发展出第一个平衡的支点。一位叫"权哥"的斗蟋者表达了这样的观点。

---

① 莫里斯·古德利尔：《礼物之谜》，王毅译，上海人民出版社，2007。另参见马塞尔·莫斯《礼物》，上海人民出版社，2005。

② Karl Polanyi, *The Great Transformation*: *The Political and Economic Origins of Our Time* (Beacon: Beacon Press, 1957).

③ 卡尔·波兰尼在其《巨变：当代政治、经济的起源》中没有提及"脱嵌"的概念，但是他对市场脱离社会独立之后到导致严重后果的论证逻辑中已经非常清楚地具有了"脱嵌"概念的所有内涵，只是他没有用"脱嵌"这一概念表述罢了。他对"嵌入性"的考察也包含了对"脱嵌"的担忧。

现在年轻人玩蟋蟀的少了，我们这一代（50~60岁）人经历的事情比较多。现代年轻人活得轻松，考虑的事情少。但实际上生活在社会中怎么能不考虑别人的感受呢？谁不想从别人那里多拿点儿，但关键是别人也是这么想的啊。我原来在国企干，那时候让人讲贡献我觉得是对的。我们的机械行业为农业做贡献了，农业也在为我们提供口粮啊。同样道理，我们为别人着想，多为人家做一点，社会上的人不会认为这是理所当然的，他们肯定也要别人为自己贡献些什么作为回报的。以斗蟋蟀为例，我不可能和一个对蟋蟀一窍不通的人一起玩的，因为我们之间不可能有相互的合作和贡献。即使在团队里，每个人必须要有对团队的价值，否则这个团队成员迟早会出现不和。我不可能让一个人老在我的虫（蟋蟀）身上押花挣钱。他有了好虫也要考虑我。第一次、第二次我都让一个人押花挣钱了，但到了他出好虫时却让我靠边站了，这样的人我以后肯定不会搭理的。这个圈子说复杂也复杂，说简单也简单。总的原则是不能太自私。

笔者听完这位"权哥"的话感到很吃惊，因为这分明就是涂尔干在《劳动分工论》中要表达的思想。这位"权哥"不可能阅读涂尔干，但是他的观点和涂尔干的观点这么相似，说明他们的论述有一个共同的基础——立足于人性和社会交往基本原则的社会事实。

上海两个人，合作了将近20年，他们的特点是一穷一富。一个人不工作，平日没有什么固定的收入来源，但是从小喜欢在巷口斗蟋蟀，对蟋蟀的甄别和饲养、出斗都很有经验；而另一位自己做生意，玩蟋蟀尽管也有20多年，但因为自己工作（或者是悟性）的原因，技术不如前面那位专业。他们每年都一起去山东收蟋蟀，经商那位负责所有的费用，两个人收的蟋蟀统一放在比较穷的那位那里饲养（那位经商的专门出钱在上海浦东一个居民区租了一套住房供自己的那位朋友饲养蟋蟀）。到了出斗的时候由负责饲养的那位朋友决定每条蟋蟀要斗花面的大小，而经商那位负责花面的经费，输了全由他支付，赢了大家一人一半。当笔者问及他们何以能这么长时间保持亲密关系的时候，那位负责饲养蟋蟀的上海人很坦率：

因为我们都喜欢斗蟋蟀啊，都喜欢这种游戏啊。他做生意，到了虫季他是会放下手头的生意一定要去山东的，否则的话他一年都会感觉不舒服。我也是啊。我们就是规规矩矩按照玩蟋蟀的游戏规则玩。我们之间以及和斗场上的任何人不要阴谋诡计。我们从来不玩"药水虫"。我们相互认可对方的人品，相互信任。这就是我们能20多年在一起的原因。

斗蟋社会围绕着蟋蟀和斗蟋蟀千百年来建立了一套独特的游戏规则，这些规则的背后有社会行为原则的支撑。通过一种社会性嬉戏，斗蟋滋养并培育着嬉戏于其中之人的公民品格。

3. 情谊

人与人之间的亲情和友谊实际上就是一种特殊的社会关系的体现形式。给人们一个场域、一个引线人，人们就会像蜘蛛般"穿针引线"，以自我为中心，在不同的独立个体之间建立起如丝线般连的关系。当然这种丝线对对方的钩挂强度很大程度上取决于对方对你所抛出的丝线的回应强度。人们之所以回应，其原因很多，有的是出于利益的考虑，有的是出于对自我力量加强的考虑，有的是处于安全的预期，比较特殊的是出于一种情感——亲情、友谊和"缘分"。

在斗蟋这个隐遁的社会中，人们以虫会友。虫（斗蟋）是这一社会中人们建立社会关系的独特介质，在这种独特的介质上面，表面涉及最多的好像是市场经济所涉及的金钱，但是金钱一直没有成为这个社会中如市场经济中那样几乎万能的媒介，甚至它的媒介作用在此社会空间中被刻意压制。进而市场经济的逻辑也好像被一种无形的力量刻意压制。斗蟋者来自五湖四海①，互不相识，但是为了一种嬉戏，他们相聚，在相聚的过程中他们相互了解、结识，最后相互有选择地成为亲密或一般的朋友——其中当然不乏因为脾性不投而反目的。但总的来说，斗蟋这个隐遁的社会是一个由"朋友"构成的熟人社会。在中国传统乡土社会中，社会结构是一种

---

① 这一点特别明显地体现在收购蟋蟀的时候——全国各地的人聚集到一个地方。另外，现在上海作为全国斗蟋蟀的中心，全国各地的捉虫者、虫贩子、斗蟋者都会带上自己认为好的蟋蟀到那里去"淘金"。五湖四海的人由此因为蟋蟀而相聚、交往。

"差序格局"样式的。在这个社会中也是如此，只不过不同的是前者的一个主要的引介是亲情、地缘和血缘，而后者的最重要的引介是友谊和"人缘"。

要了解斗蟋这一隐遁社会空间中的人际关系情况，必须和其中的人结识，而要结识则必须经由一条如科林斯所描述的"互动仪式链"。在科林斯那里，整个社会被看作一个长的互动仪式链，由此人们从一种际遇流动到另外一种际遇。① 所以，即使对于已经身处网络之中的观察者而言，只能看到关系的下一个节点，而其他一些网络关联则是隐匿起来的。一个人所能看到的只是这个网络想让你看到的部分。

2008 年，当笔者还不懂蟋蟀的时候，就靠这一股闯劲参加了当时在崇明岛举行的全国蟋蟀大赛。当时自己与南通蟋蟀协会的会长只是在开幕宴的时候见了一面，并且除了互视微笑也没说什么，一场比赛完后他突然说要到笔者房间找笔者聊天。结果我们一聊就是一个通宵。笔者主要是充当了一个倾听者。他是南下干部子女，很小的时候父母参加革命南征北战就把他寄养在一个山东农民的家中直到其 9 岁。这也许是他对笔者这个山东人表现出特别好感和有兴趣的原因吧。

这种彻夜长谈，很快在促织园的小圈子里传开了。很多人都很感兴趣。有的会经不住好奇地问一句："你们真谈了一个晚上？"在他们看来好像有些不可思议，有什么话需要说一晚上啊？在这个沉默的社会中，它的表面逻辑是行动比言语更重要，但是后来随着笔者对这个隐遁社会接触的增多和深入，笔者发现好像正好相反，这个社会是那样地渴望相互交流和诉说。当崇明岛"促织园"斗蟋的人们对我们的彻夜长谈感到好奇的时候，更多的应该是一种羡慕和祝福的成分在里面，因为要不是两个人有很多话要说，要不是很投缘，怎么可能在一个陌生的环境中聊一个通宵？更何况第二天还有比赛。那次彻夜长谈本身，以及后来人们私下对长谈的善意议论，都让笔者感觉很温暖。它让笔者觉得如果自己只身在这样一个社会中生活，也不会觉得孤单。这种忘年交的友谊给人的感觉是那么厚实。因为距离的遥远不能经常见面，但是每到虫季，自己总是想起那位远在南通的"忘年交"。讲情谊，重缘分，是斗蟋社会中的一个原则。

---

① 兰德尔·科林斯:《互动仪式链》，林聚任、王鹏、宋丽君译，商务印书馆，2009。

结　语

　　哈贝马斯"将马克思的生产范式转变为交往行动范式，在这一理论框架下揭示出，为社会进步奠定条件的，不是社会劳动，而是社会性交往"①。他认为人们在交往中必然涉及交往的意义背景，而意义背景只有在生活实践中，在有所需求的人的语言和行动中才能被建构起来。哈贝马斯之所以关注语言和言语在构筑生活世界方面的基础作用，是试图克服福柯和布尔迪厄也一直在努力克服的问题：人作为主观与客观的综合体，他在认识自身以及外界事物的时候受现代科学理性主义的影响，无法回避地采用一种客观实体主义的态度。这其实让自我主体走向了自己的反面。前面提到，布尔迪厄采取的策略是让"主体隐退"到实践着的"场域"中；福柯的策略是让"主体死亡"于知识、真理和权力的共谋网络中；哈贝马斯的策略是让主体"人际关系化"——通过语言进入"交往行为"中。② 在此我们可以通过提问的方式展示哈贝马斯交往理论的内在逻辑。

　　我们明白我们生活并相互打交道是一个经验的事实，那基于此经验事实的理论问题是：我们何以能相互进行交往。哈贝马斯的回答是我们生活的生活世界给我们提供了具有绝对明确性的背景知识，但这种背景知识不必然指导或导致交往，不必然地提供我们交往所需要的知识，因为在生活世界中，这样的背景知识往往都是不能被具有普适性和真理性知识规定的"非主体性"知识，而只是作为一种交往的潜在背景和前提条件而存在，这一背景知识要促成交往必须通过语言。依靠语言形成一种主体间的关系的实践。③ 而这种关系实践的成败很大程度上又会依赖于主体间理解关系的建立，由此"交往行为合理性"概念成为哈贝马斯的另一重要概念工具。为了与彰显主体的目的合理性和工具合理性相区分——从而避免由于主体性的局限所产生的无法被克服的问题——哈贝马斯把他的合理性概念与现象

---

① 德特勒福·霍斯特：《哈贝马斯》，鲁路译，中国人民大学出版社，2010，第7页。
② 哈贝马斯：《现代性的哲学话语》，曹卫东译，译林出版社，2001，第345～352页。
③ 参见哈贝马斯《后形而上学思想》，曹卫东译，译林出版社，2001，第75～88页。

学研究中对相互理解的共同条件和价值规范的关注联系起来，从而让自己在交往行为理论基础上走向了"商谈伦理学"——让行为主体之间进行没有任何强制性的真诚的交往与对话，重构一种"非统治性"的社会。

对斗蟋这一生活世界中蕴含的逻辑和意义的理解，离不开其中实践着的行为、言语以及以言语为中介的互动。哈贝马斯认为，索绪尔以来的结构主义语言学把主体给淹没了。要摆脱这一状况必须对语言学理论进行"重构"并引入主体间性的观念，这一观念把人引向了实践着的交互行为。① 通常来说，人们都认为人的行为一定是有目的性指向的，哈贝马斯除了关注人类行为中的目的性行为②之外，还把言说的行为和"倾听"的行为与目的性行为进行区分，把前两者看成一种为了自身而存在的实践着的关系，这时主体："作为语言共同体中主体间所共有的生活世界的成员而相互照面……由于他们相互间（以语言本身——笔者加）达成了理解，因此，他们所追求的以言行事的目的，就处于客观世界之外，对于客观世界，他们采取的是一种观察者的立场，并且能够用目的行为深入到其中，因此，他们都为对方保留了一种超越的地位。"③

在这个"隐遁的社会"中所进行的正式或真正意义上的交流往往都是在注视中完成的。相对于作为观察者的注视，语言在很多场合会变成多余，甚至很多时候会收到不好的效果。在很多场合，成功的交流更多地依赖于沉默和注视行为以代替通常的语言。这一点印证了哈贝马斯所说的在生活世界中人们处于一种实践的主体间的关系之中的交往理论。但对于一个"外来人"而言，开始对这种交流方式进行正确的信息识别是很困难的。从此意义上说，当一个人进入这种沉默的交流系统并最终能正确识别其中每一种沉默与注视的含义的时候，也就意味着他获得了这一"隐遁社会"的"会员证"，真正开始被其他成员当作自己人。

---

① 哈贝马斯：《后形而上学思想》，曹卫东译，译林出版社，2001，第 42~46 页。
② 人的行为有目的指向性以及目的行为的说法本身显然是一种理性主义的后果，它显然有一种把人类行为目的化和实用主义功利化的倾向，而理性主义的这一指向解释了人类行为的诸多面相，但也引出了诸多对人类行为的误解和困惑，由此，理性主义也让自己陷入了困境。哈贝马斯以语言学为基础构筑交往行为理论的努力，在使理性主义摆脱自身制造的困境方面，可谓做出了富有成效的贡献。
③ 哈贝马斯：《后形而上学思想》，曹卫东译，译林出版社，2001，第 56~57 页。

第四章

嬉戏的"堂口"

人们抓捕、收购、饲养蟋蟀，前后历时近两个月，其过程可以用"艰苦"来形容。人们为何会不辞辛劳地从事这样一个高成本的社会游戏？现代被市场经济之"成本－收益"观念塑造的人们可能会说，斗蟋蟀的人之所以这样辛苦（付出很高的成本）肯定是因为蟋蟀能给其带来高额的收益。"斗蟋蟀"的核心是一个"斗"字，那么人们真的能通过"斗"或"赌"获得经济上高额的收益吗？对这一问题进行问卷调查，收集量化的数据给出答案是没有意义的。因为对斗蟋社会及其成员而言，"成本－收益"框架本身就是虚假的。这就好比我们问人们为什么喜欢下棋，为何喜欢打扑克，一群女孩子为何喜欢一起跳皮筋一样。这些活动本身是一种人类的嬉戏，"嬉戏"是对参与之人合作和社会性能力的训练，而不是简单个体性快乐的追求。由此，可以说社会性的"嬉戏"乃是基于嬉戏框架对框架所规定之快乐和目的的追求。斗蟋蟀是一项在中国流行了千百年的社会性嬉戏。人们为了"嬉戏"而参与斗蟋，而不是为了直到现代才产生的"成本－收益"的观念参与斗蟋，这是每一个深入嬉戏过程的人都能切身感受并能给出的一个答案。但"人们为什么斗蟋蟀"这一问题仍然没有获得回答。作为一项在中国盛行了千百年的社会性嬉戏，其答案一定要到人们的互动和关系结构中，到其所发挥的不可替代的社会功能中，到"嬉戏"本身承载的社会文化和传统中去寻找。而这样的寻找给出的答案很显然是社会学式的。

一　斗蟋的场所——"堂子"

九月中下旬到十月初，全国产自山东的大部分蟋蟀都到了出斗的时间。每一个斗蟋蟀的人历尽辛苦捕捉、收购、饲养蟋蟀，都是因为抱持着这样的幻想——让自己的蟋蟀在"战场"上过关斩将，最后被册封为"将军"、"元帅"乃至"虫王"，正所谓"养兵千日，用兵一时"。按照斗蟋社会中人们普遍持有之移情的想法，蟋蟀就是为了战斗而生的，在"战场"（堂子）上称"王"、称"将"就是它们存在的价值。当人们这样说的时候，实际上是把自己的很多想法和意义——诸如男儿当征战沙场——传递、转移给了蟋蟀。由此蟋蟀在"斗蟋"社会中具有了人和社会性的意义。而遍布在城市各个角落中供人们聚斗的"堂子"就成了蟋蟀的战场。这里的每一个人，也都成了战场"将士"战斗的观众、训练员和指挥官。"堂口""堂子""场子"，是"隐遁社会"中成员对斗蟋蟀场所的称呼。这些叫法和很多电影里的称呼一样。这种叫法是不是源于帮派，或者因为以前斗蟋世界就是一个帮派纷争的世界，现在已经无从考察。但现代社会更多地把斗蟋者看作游手好闲之徒。

一般来说，各个城市的"堂子"都是既流动又固定的——"堂子"作为一个斗蟋蟀的场所很少是固定的，因为这样风险太大，所以开"堂子"的"堂主"会经常变换场所；但一个城市中开"堂子"的人基本都是固定的。"堂主"的姓氏、外号等往往成为固定的"堂口"的名号。同时因为"堂子"常年开，其名声非常重要，有些"堂子"的堂主和气且管理有方，斗场的风气和秩序就会很好。好名声很快就会在斗蟋成员中传播，大家都愿意到这样的"堂子"去斗；反之，如果一个"堂子"管理不严格，导致"药水虫"和"白虫"泛滥，并且时常出现裁判不公的现象，那么它很快就会通过虫友的口口相传而"臭圈"。去斗蟋蟀的人会越来越少，"堂子"自然也就开不下去了。所以，"堂子"的运作遵从的不仅仅是市场规律，更主要的是传统文化中看重的长期形成的名声和信誉。斗蟋的世界是个熟人的世界，"堂口"的名声是跟着人走的，一旦"堂子""臭"了，那可能意味着某位"堂主"在圈子里很长时间或者永远没有再经营"堂子"的机会了。所以，一些名声好的"堂子"即使每年都变换地方，但只要堂主的名号在，不论地址变迁到城市的任何角落，堂主只要向斗蟋群体中的一两个发出"通知"和"邀请"，其他原来的"顾客"也都会准时"光临"。

1. 斗蟋的"市民堂"

京城中皇帝在宫廷斗蟋蟀。清朝时，八旗子弟也受到明朝文化的影响多喜爱斗蟋之戏。民间老北京城里把斗蟋蟀称为"京城雅戏"。据一些上了年纪的老北京斗蟋者回忆，在 20 世纪三四十年代，每年到白露，斗蟋蟀活动就开始了，北京四九城到处都有人设局斗蟋蟀。这种露天的堂子完全是市民自发的：约斗者自行负责事宜，由他约定比赛日期和地点（一般在某个公园或空旷地），发出邀请函，比赛前由众人推选出监局的、掌探评判的、负责给蟋蟀称重量的人。对于这些公证人的选择是非常严格的，一般要由大家公推产生，他们多为德高望重之人，很多都是在蟋蟀界闻名的"蟋蟀把式"。但最重要的一点，用现在的话说就是他们要经过"民主公选"产生，要得到参赛双方人员的认可。赛前双方谈好赌资，再由专人记账，比赛规则制定详细、过程严格，丝毫不亚于现代的任何竞技比赛。接受访谈的那位老人用"盛况空前"来形容当时街头巷尾斗蟋蟀的情景。

现在北京有蟋蟀专业群众团体，其注册会员只有一千多人，但根据其工作人员的保守估算，在北京"专业"斗蟋蟀的人数在十万人以上。现在他们大多聚集在各主要公园的某个角落，仍然按照传统"翘屁股"斗蟋蟀，"赌资"二十元到二百元不等。但别小看这些混迹于街巷、公园的斗蟋者，其中不乏斗蟋"高手"，也会有好的蟋蟀。很多在"大场子"扬威的"将军"都出自这些露天的"市民堂"。

上海自民国以来一直是全国斗蟋蟀的中心。因为远离政治中心，其对斗蟋蟀这种民间嬉戏的态度远较中国的其他城市开明。所以清末民初，北方社会和政治动荡，但上海相对稳定，而且经济发达，这为斗蟋蟀提供了较好的社会环境。根据上海斗蟋界一些老人口述，在旧上海，蟋蟀的交易主要集中在今天的福州路附近，当时的店铺、摊档数以百计，来自各个阶层、从事不同职业的人到了虫季都会云集于此，往往把摊位围得水泄不通。另外，还有城隍庙后面的蟋蟀市场，其规模不亚于前者，这是当时上海滩最著名的两大蟋蟀交易市场。蟋蟀交易发达，斗蟋蟀更是遍布弄堂。

"琛老师"是一位民间斗蟋人士，他是改革开放后山东最早去上海斗蟋蟀的人之一。开始和他接触时，其明显采用了一种"官方"观点——反对在斗蟋中加入赌博的成分。随着接触时间的长久和对他本人更深入的了解，实际上他是改革开放后通过蟋蟀"博彩"而最早获益的人之一。

> 笔者：您去过上海吗？
>
> 琛老师：我和李老师20世纪80年代初就去上海，那时候南方人很少有到山东收蛐蛐的，他们都还不知道山东蛐蛐厉害。斗蛐蛐那时候在上海很普遍，到处是在弄堂里撅着屁股斗蟋蟀的，我和李老师每次去，从下火车到宾馆这段路上，边斗边走，等到了宾馆我们两个的钱包就都鼓得（钱）塞不下了。我们就在旅馆里等上海人来挑，他们随便挑一条回去咬南方虫就如同砍瓜切菜……①

上海自清末民初以来形成了浓厚的斗蟋传统和文化。现代的城市设计让人类的居住空间更加透明化，过去在弄堂中几个人一翘屁股就可以围在一起"开斗"的情形已见不到了，随着现代化城市道路的拓宽，能容留市民"私密"嬉戏的空间反而变得狭小了。随着城市的发展、对效率的追求以及国家对聚众赌博管控的日趋严格，那种能悠闲地在弄堂中"翘屁股"斗蟋蟀的景象逐渐在城市中绝迹了。前两年在上海曾发生过这样的事情，有五六个斗蟋蟀的好友，因为楼房都拆迁了，以前的弄堂没有了，他们就相约在小区楼下的一块空地上斗着玩。花面就是10元、20元人民币，如果双方感觉蟋蟀都非常好才会斗到100元人民币。他们这样的"约斗"持续了几年时间，一直没有事。开始的时候居民好奇，后来知道他们涉及金钱就有人打110报警了，并且提供了手机视频材料作为证据。这几个原来在弄堂里每年都翘着屁股斗蟋蟀而安然无事的几十年的老虫友被带去了派出所，

---

① 这一段对话发生在认识他三四年之后，那时候几年的时间和他一起收蟋蟀，到了季节排斗蟋蟀。笔者往往把自己最好的蟋蟀无偿送给他。他知道笔者在了解关于蟋蟀文化的情况（但不知道笔者在做田野调查），因为建立了非常密切的关系，所以他对笔者几乎是知无不言。但逐渐笔者发现他的话有很多前后矛盾之处。这两段对话只是他前后矛盾对话中的一段。

不仅所有"赌具""赌资"被没收，还每人罚款 5000 元。

在山东济南也发生过类似的事件，济南"英雄山"的山根开阔处，市民们自然开辟出了一块地方，每到虫季，那些不去"堂子"的虫友就会聚集在这里斗虫。斗一个虫一般也就 10 元、20 元，也有一些人坚持只斗 5 元。这个市场自发形成并且延续了近 20 年，到了虫季很多退休无事的蟋蟀爱好者每天都在这里聚集。以致济南蟋蟀界称经常去那里玩的人为"山猴子"①。这么小的"押花"，大家都是图个斗蟋蟀带来的乐趣，很少有人想靠每次 5 元、10 元的"赌资"发财的。但"花面"小并不意味着没有厉害的蟋蟀，和北京的情况一样，很多大场子里的"将军"就是出自这样的市民小斗场。所以一些斗大花面的"大老板"也会经常光顾这样的地方。看着好的蟋蟀一二百元也就成交了。

这样的民间市场自我持续了将近 20 年，斗蟋蟀期间肯定会出现纷争，但一旦发生这种情况，所有围观者（大多是斗蟋者）都会踊跃出来当"裁判"，调节纷争，所以 20 年的时间也没出什么治安事件。可到了最近几年，随着新生代市民对"斗蟋"越来越不理解，但维护社会治安的"市民意识"却越来越高。所以一些不知就里的人也是在手机"视频取证"之后拨打 110 报警。频繁的报警让警界也不堪其扰，所以连续几年针对这样一个民间市场，当地一次动用几十名甚至上百名警力实施包围打击。但即使这样，现在那些无处可去的"山猴子"们照样聚集在老地方，只是在赢了 5 元或 10 元之后，他们会以非常快的速度交接，让人感觉他们就是相互伸了一下手。

从斗蟋蟀者的角度来看，他们觉得自己被监管得越来越严，而他们就不得不让自己越来越具有警惕心和自我保护意识，从而也就越来越"隐遁"。现在很多大城市的蟋蟀爱好者，都喜欢到相对偏远的农村弄堂开的正式"堂子"中嬉戏打斗，在那里他们感觉"更放心"。

2. 隐秘的"堂口"

那些高级别的蟋蟀往往都会被送到"大堂子"里征战厮杀。"堂子"的大小是根据蟋蟀所斗"盆底"以及"台花"② 而定的。全国各个城市因为

---

① "山猴子"一方面是讽刺这些人穷——穷得如猴屁股般光溜溜，另一方面是说这些人常年"驻扎"在山上下不来一样。

② "台花"就是斗蟋蟀双方台面上的"花面"（钱数），即斗蟋双方最后押的钱数。

经济水平的不一，界定大、中、小"堂子"的标准也不一样。比如在上海、北京、天津等地，下档300元起打，上档500元起打的都算小堂子，而在济南就算是"中堂子"，其"小堂子"的上下档一般为300元和100元（也有200元的）。上海的大堂子一般1万元或更高起打；而济南3000元起打就算"大堂子"了。起打价是双方只要开斗就要斗的最低数额，无论大、中、小"堂子"都是上不封顶的。所以很多时候在"小堂子"里100元起打的两只蟋蟀最后可能斗到上万元的情况也有。至于"大堂子"可能会斗到几十万元甚至上百万元。

老一辈上海玩虫名宿"小苏州"曾向上海一位虫友讲述他1932年11月在上海东方饭店参加的一次豪赌。当时上海虫界赫赫有名的洪老板，以贝当路（现在的衡山路）上一花园洋房做赌注，与专程从杭州来的阔佬金先生对垒，金先生则押上了西湖南山的一小楼。南方蟋蟀的泰斗级人物李嘉春在接受电视台"蟋蟀专访"时回忆：他小时候因为家境殷实，其父亲交游广，小时候就经常进出当时上海隐秘的"大堂子"。而当时上海最大的堂子就是老上海剧院。白天有梅兰芳在那里唱戏，晚上就摆上20多个大桌子成了当时上海社会名流斗蟋蟀的场所。这一场子类似现在的俱乐部，只有特定的名流参加。而当时上海滩广为人知的斗虫豪赌中心有三个：一是东方饭店（现在的工人文化宫）；二是老城隍庙湖心亭；三是兆丰公园（现在的中山公园）。

现在这样豪赌的地方仍然有，甚至数额也不亚于过去，但是都转入了"地下"，多为经常变动和隐秘的场所。这样的"大堂子"实行严格的参与成员审查和准入制度，一般人员是无法进入的。

济南有一个蟋蟀的老玩家，济南很多斗蟋者都知道他，但大家很少见到他斗蟋蟀。一个偶然的机会笔者去他家中和他聊天才知道他每年都去杭州斗"大场子"。他自己给杭州专门斗大场子的老板当"把式"——负责选蟋蟀安排出斗。

　　笔者：您现在每年都去杭州吗？
　　老玩家：我今年身体不太好就没去，要不你现在肯定见不到我的，我已经在杭州了。

笔者：那边（花）斗得大吗？

老玩家：杭州是全国斗花最大的地方，那里的大场子比上海的大，上海要斗大花的都去那边。

笔者：您在那边给他们干什么工作？

老玩家：挑虫子、审虫子都是我的工作，上场的虫子我会给他过一眼，把把关。我说不行的就不能上。

笔者：他们最大的（花面）打多少？

老玩家：那边很容易就上几百万（元）了，也有上千万（元）的。

而在济南斗蟋界一位60多岁的蟋蟀爱好者向笔者讲述了他20世纪80年代中期在上海见识到的"大场子"。

我每年虫季都自己下去抓蟋蟀，几十年了，到现在仍然如此。我这一生抓到过两只"虫王"级的蟋蟀。那时候闯劲大，有了好蟋蟀我就去上海，那边的人（上海的熟人）管吃管住接待的。大约是1986年，我被带着去了一个"大场子"，组织的人会让你在某一个固定地点等着，上车的时候按照以前说好的核实身份，他们有个名单，要一个一个核对的。名单上没有的不论是不是有"保人"，一律不准上车。一个能装四五十人的大巴车，上了车之后每个人都要带上眼罩，窗户也完全是黑的。车开了之后感觉就在市区里到处转，在确认没什么问题之后出了上海往外开。下车的时候也不知道到了哪里，周围已经停了十几辆大巴车。进了一个大铁门，感觉到了一个运动场，运动场有一半的地方都放上了斗蟋蟀的大台子。每个台子四角都站着四个壮汉……那一晚上组织者光收"堂子费"就收了30多万元，你想想总花面多大吧。

上海是中国"市民社会"发育最完善的城市之一。但随着城市的现代化，原来街头巷尾进行的嬉戏活动，现在已经彻底进入了一种"隐遁"的状态——随着普通市民"公民意识"的增强，他们一发现自己身边有什么"风吹草动"就立即举报。这让上海的"堂口"不得不更加考虑安全性。现在在上海、北京、天津和济南等地，别说是大的"堂口"，即使是小"堂口"没有熟人的保荐也很难进入了。

二 "堂子"的规则与结构

在"堂子"里斗蟋蟀一定是要赌钱的①，因为开"堂子"有成本，所以堂主会根据竞斗双方押花②数量按照每对蟋蟀打斗的5%或10%抽取"堂费"。各个城市一般将"堂子"分成大、中、小三类，其划分的标准就是每对斗蟋所押花面的大小。小"堂子"100元就可以开斗；但中"堂子"就有起斗"门槛"了，根据不同城市经济条件和不同的堂口"传统"，起斗数额从几百元到几千元不等；大"堂子"的起斗额一般在万元以上，根据不同"堂口"的传统，"大堂子"又有大、中、小之分。很多城市都有相对固定的知名"大堂子"，蟋蟀的起斗额可以达到十几万元甚至几十万元。全国各地最小的"堂子"一般都是100元起打，但"中堂子"和"大堂子"差距很大。在山东济南三五千元起打的已经算是"中堂子"，但在杭州、上海和北京等地可能只是"小堂子"，到了徐州、蚌埠、泰安这样的地级市就成为"大堂子"了。

各"堂子"的起打数额有下限（最低100元），但是一般都不设置上限。为了满足不同的需求，各"小堂子"一般又分为100元、300元、500元和1000元起打四档；"中堂子"一般会设置1000元、3000元、5000元起打三档；"大堂子"范围比较宽泛，1万元、1.5万元、2万元、3万元、5万元甚至更高都可以被设为起打档。设定不同的"堂口"和起打档是为了满足不同蟋蟀和斗蟋人的需要。经济条件不是很好的斗蟋者，一般会选择"小堂子"的最低档。如果蟋蟀在100元的最低档总能"清口"取胜，那么虫主可能会考虑升级到300元或500元档。一部分"大堂子"里斗"大花"的蟋蟀都是从"小堂子"里斗得好升级上来的。但这时候蟋蟀往往已经

---

① 也有一些不涉及金钱的比赛，比如朋友之间的友谊赛，这样的竞斗往往都是在某个固定的场所或者个人家里进行。但这样的地方不能称为"堂子"。

② "押花"是"押钱"的术语性表达。

"易主"，那些家庭经济条件不好的人，即使出了一个很好的蟋蟀也不会冒险去打"大堂子"的。因为大家都明白，你永远不知道你对手蟋蟀的品级，所以任何比赛胜败的概率总是各占50%。但总的来说，在"大堂子"里斗的蟋蟀其品级多比在"小堂子"里斗的蟋蟀品级高。

每个"堂子"一定有堂主，他负责提供蟋蟀竞斗的安全场所，召集、邀请斗蟋者，靠每对蟋蟀收取5%或10%的"堂费"赚钱。如果不出意外，一个虫季下来开个"小场子"也会有几万元的收入，大中场子的收入可以达到几十万元到几百万元。但因为斗蟋蟀涉及金钱的输赢，并且参与的人数一般都是10人以上，根据中国法律规定属于聚众赌博。所以一旦"出事"，堂主按法律规定是要承担刑事责任的。尽管参与斗蟋蟀的大部分都不懂这些详细的法律规定，但斗蟋蟀的人大多经历过"爆堂子"，所以也多对"堂主"的责任和风险了解得很清楚。因为这个原因，在斗蟋界很少有赖着"堂费"不给的情况。尽管"开堂子"几乎是无本生意，而且收入颇丰，但不是每个人都能开。有的人即使开了也不一定能开得长久。对开"堂子"的人来说，在斗蟋社会中的"人缘"、"后台"和"关系"很重要。他们往往是一些在斗蟋社会中有"脸面"的人。

关于中国人"脸面"的概念，胡先缙女士曾有过非常精辟的界定，她认为"脸面"是"借由成功和夸耀而获得的名声，也是借着个人努力或刻意经营而积累起来的声誉。要获得这种肯定，不论在任何时候自我都必须仰赖外在环境……（它）是团体对道德良好者所持有的尊敬：这种人无论遭遇任何困难，都会履行应尽的义务；无论在什么情况下，都会表现出自己是个正直的人，它代表社会对于自我德行之完整的信任，一旦失去它，则个人便很难继续在社群中正常运作，（脸面）不但是维护道德标准的一种社会约束力，也是一种内化的自我制约力量"①。

在斗蟋社会中，胡先缙所描述的"脸面"在让"堂子"获得声誉，成为斗蟋者争相前往的知名"堂口"方面的确有非常重要的作用，但是对"开堂子"的基本要求和正常维持运转而言，胡先缙"脸面"的这一层含义是远远不能支撑的。这正如黄光国先生所认识到的，中国人"脸面"背后

---

① Hu Hsien-Chin, "The Chinese Concepts of 'Face'," *American Anthropologist* 46 (1944), pp. 45 - 46.

是一场权力的游戏。① 在中国"差序格局"的社会关系结构中，一个有"脸面"的人不仅是一个有资源、懂人情的人，而且是一个知道如何利用它们的人。对斗蟋蟀者而言，"堂主"应是一个有能力为他们提供嬉戏庇护的人。

斗蟋蟀涉及赌博，而且是聚众赌博，所以每年虫季往往被各地政府定为可能危害社会治安的重点打击对象。但是仍有部分人员参与开设"堂子"，因为开"堂子"几乎是无本生意，而且收入稳定丰厚。

在操作规范的"堂子"里，"堂主"会出钱请一个"监板"② 专门负责斗蟋蟀的裁判工作。蟋蟀从开始称量、喂食、闷花、看虫到进入斗栅的芡草、碰头、别头、点牙、计时、判胜负等，有非常明确而严格的规定。"监板"必须对这些规定非常谙熟，并且要能灵活地根据一般的规定对蟋蟀打斗过程中出现的特殊情况做出让人信服的解释和裁判。"监板"解释和裁判的权威性很多时候受到自身在蟋蟀界身份的影响。一般来讲，"堂主"总会选一个被大家公认蟋蟀斗得好、草芡得好、人缘好、正直公正的人做"监板"，这样能减少很多斗场上不必要的纷争。当然，"监板"的社会力量也很重要，一个在社会资源方面没什么"脸面"的监板，即使兢兢业业也总会被不同的人指责和诟病。他本来公平的一个裁判可能会受到斗蟋者中强势一方的强烈抗议，甚至一个本来公正的裁判会在强势者的压力下改判。一旦出现这种情况，"堂主"就需要站出来作为临时"监板"说话。

面对一些特殊的斗蟋者，如果"堂主"和"监板"经常镇不住"场子"，导致时常发生一些偏袒的情况，受到不公平对待的一方在抗议无效的情况下就会选择下次或者以后不再到这个"场子"斗。在一个城市里，如果发生了不公正的裁判，它会在斗蟋界以非常快的速度传播开来。知道这一消息的人基本会选择不去这样的"场子"。由此，"场子"会因为没有"客户"而很快关闭。那些名声好的"堂子"一般都是其"堂主"和"监板"都有些"脸面"，要有一人能镇得住"场子"。但两个人的配合是比较

① Huang Guang-Guo, "Face and Favor: The Chinese Power Game," *American Journal of Sociology* Vol. 92, No. 4 (1987), pp. 944–974.

② "堂子"里斗蟋蟀一般都是在一个椭圆形塑料制成的栅栏里进行，中间用一个塑料挡板把双方分开，开斗的时候挡板提起来，之后挡板每落一次，就意味着有一方输一局。由此，挡板的起落意味着胜负，比赛双方对挡板是不能轻易触碰的。因此，斗蟋蟀的裁判都被称为"监板"，北方也称为"盖板"。

少见的，如果能在一起配合，那一般也是"股份合作"的关系而不大可能是雇用与被雇用的关系。有些小堂子的"堂主"为了节省开支自己亲自当"监板"，但这样做往往在发生争执的时候让矛盾失去了缓冲的空间，最终导致斗蟋"客户"的直接流失。

在一些"中堂子"以上的"堂口"，一般都要雇用一些维持秩序的人。"堂子"越大，表明斗蟋过程中押的花就越大，去的人员在经济实力上也就越强，从而他们的背景可能就越复杂。对一些突发和特殊情况，斗蟋蟀固有的规矩以及"堂主"或"监板"的"脸面"可能都无法摆平，而正好又有一方仗持自己打起来能占便宜而蛮横要赖，那维持秩序的人员就要以一种更加强势的姿态出面。笔者在斗场上曾经历过这样的事情：一个脖子上带着很粗的金链子，每个手指头都带着大金戒指并且长得粗壮高大的中年男子一晚上输了两万多元。说来也奇怪，那天他押的蟋蟀大部分是下风。他开始对"监板"大喊大叫，对对方虫主百般挑剔。最后有一条虫他押了一千元，结果一擦牙就败了。他开始对自己押钱这一方的虫主破口大骂，恨不得让对方赔钱。

斗蟋蟀的人大部分都是守规矩的人，并且这个社会的行动和语言逻辑是含蓄和委婉的。面对这样一个人，在座的利益无关者都保持沉默和观望。因为大家知道这是"堂子"的事。"堂主"正好自己做"监板"也不好直接面对面得罪。当谩骂再一次开始时，他开始不经意地拨弄电话①，不久一个"看场子"的青年冲了进来，②直接面对大家（实际上是针对那个特定的人）展开了训斥：

> 在这里就都给我老老实实规矩地斗蛐蛐，×××（脏话），装什么装！要装老大到别处装去，在这个"场子"里就都听"监板"的，给

---

① 应该是在发送信息介绍情况或通过短信的形式发出指令。

② 该"场子"有三四个年轻人是"看场子"的。一般情况下他们把主要的精力放在应对公安人员上，所以大多时候都是在"场子"外比较远的地方"放哨"，一旦发现有什么情况立即电话通知，这样也便于"场子"中的人采取逃跑等措施。有时候他们也有分工，一个负责在"场子"内"镇场子"。他们有一些砍刀之类的"武器"，一般在"场子"开门的时候故意把这些"武器"露一下。这些"武器"是"看场子"的基本工具，但从来没见过或听说过有哪个"场子"用过。因为一旦使用这些"武器"也就意味着"场子"开不下去了。

我放规矩点儿。瞎咋呼什么？这里有你咋呼的份儿吗……

当时整个"堂子"里静悄悄的，尽管"看场子"的没有指名道姓，但大家都知道在说谁。直到"堂主"阻止，那"年轻人"才停止了"指桑骂槐"的训斥。至此斗蟋蟀的秩序又得到了恢复。这些"场子"里"年轻人"的另外一个作用就是"巡逻"。"堂子"里斗蟋蟀进行的时候，他们三四个人会分散到"堂口"外几百米甚至更远的地方巡逻"放哨"，同时和在斗场里面的"堂主"用即时通信联络，一旦发现公安干警突袭或可疑人员会立即通知斗场人员采取紧急逃避措施。

斗蟋者在"场子"中的争论有至少五种解决的办法：一是严格按照整个斗蟋界公认的斗蟋规则行事；二是听从"监板"的裁判；三是双方对确实有争议的在认可规则的基础上协调、妥协；四是一方在"资源"和"脸面"上强势的让另一方做出让步；五是让所有在场的观看者和参与者作为裁判，大家对出现的争议展开讨论，最后由几个利益无关者协调做出裁判。对于斗场中斗蟋者相互之间肢体冲突或拳脚相加的情况，笔者在几年的调查中从来没有遇到过，只是有一两次听说在其他城市的"场子"中发生过。

斗蟋社会是个熟人社会，也是一个熟人在固定而明确规则下以蟋蟀为媒介展开的嬉戏的社会。这一社会崇尚说理和语言压制而不是身体暴力。在这一社会中，每一个人都可能和他人因为另外一个中间人的出现而突然成为朋友、师承甚至亲戚关系，语言上的任何过分和不敬都可以通过道歉的语言化解，但是身体的伤害却可能意味着社会关系的永久性损害。在一个大家都希望通过斗蟋蟀这一社会性嬉戏来增加社会联系，确定自我社会身份和存在感的社会，人们对可能对社会关系造成永久性损害的行为是极力抑制的。另外一个更为直接的原因是，斗蟋社会中不仅斗蟋的竞斗方法和规则被承袭下来，人们在其中应有的社会规范也被承袭下来，所以在这个社会中的人际关系结构是费孝通先生所描述的"差序格局"式的。在差序格局的社会关系结构中，关系的相对化使得处其中的成员没有绝对的强者和优势者。任何一个强者都不知道自己所面对的弱者是否有一个比自己强大得多的"后台"或关系资源。这样的人际关系结构辅以"信息不对称"，在人与人之间创造出了独特的相互尊重和平等对待的模式。这种建基于"差序格局"的关系结构模式迥异于西方个人主义基础上的平等模式。

三 "叫花"与"押花"

1. 过程

吉尔茨在其关于巴厘岛斗鸡的人类学调查中描述了人们围绕金钱而进行押注活动的场面。并把这种押注当成两种类型的赌博:"一种是赛圈中心进行的参与者之间的轴心互动性赌博,另一种是散布在周围的观众个人之间的赌博……第一种是集体性的……第二种是个体性的……第一种是经过精心策划的事件……第二种是近乎冲动的喊叫……最令人惊奇的是……在第一种赌博中,毫无例外的赌注的数额是对等的,而在第二种赌博中,同样毫无例外的赌注的数额从不对等。"①在中国,斗鸡、斗马、斗狗和斗蟋蟀都是人们熟悉的民间嬉戏活动,根据记载,斗鸡最早,在中国唐朝就已经盛行。斗蟋蟀在中国分布最广,从事这一嬉戏的人员最多。经历了千百年的洗礼,今天它仍然在民间长盛不衰。从《蟋蟀谱》等各种古文献考察以及年长者的记忆和口述,斗蟋蟀中的各种规则千百年来基本没变。而赌博规则无疑是斗蟋蟀中最为重要的。作为以某一活物为媒介的竞斗活动,并且具有差不多的历史,我们有理由类推其中的各种原则、具体规则及其社会意义具有极大的相似性。由此,斗蟋蟀中的博彩活动与斗鸡中涉及的赌博情形完全可以相互参照核对。

蟋蟀竞斗中的"押花"就是"押钱",每一个斗蟋蟀的人在到自己选择的"堂子"之前,就基本确定了自己的蟋蟀要斗之"花"的大小。到打100元的"小堂子"就是100元起斗。但100元起斗并不意味着竞斗的蟋蟀最多斗100元,而可能斗到几百、几千、上万元甚至更高。"押花"是人与人之间以蟋蟀作为中介展开的一场博弈。

> 一定别小看100块和200块的小场子,这种"场子"里的蛐蛐很

---

① 克利福德·格尔茨:《文化的解释》,韩莉译,译林出版社,2014,第500页。

多时候比1000块、2000块“场子”里的蛐蛐都难斗。去这种“小场子”的很多都是玩了一辈子的老工人，100块在他们那里比在那些大老板那里1000块、10000块都金贵，很多在“小场子”斗的蛐蛐，级别并不亚于“大场子”的。

这是一位50多岁经常在“小场子”斗蟋蟀的老玩家意味深长地对笔者说的一段话。他作为其中的一员对其中的情况很清楚。他以及其他很多在“小场子”斗的人，大多是为了向有钱且要到“大场子”去斗的“大户”卖蟋蟀。大多数时候，“押花”和“叫花”的意义在“押花”和“叫花”这一具体的竞斗环节之外。为了更好地揭示这一“深层游戏”，我们可以以在一个“小场子”展开的一场100元盆底的竞斗为例来说明。

在竞斗的前一天或几天，“堂主”要对一些自己认为熟络的人发出邀请。人员大体确定之后，参与的人都会向“堂主”询问参加人员的名字，这一“打听”本身就已经不是在斗蟋蟀而是在“斗人”了。斗蟋社会是一个熟人社会——人们几十年如一日玩斗蟋——逮蟋蟀的时候他们会遇到，收蟋蟀的时候会遇到，斗蟋蟀的时候还会遇到，即使没有遇到的也会通过别人之口知道某个人的存在。在这个社会圈子中，是不可能存在一个完全的陌生人的，即使是完全陌生，那么经过一两年的接触或者别人的转述，对方也一定会变成熟人。斗蟋是一种社会游戏，它具有游戏的特性，和一些不熟悉的陌生人玩游戏会因为陌生和不熟悉让游戏变得局促而没有趣味。所以，每年都和一些陌生人斗蟋蟀，在斗蟋社会中是不能被理解，也是不可思议的。为了适应这一特点，一般“堂子”都在城市的特定区域针对特定的人群开设，具有很强的地域边界性。上海、北京、天津、济南等地方都是如此。

这种地域的边界性甚至体现在对一个人的称呼上。当一个人被介绍的时候往往加上某城市某区或街道等地域的前缀。如：（上海）杨浦的“六子”、（上海）南翔的“小胖”、（天津）塘沽的“阿星”、（济南）槐荫的“胡子”、（济南）南营市街茭草的“秃头老二”、（济南）无影山开饭馆的“老四”、（济南）回民区的“许老三”等。一个几百万人的城市里得有多少“老五”“老四”“胖子”“秃头”啊！但是在斗蟋社会中他们通过区、街道等定位以后，是断不会被搞混认错的。

　　蟋蟀是要配对儿斗的，打听好了人也就知道了和哪些人"对"，和哪些人"不对"。一般特别熟悉的人"不对"。对那些在圈子里享有盛名，都知道其蟋蟀特别"硬"①的都尽量回避。②另外一些人在圈子里"虫品"③不好，这样的人也是要尽量回避的。参加人员的背景、实力、经济条件、可能打的花的大小等只要知道了参加人员的名字，每个人心里也就都会有底了。斗蟋蟀很多时候斗的不是钱，对一些人而言脸面更重要，比如一个人去年接连三只蟋蟀败给了某人，还受到了奚落，这种丢脸的事情是无法反驳的，只能忍着。来年他会准备三只最好的蟋蟀，就是为了和"某人"对上，争回自己的面子。而对方却不一定有这样的防备，所以找回面子的概率就非常大。就在这样的一来一往中，几年下来，敌对的两个人就发展出了某种"敌对的朋友关系"。

　　100元的"盆底"（100元起斗）真正100元开斗是很少的，如果真遇到了100元开斗的情况，如果不是朋友关系，大家都会觉得索然无味，因为斗蟋蟀的深层意涵——人与人智慧和实力较量的过程——"闷花"和"叫花"过程没有了。所以，绝大部分到100元、200元"小场子"里斗的人并不是真正想打100元和200元。他要看对方情况，临时决定要"打花"的数额。譬如轮到甲和乙两个人开斗了，他们没有一个人是只想打100元的，甲心里想打500元，而乙心里想打1000元。于是他们把自己的蟋蟀罐拿出来，放到斗栅的面前，这时候大家仿佛都知道对方的想法。一个好的"监板"对各自的想法要做到能明察秋毫。开斗前"监板"会问："双方有没有想法？"④这时候双方会僵持，并沉默几秒钟，如果双方都不往斗栅里倒蟋

----

① 蟋蟀比较厉害在虫界被称为"硬"，相反，蟋蟀每年在场上胜率低的，大家会说某某人的虫"软"。

② 这是一些斗蟋蟀之前要收集的基本信息和需要确定的基本策略。但也有一些常年玩蟋蟀的玩家就是喜欢和蟋蟀"硬"的玩家对，他们认为这才有意思，赢了才能彰显自己的水平。和一些大家都知道的虫"软"的人对着斗，即使赢了也没有挑战性而且不值得让人称道。

③ 有些人为了赢钱不择手段，习惯性地使用"药水虫"（给虫吃添加了"兴奋剂"的饲料）、科技虫（也称为"纳米虫"）、白虫（人工养殖的蟋蟀）。也就是我们通常所说的喜欢在虫身上做手脚。还有一些在斗场上找各种理由耍赖，不承认裁判结果等。时间长了，这些人都会被列入人们心里装着的"黑名单"。

④ "有没有想法"意思就是有没有再增加"押花"数额的想法。

蟀，很明显说明双方都有"想法"。这时候就叫"闷罐"，即双方都不愿意让对方看自己的蟋蟀。花打得越大，对自己蟋蟀越有信心，"闷罐"的情况就越频繁。实际情况是，没有人会带一只连自己都没有信心赢的蟋蟀到斗场上去，如果那样做不仅输钱，而且会丢面子。所以，大多数情况下大家都会"闷罐"。"闷罐"并不是双方都捂着罐子不说话，这时候语言的表述和应对会把一个人的"沉稳""机智"抑或"急躁""木讷"等性格呈现得一览无余。

"闷罐"的双方都清楚地知道自己的底线，但对方的蟋蟀怎么样？其想要打多少却相互都一无所知。"闷罐"的过程考察一个斗蟋者的综合素质。他必须根据自己的经验在没有看到对方蟋蟀的情况下做出一个对对方蟋蟀情况的基本判断。否则如果蟋蟀斗输了，输的不是蟋蟀和钱，而是人。这毫无疑问是一场人与人之间关乎经验、性格、理智、头脑反应和勇气的小型博弈。"闷罐"总是要有一方先说话的，下面对话就是一个比较典型的"闷罐"喊花的过程。

甲：我这条（只）从来没见过蛐蛐，是纯"毛口"。① 就是100块出来试个口。

乙：100块谁不是"毛口"出来试个口的？要不我们就打个"盆底"？（他说这话的时候往往会不自觉地紧紧捂着自己的蟋蟀罐）

甲：我们这边一共三个人，100块钱没法分，我们打200（块）吧，输赢我自己那100块都不算了，给两个一起来的兄弟。（这时候他会把目光转向围观者）一共200块，一个人60（块）没法分。

乙：我们这边也是三个人，这样吧，我们就打300（块），正好一人100（块），多一分钱也不加了。

甲：刚才一个自己的兄弟说要加进来100（块），这样我们400（块）倒虫，多一分钱也不打了怎么样？

乙：不行，就300（块），多一分也不打了，我这是"毛口"，可了不得。

---

① "没见过蛐蛐"意思是从来没和别的蟋蟀"对打"过。"毛口"也叫"生口"，就是从来没斗过，第一次上场对阵的蟋蟀。

甲：我也是"毛口"，400（块）不是我一个人打，我们兄弟一个人打 100（块）。

（这时候乙会和身边某个人交头接耳说两句话）

乙：我们三个人就打 300（块），刚才有两个兄弟说要加进来 200（块），这样我们最多 500 块，我倒虫，多一分不打了。

甲：行，我们都照顾一下，500（块）就 500（块）吧。弟兄们多，的确没法分。

这样在双方都没看到对方蟋蟀的情况下，100 元起打的一对儿蟋蟀，"闷花"就到了 500 元。这一对话中双方都要隐瞒自己蟋蟀的实力，极力用"毛口"来给自己做掩饰。到最后看似甲达到了自己预期的 500 元，这一轮胜出。但实际上，他在无意中可能为后面"外花"的"叫花"带来困扰和危机。

乙的预期是 1000 元，他尽管没达到自己的目的，但是他采取了一个果断"倒虫"的动作。① 尽管甲方也同意 500 元开打，并且和乙一样倒虫，但是乙在动作上的先发制人向人们表明了自己的"劣势"。尽管甲找借口接受了乙提出的 500 元，但这种"慨然"的接受被认为是蟋蟀强势的一种表达。预期打 1000 元的乙最后呈现的是弱势，而预期打 500 元的甲达到了自己的目的，但是传达了一种"强势"。这一表达本身就让甲处在了非常不利的地位。因为他们细微的动作和言语内涵都会被围观的人以一种固有的方式捕获、分析并做出判断。表达的差池可能造成信息传递的错误，从而让周围的人在押"外花"的时候做出误判。

蟋蟀倒入斗栅之后，不仅虫主双方，全场的人都可以靠近审视双方的蟋蟀。看完虫后，虫主双方在充分审视对方蟋蟀的基础上，根据新的判断开始第二轮"叫花"。"监板"在宣布审虫完毕后为了更多地"押花"会说一些煽动的话："一对儿好虫子。双方有没有想法？"这时候如果甲认为自

---

① 在"闷花"的过程中大家捂着罐"叫花"，如果一方想继续要花，而另一方不想要了，那么不想要花的一方要先把虫子倒进斗栅中。这时候继续"闷花"的人就可以先看到对方的蟋蟀，如果看完对方蟋蟀后他感觉自己蟋蟀的优势明显，那么可以继续"闷罐"要"外花"。

己的蟋蟀好，可能会继续按照上面的方式"委婉"地要花。如果乙也认为
自己的蟋蟀好过对方，那么乙1000元的预期实现的可能性就会很大。但如
果甲认为蟋蟀差别不大，或自己这一方的蟋蟀"长相"比对方差，那么甲
可能会理性地中止继续"叫花"的进程。这时候"监板"会宣布乙方"有
花"，甲方"无花"。此时"外花""叫花"才可以开始。

　　严格来说，"叫花"（有时候也被称为"喊花"）和"押花"是蟋蟀开
斗之前进行的合二为一的一整个过程。如果把该过程分开进行，"叫花"就
好比做买卖之前双方通过出价进行的讨价还价，而"押花"就是讨价还价
之后的签合同或付款行为。在实际操作中它们是紧密联系在一起、一气呵
成的。"叫花"的同时也意味着"叫花"一方的"押花"。譬如说出来要打
500元，不管对方应不应这一数额是不能再变更的，因此，喊出500元的人
在"叫花"的同时也是在"押花"。但"叫花"有另外一层含义："监板"
在双方确定对等的金额后会继续"叫花"。比如双方确定都打500元，这时
候"监板"为了提高数额会继续问："打600元怎么样？虫主只打500元，
有没有'外花'？"这时候没有人要"押花"，"监板"为了提高两只蟋蟀的
打斗数额，向双方虫主以及围观的人喊出一个超出既定值的数额，好比拍
卖中的喊价。

　　吉尔茨在斗鸡的"深层游戏"中把其中发生的博彩行为分为两种：一
种是内部的；另一种是外部的。从斗蟋蟀这一游戏的深层理解来类推，他
可能因为没能长时间参与对整个"喊花"和"押花"过程的观察而在理解
上出现了偏差。斗蟋蟀这一游戏和斗鸡一样，"叫花"和"押花"的过程分
为"内花"和"外花"两种。"内花"是针对虫主（鸡主）设定的，而
"外花"是为围观者设定的。"内花"相对于"外花"具有优先权。以上面
的例子来说，当对阵的双方虫主相互"叫花"的时候，周围的人只是静悄
悄地观察和旁观，他们这时候是没有"押花"的权利的。当500元的花定
下来，双方和周围的人看虫以后，虫主双方可以继续相互"喊花"。如果甲
认定只能打500元，而乙认为可以打1000元，那么他可以通过"监板"向
周围的人"喊花"。这时候可能会出现如下两种情况：一是如果围观者有5
个人决定每个人押甲100元，那甲就和乙持平了，总"花额"是1000元；
二是如果围观者有六个以上的人，每个人押甲100元，而乙认为超出了自己

的预期，那么他对超出的部分可以"不接"，让其直接进入"外花"。这时候想押乙的围观者就可以"接花"。于是整个"喊花"和"押花"的过程转移到了虫主以外的人员并在他们中展开，从而进入"外花"的"喊花"和"押花"阶段。

外花的"押花"有两种形式，第一种是人对人押。譬如押乙的"外花"有10个人，每人100元，总花面是1000元，那么甲方也必须有1000元的等额花面对应。如果甲方有5个人，每人100元，那甲方的花面就少于500元，这时候"监板"就会向准备支持甲方的围观人员"喊花"。如果再没有人"接花"，那乙方只能让500元撤出，这时候大家一般会相互谦让，但原则上是按照"喊花"的顺序，从后往前退钱。这时乙方退出5个人，正好是一个人对一个，只要认准了"押花"的人就不会出错。这是最简单的一种人对人的"押花"形式。

很多时候，每个人出的数额并不相等，比如甲方只有一个人"接花"500元，而乙方有三个100元的，两个200元的，还有一个300元的，这样乙方比甲方多出500元。在"押花"顺序无法确定的时候，一般情况下会让押乙方300元的退出200元，押200元的各退出100元，再让押100元的退出一个。至于三个人中谁退出，可以由他们三个人商量决定。大多数情况下大家会谦让着退出，但也有时候大家都不愿退出，这时候一些有发言权并且大家都比较熟悉的老玩家就会出面"调停"。最后总能在争论中达成妥协。这样那个押甲的人就要面对对方5个人，他自己要认准哪5个人，否则的话就可能会出现不认账的情况。

在"外花"达到成千上万元的时候，在混乱中对错人的情况时有发生。但最后通过大家的核对和交谈总体的对应总不会错。因为不管是"内花"还是"外花"的"押花"过程都是在全体斗蟋人员的注视下完成的。即使因为个别情况的混乱某个人"成功"赖账。但实际上肯定有某个人非常清楚地知道他"押花"的情况，即使当时没有指出，这种事情也会很快在圈中传开，那个赖账的人会为此付出沉重的社会关系资源丧失的代价，甚至会被斗蟋蟀群体列入"黑名单"。

譬如，在很多人"押花"的情况下，张三押了500元对应了对方四个人，结果张三押的一方赢了，但他没记住对应的是哪四个，只收到了400

元,李四"喊花"的时候自己押了100元,但就是赖账不想出了,说自己没押。这时候张三也没有办法。但是因为"押花"是在大家众目睽睽下进行的,很多情况下会有人清楚地记得"李四"押了100元并且对应的是张三。那个清楚记得这一事实的人如果是"李四"的朋友,那即使他不会当面指出并为他保守秘密,也会逐渐远离这样的人;如果不是他的朋友而和张三的关系比较近,那么他可能当面把自己认定的事实说出来,即使李四矢口否认,大家心里也都会立即明白;即使不当面说出来,也会在茶余饭后对这一事情进行谈论,该消息在斗蟋蟀圈子里的传播速度会跟其他事情一样快。"张三"的人品很快会贬值到连100元都不值。所以很少有人这样冒险。吉尔茨对在斗鸡中混乱的外围赌博押钱不出错感到非常惊奇和不能理解,[1] 很大的原因是他在斗鸡进行文化研究的时候,只是关注了人类学文化的意涵而没有关注建立在时间基础上关于"熟人社会"的社会学意义上的文化。

在熟人社会里,每一个人都被编织在一张网中,一个人的偏离行为会引起整个网络的震荡。如果这个人的偏离行为在理念上违背了整个网络得以维持的总体原则,那么他很快会发现自己在不知不觉间被弹到了网络之外。具体而言,他会发现突然没人邀请他斗蟋蟀了,或者突然之间在"押花"的时候人们宁愿退出也不愿和他"对花"了。在斗场上这样做是一种明显不平等对待的排斥行为,往往会导致争议,为了防止类似争议的发生,更主要是为了防止因为混乱而出现的"押花"对应上的混乱,"监板"必须眼观六路,耳听八方,并且认人、记人的能力特别强。哪一个人押了多少,其对应人是谁,所有"押花"人的顺序等都要在很短的时间内牢记于心。很多场子上的"监板"尽管有的没上过什么学,但是沉着冷静、有条不紊,并且一晚上丝毫不出错的能力真的让人佩服。每一个人在他那里仿佛都是自家亲戚或兄弟那般清楚。这样的"监板"不在少数,他们是这个社会中成员的一个缩影。他们几十年如一日地生活在这个社会中,就如同我们生活在一个大家庭中一样。当我们惊诧于他们的丝毫不差的时候,在他们看来可能就像别人惊诧于我们对自己大家庭成员一言一行辨认得丝毫不差一

---

① 参见克利福德·格尔茨《文化的解释》,韩丽译,译林出版社,2014,第503~508页。

样，本身就是一件让人不能理解的事情。

也有很大一部分"监板"做不到记清楚每一个人，为了防止"漏花"或最后有人赖账，就采用另外一种直接收钱的方式。"监板"头脑清晰一些（但自认为没有记住所有人能力的情况下）会把甲、乙两个对阵双方的钱都收起来，等比赛完毕按照各自"押花"的数额返还或扣除。大多"监板"会让对阵的双方选出一个大家都熟络的人，钱和"押花"的情况都由这个人负责。当然如果出了状况"监板"就不再有责任，而完全由该"负责人"承担。

"外花"叫完，双方都无应对了，并不意味着"叫花"和"押花"结束。"监板"会接着问："双方虫主还有没有想法？"这一问就意味着进入到了"放扣""逼花"阶段。经过"内花"和"外花"的"押花"，双方的蟋蟀在斗栅里的大小、皮色、动态、长相大家都已经了然于心了。两个蟋蟀不可能让每一个人都感觉旗鼓相当，肯定有的人感觉某一方的"赢面"（取胜的概率）明显大一些。而另一方蟋蟀会让人感觉各方面都处于劣势。以上面的例子来说，如果本来计划打1000元的乙感觉自己蟋蟀明显"赢面"大，所以想再多打一些。但甲的预期是500元，本来打的花就少，加之他也不可能看不到自己的蟋蟀处于劣势，这时候再让他加花显然不可能。这种情况下乙就会"放扣""逼花"。

> 乙：我今天就带了这一条（只）蛐蛐，好几个人都想多打点，再加点儿？
> 甲：一分钱不加了，加一分也不打了。
> 乙：五打四放一个。①

---

① "五打四"就是五百元打四百元，即作为"放扣"的乙方，如果他的蟋蟀赢了，甲方给他四百元，如果甲方的蟋蟀赢了，则他要给对方五百元。关于"放扣"的比例，吉尔茨在关于"斗鸡"的调查中也特别提到过，他描述说："有一种固定的众所周知的赔率范式构成赌金比例的连续系列，从赔率最小的十比九到最大的二比一，即：十比九，九比八，八比七，七比六，六比五，五比四，四比三，三比二，二比一。"他的这一"放扣"方式和斗蟋蟀中呈现的不同。这可能和钱币的计算方式及其购买力不同有关。以前人们普遍贫穷而钱币的购买力强的时候，以一元对八角的比例也有，但在中国目前斗蟋蟀的"放扣"中，多数情况下是以100元为单位。如十比八（化约为五比四）即五百元打四百元，十比六（化约为五比三）即500元打300元，十比五（化约为二比一）即200元打100元。也有五比四，即500元打400元，八比七，即800元打700元的情况，但是比较少见。另外二比一的比率也不是最低的，五比二的比率在斗蟋蟀的时候也会出现，尽管不是很常见。

　　（如果甲方不接，那么"外花"可以进入把放出的这个"五打四"
接走。乙方如果想继续加花可以对"外花"不断放出多个"五打四"，
直到"外花"再没有人接为止。如果甲方接，那任何"外花"都不能
进入了。）

　　甲：不要。

　　乙：五打三放一个。

　　（这时候和上面的情况一样，甲方不接就给"外花"。）

　　甲：不接，这不是一对儿蛐蛐，没法接。开始吧……

　　（这时候如果乙方还没有达到自己想要花面的要求，那么它只能继
续"放低扣"。）

　　乙：二打一放一个。

　　甲：行，二打一接五个。

　　乙：有了，① 二打一再放五个。

　　……

　　乙方"放扣"是属于主动"进攻"的一方，但因为"二打一"是一个
具有很大诱惑性，也具有某些羞辱性的"放扣"比例，所以很多时候作为
"接扣"的甲方可能反过来成为"进攻者"。如甲方宣称要接 50 个"二打
一"，这意味着甲方要 5000 元打乙方 10000 元，乙方的风险骤然增加。反而
会让他犹豫不敢再接。

　　虫主双方"放扣"和"接扣"结束后，围观者之间可以在"外花"范
围内相互之间分成两个阵营继续"逼花"和"放扣"。这样一轮下来，本来
双方打 100 元的一对儿蟋蟀可能"花面"会达到几千元。

　　"喊花""押花"和"放扣""逼花"是斗蟋社会中的成员互动最频繁、
最直接的时刻。这种互动是围绕"钱"展开，它通常被看作是"赌博"行
为和过程的真实展示。但从文化社会学意义上进行"深层游戏"的考察，
就会发现其成员的每一个行为都不是简单关于"钱"的喊叫、报数、传递
和收敛，即他们的行动不是机械的，而是有机的，是饱含着具有整体性和

---

　　① "有了"在场子中是一种确认，意思是"我接了"。

社会性意义的。他们通过"钱"这一媒介，用看似简单机械的行为在重现、巩固和构建人与人之间的社会关系。这样一种行动的过程及其结果的不断重复，就是斗蟋这一社会性嬉戏可以流传千百年的秘密。由此，用"深层游戏"的方法展示"喊花""押花"和"放扣""逼花"这一过程的文化社会学意义是"破译"斗蟋社会运作逻辑的重要一环。

2. "喊花"与"押花"的文化社会学解读

"斗蟋蟀"存在的大环境是传统性而不是现代性的。[①] 其成员之间的关系不是现代社会"陌生人"间的关系，而是熟人关系。在提及费孝通先生的"差序格局"时，我们大多通过它来作为静态地理解中国传统社会结构的钥匙，然而其所具有的动态构建能力往往被我们忽视。费先生曾说："我们社会中重要的亲属关系就是这种丢石头形成同心圆波纹的性质。亲属关系是根据生育和婚姻事实所发生的社会关系。从生育和婚姻所结成的网络，可以一直推出去包括无穷的人，过去的、现在的和未来的人物，我们俗语里有'一表三千里'，就是这个意思。"[②] 在斗蟋蟀的社会中，人们可以通过一个个人作为节点，不断编织嬉戏的社会网络空间。该网络的大小可以覆盖一个城市、一个省份甚至全国。在此网络中生育和婚姻关系是不被特别强调的，"蟋蟀"和"斗蟋蟀游戏"取代了"生育和婚姻"的位置。人们因为蟋蟀而聚集，通过斗蟋蟀的游戏相互了解、认识、推荐、介绍——辅之以时间的漫长性，这使得人们居然能在一个几百万由陌生人组成的都市中相互熟识，即使从未谋面也能"久仰大名"。斗蟋社会中的成员通过"差序格局"的关系结构构建方式来建构彼此间的社会关系，从而在陌生人构成的社会中靠个人的能动性塑造了一个能彼此接近的"熟人社会"。通过斗蟋蟀这种流传千百年的社会嬉戏，中国人创造出了一种与现代制度塑造的生活方式相对抗的生活方式。或者严格来说，斗蟋蟀的人们在现代社会中

---

① 传统和现代的交织，在这样的传统游戏参与者身上是不可避免的。但这种传统与现代在游戏者身上的交织与碰撞我们可以专门讨论。在对"斗蟋蟀"这样存活于现代社会的传统社会嬉戏进行考察时，我们应该更关注其传统性对参与者的影响，并把这种传统要素与参与者的互动抽取出来，在理论的帮助下形成某种"理想类型"，这也许会对理解人们的特定的行为更有帮助，即当我们对"斗蟋蟀"这一游戏进行传统文化社会学的解读时，应尽量摒除现代的观念和影响因素，让其以一种被"纯化"的"应然"状态呈现出来。

② 费孝通：《乡土中国 生育制度》，北京大学出版社，1998，第26页。

顽强地保留了一个传统社会生活的空间。

在对巴厘岛"斗鸡"这一民间嬉戏的深度观察中，吉尔茨认识到了在人们"叫花"的过程中也有"内花"和"外花"之分，他把其定义为"中心赌博"和"周边赌博"，他认为"周边赌博（则）完全是另外一回事，它不像中心赌博那样严肃和信守约定"。[①] 他在此明显忽视或者没能做到"移情"式理解传统"熟人社会"的特点。"'我们大家是熟人，打个招呼就是了，还用得着多说么？'这类话已经成了现代社会的阻碍。现代社会是个陌生人组成的社会。各人不知道各人的底细，所以得讲个明白；还要怕口说无凭，画个押，签个字……乡土社会里从熟悉得到信任。这信任并非没有根据的，其实最可靠也没有了。因为这是规矩……乡土社会的信用并不是对契约的重视，而是发生于对一种行为的规矩熟悉到不假思索时的可靠性。"[②] 离开了对熟人社会这一语境的认识，从"外人"的眼光看围观者的"外花"的确只是口头的一一对应，有不严肃和不信守承诺的可能。但是如果真的进入熟人社会进行文化社会学的解释，我们会发现"周边"的赌博和"中心"的赌博一样，不是仅仅围绕钱展开的。在竞斗中如果钱成为目的，那么在没有规则约束的情况下，竞斗就具有了让人变得不诚信和违规的内在动力。

所以在吉尔茨看来，没有约束的"外围"会出现不守信用的可能——在很多人且又嘈杂和混乱的情况下，一个人和另外一个人以"招手"的方式对应了100元，等比赛结束了，输的一方完全可以不承认，拒绝向赢的一方支付这100元。如果离开了"斗鸡"和"斗蟋蟀"的整体文化语境，这完全是能够成立并且值得担忧的。但"斗鸡"和"斗蟋蟀"这样的游戏是在某种前现代的传统语境和文化中展开的。"钱"和"赢利"的原则不是这种社会的主导原则，参与"斗鸡"或"斗蟋蟀"并遵从其固有的规则，从而享受整个竞斗嬉戏的过程本身对参与者而言才是最重要的。一个人为了一个次要的手段性的东西毁坏主要的游戏规则，甚至最终毁坏游戏本身，这对于一个真正在特定"斗鸡"和"斗蟋蟀"文化传统中嬉戏的人是不能被理解的。理解传统的文化，我们必须能做到像生活于其中的人那样"移

[①] 克利福德·格尔茨：《文化的解释》，韩莉译，译林出版社，2014，第501页。
[②] 费孝通：《乡土中国 生育制度》，北京大学出版社，1998，第10页。

情"于他们，才能对他们的行为做出文化社会学的解释。

吉尔茨在"斗鸡"中把"内花"和"外花"看成是两种不同类型的赌博，如果"斗鸡"和"斗蟋蟀"作为传统的民间社会嬉戏可以对比的话，那吉尔茨可能又出现了一个理解上的"偏差"。"内花"和"外花"是整体的"押花"过程。"内花"涉的"鸡主"和"虫主"是主体。① 没有他们，整个竞斗的嬉戏就失去了载体，所以他们理所当然享有各种优先权。而周围的参与者从获益角度讲，如果赢了，那就是"不劳而获"。所以他们在"内花""花面"得到满足的条件下才能参与。或者一方"花面"大，而另一方无法提供，这时候"外花"可以进入帮助那个"花面"不足的，这在斗蟋蟀界被称为"帮花"。"鸡"或"蟋蟀"的主人付出了成本，他们受益的要求必须首先被以一种较为严格的方式和规定来满足。不管在"斗鸡"还是"斗蟋蟀"中，其裁判和"监板"的主要工作就是作为证人保证"鸡"和"蟋蟀"主人的利益——包括"帮花"的"花面"要进入"内花"也受到严格的监管。"外花"是外围参观者没有成本的嬉戏，其大多是"民主自决"性地决定和哪个人"对花"。结果出来之后自行负责结算。但这并不意味着它是两种不同类型的赌博。从斗蟋蟀"喊花"的多轮过程可以看到，"内花"和"外花"是随时互动的。它们作为一个整体共同构成了整个嬉戏的"押花"过程。

"喊花"、"押花"和"放扣""逼花"过程不是简单围绕"钱"的赌博行为过程，而是具有深刻社会意义的社会关系再造过程。这一过程如果从"深层游戏"来看待和审视，也是整个斗蟋游戏中最"精彩"的部分，其"精彩"不是因为其呈现的过程，而是因为其在激情的嬉戏中所爆发出的关于人的社会性意义。"喊花"、"押花"和"放扣""逼花"好像只是关涉金钱和金钱的数额，但这只是表象，从深层来看其所"押"的完全是金钱之外的东西——是蟋蟀，更是人。

可以把斗蟋蟀这一社会性嬉戏看成生活于这一社会空间中的人在"政治"、权力、社会生活应遵守的规矩和理性等方面的"沙盘演练"。

---

① 选、养、训斗鸡的过程可能比选、养、训斗蟋的过程还要艰苦，作为主人，他们都有优先从自己训练的对象——"鸡"和"虫"身上优先受益的权力。并且一旦取胜，所有的荣誉都是属于他们的。

斗蟋社会是一个可以让人们在其中自由嬉戏的日常生活空间，它通过给自己制定的规矩排斥了现代科层、行政和政治权力可能对其的管控。正如费孝通先生所言："在一个熟悉的社会中，我们会得到从心所欲而不逾规矩的自由。这和法律所保障的自由不同。规矩不是法律，规矩是'习'出来的礼俗。从俗即是从心。换一句话说，社会和个人在这里通了家。"[①] 斗蟋社会中的规矩是在时间基础上通过一次次在群体中通过言语、争执、权利和理性的较量而逐渐习得的。这些规矩构成了传统的外显形式，它对陌生人仿佛很冷漠和难以捉摸，但是对生活于其中的人却总是能提供一种亲切感。又因为它内化于每一个人，所以当一个"陌生人"、"外来者"和"不懂规矩"的人突然闯入时，他会很快真切感受到那种由人通过暗含讥讽的语言、莫名其妙的眼神、怪异的笑声来实施的规矩的压力和惩罚。

　　规矩的内化需要很长时间的学习，在完全参与调查的前两年，笔者自己清晰记得在"押花"上"违反"过两次"规矩"，并且两次违反规矩的行为类型一样，所受到"规矩"之惩罚也几乎一样。有一次笔者由熟悉济南各中小"堂子"的"邓兄"带领着去一个打 500 元和 1000 元的中等"堂子"斗蟋蟀。有一对儿蟋蟀 500 元起打，有一方花喊到 1500 元时，对方就没有花了，双方花面有 300 元的差额，"监板"喊了好长时间，好不容易从"外花"凑了 200 元，剩下的 100 元"监板"怎么喊也没有人应了——在"中堂子"内喊到 1000 多元就没有花的情况是非常少见的。笔者趴上去看了看，用自己的眼光感觉对方的蟋蟀不错，不知为何没人押了。所以笔者就喊了一句："我押 100（块）。"本来很简单的一件事，大家好像突然愣了一下，两方芡草的[②]不约而同地把头转向笔者并问道："这位小兄弟和谁一起的？"

　　"邓兄"好像显得很尴尬，但笑嘻嘻地和大家说："这是自己的小兄弟，他刚玩儿，不懂蛐蛐。"说完他朝笔者挤了下眼睛。笔者自己感觉既尴尬又

---

① 费孝通：《乡土中国　生育制度》，北京大学出版社，1998，第 10 页。

② 在蟋蟀斗场上芡草的大多是虫主本人，虫主"打草"水平不行的，一般会在团队里找一个"草师"，"草师"不仅要打草好，还要在"喊花"、"押花"和"放扣""逼花"方面经验老到，能做到掌控全局。

糊涂。正感觉下不来台的时候，一个围观者叼着烟笑眯眯地说："谁说人家不懂蛐蛐，我看小老弟眼光就挺厉害。""邓兄"仍然笑嘻嘻地打圆场："各位包涵着点儿啊，这不是没'花'吗，小兄弟把'花'凑上也省得耽误时间，开打，开打。"

结果笔者押那只蛐蛐和对方一搭牙就调头败了。"堂子"散了后那位"邓兄"和笔者说：

邓：你刚玩蛐蛐，这里面水挺深，你一时半会儿搞不清楚，以后我让你押你再押。

笔者忍不住好奇地问，那蛐蛐怎么可能一搭牙就走了？

邓：他那蛐蛐牙上已经有伤了。你没发现500元的"盆底"恨不能1000元都打不起来？这里面有道道儿，斗蛐蛐不是表面那么简单，人都在里面耍心眼儿。你对那些人都不熟悉，所以不知道他们那些小算盘，我们（指着身边一起同去的）认识他们（场子里斗蛐蛐的其他人）十几二十几年了，有的二十冒头（20多岁）就一起斗蛐蛐，恨不能光着屁股一块儿长起来的，每个人的做派、人品、玩蛐蛐的水平大家都相互知道得清清楚楚，他们一撅腚，我就知道他们要放什么屁。今天他们是做了个局儿。

另一同行的人"插话"：今天好几对儿蛐蛐明显都是局儿，都是做给那"老朱"看的。

同行的第三人：哪年他们不摆这么几场，今天弄得太明显了。

紧接着他们聊起了"红毛老六""回民赵四""天桥的法老二""南新街的黑子"等好多人物。当他们谈及这些人和他们的故事、行为方式时，这些难记的名字和事件在他们那里和几十年的生活故事一一对应，可以说是如数家珍。笔者坐在那里却越听越糊涂，因为对一个"陌生人"来说，这些名字本身就是些符号，而且是些非常容易混淆的符号。另外他们在提及名字的时候，大多把前缀定语都去掉，直接用"老四""老五""老三""小胡子"这样的代称。笔者认识的每一伙儿人几乎都有叫"老四""老五"的。"邓兄"一伙人在交谈的过程中，当说"老三"的时候，有时候是一个人，大多数情况下不是一个人。只搞清楚这些"小名"和"代称"就需要一个"外来人"花好长时间，并且如果你不去和那些"小名"和"代称"亲自接触，他们对于你来说可能永远都意味着是一个符号。

谁做局？为什么做局？向谁做局？怎么做的局？笔者终于忍不住把自己憋着的困惑都问了出来。

"做局"一说是他们说出来的，但是经笔者这么一问，他们几个好像都面露难色和尴尬。

那位"邓兄"看了一眼同行四人中一直没有说话的那人一眼，突然像打圆场一样地说道：

> 兄弟你刚玩，这里面的门道太多，蟋蟀很简单，但是人太复杂，今天我们不说这些，别学我们这些人，都是认钱不认人的。

说完他又看了那个一直不说话的中年人一眼。
那人像是有心事一样，跟着接话说：

> 哥几个在一起也不是一年两年了，刚才邓哥也说了，别人的一举一动在我们这里是鲜亮的，我们的一举一动也瞒不过别人，但是作为兄弟，每个人都有自己的难处，大家相互体谅一下。今天我请哥儿几个喝酒。兄弟，今天这事儿你刚来也弄不明白，你也一起啊。我们一起好好喝一场。

因为有酒喝了，其余人跟着一阵哄笑，大家好像有意把话题转到了其他话题上。笔者意识到可能问题不是自己想得那么简单。为了弄清楚"做局"的内幕，三天后笔者准备了一份"厚礼"——一斤茶叶、两瓶好酒、一只"邓兄"看上的已经走了三路①的蟋蟀。中午的饭局（访谈）持续了四个多小时，他详细给笔者介绍了他理解和观察到的所谓"做局"。让笔者

---

① 蟋蟀每胜一场称为"走一路"，因为蟋蟀很少有败了再上斗场的情况，所以说"走了三路"就是已经连胜了三场没有败绩的意思。

第一次感受到了斗蟋蟀这一嬉戏不是真正的蟋蟀之斗，而是人与人之间的"明争暗斗"或说"斗智斗勇"，是一场人与人之间几乎可以涉及人的所有方面，比如权谋、金钱、理性、友情甚至仇恨等的较量。

> 邓：兄弟，我和你说，"押花"押的不是钱，傻瓜才去押钱。"十赌九输"，老辈告诉我们的都是千真万确的。你可以去打听打听，有几个靠斗蛐蛐能赢钱的。有极个别的哪一年赢了个两万、三万（元）就觉得了不得了，开始吹牛皮。但你问他三年、五年、十年，看看有几个说自己挣钱的！"押花"是个大学问，自己不了解的虫子（蛐蛐）坚决不押。

> 笔者：怎么可能啊？你和别人斗蛐蛐，怎么能知道对方的蛐蛐？

> 邓：你必须得知道啊，我们这些人都不是大款。你也看到了，500元的盆底能打到一两万元，虫主自己一般都"挺"（押的意思）两三千元，这种情况都说自己虫子（蛐蛐）是"毛口"，但谁会真的拿条"毛口"上去冒险？说"毛口"那是骗傻瓜的，都是些前两三路"清口"（轻松取胜的意思）的虫子，对这样的虫子都要记住。

> 笔者：场上那么多虫子你都能记住并认识？①

> 邓：差不多，只要上一两路清口的虫，我都能记住。虫子是谁的，它以前的情况，虫子一下去（下到斗栅里）立即就有数了。这时候你才能决定押谁的、怎么押、押多少，不是胡乱押的。但很多时候在场上要看人押虫。一般来说，任何"场子"里都会有两伙人，"自己人"是不和"自己人"对的。所以在称虫、对虫的时候就要看好哪些虫子

---

① 能把每条斗场上取胜的蟋蟀记清楚，几年前对笔者而言简直是不可想象的。作为一个调查者，自己感觉能记住那些陌生人的面孔，对上他们稀奇古怪并且极为相似的名称已经是非常困难了。对于极为相似的蟋蟀能像分辨人的脸一样分辨出它们的样子的确是一种超人的本领。最主要的是这种记忆要在打斗的十几秒甚至几秒钟内完成。因为所谓"清口"的蟋蟀，就是能在斗栅内碰头一口取胜的蟋蟀——时间前后也就几秒钟。到目前笔者基本也能辨识蟋蟀了，但是让笔者做到这一点再有十年的工夫怕也做不到。所以笔者想如"邓兄"这样的人，在认蟋蟀的时候一定把蟋蟀和人勾连了起来才能做到对蟋蟀精准地定位。如"赵四"的"黄大头"（一种名虫），"王五"的那条"白牙青"等。毕竟一个人一年出两条"清口"的"黄大头"和"白牙青"的概率很低。一件神奇的事，的确需要漫长的时间了解之后才能"祛魅"。

是我们这边的，哪些是对方的。"押花"的时候，都押"自己"这边的，如果明显看到对方虫子好，"赢面"大的，那你可以不押，但不能押对方。押了对方大家会看笑话的。

"邓兄"这一段话突然让笔者意识到了"游戏"的含义。任何游戏都是竞争性的，总要有两帮对立的人进行比赛。在斗蟋蟀的"场子"里，是没有"主持人"或某个人出来把人分成差不多的两部分的。这突然让笔者意识到：在每次开斗之前差不多半个小时到一个小时的时间里，人们利用称重、给蟋蟀喂水、喂食的间隙相互"递烟"、打招呼、握手，不认识的相互引荐介绍，一些看似很相熟的人从进门就开始"咬"着耳朵窃窃私语。带笔者进"场子"的人会逐一把笔者介绍给一些人，很多人会过来和笔者的引荐人打招呼，顺路问一句："这位小兄弟是？"然后引荐人赶紧介绍一番。开始，笔者认为这都是些无意义的寒暄，是打发斗蟋蟀之前无所事事的无意义行为。当笔者和"邓兄"那次聊天之后，在以后的观察中笔者逐渐认识到，蟋蟀打斗开始之前的这一段交流非常重要。它要确认如下几点：今天哪些人来了；哪些人是"自己人"，或者说自己属于哪一伙；"场子"里有没有陌生面孔①或需要特别注意的方面；"自己人"和对方所带蟋蟀的情况，"自己"一方的"名将"和对方可能再次出场的上一场表现优秀的"名将"的情况。当把这些信息充分沟通之后，他们断不会出现如同笔者一般"押错花"的情况。

有时候"场子"里的人员并不能必然地被分为两帮，总有几个人不属于两帮中的任何一帮，那么这几个人要么是"孤胆英雄"，要么就是大家笑眯眯看其吃亏和出丑的"傻瓜"了。参加斗蟋的每一个人的每一次"喊花""押花""放扣""逼花"根本不是其所呈现的情景性、随机的行为，而是一些非常有目的性和针对性的行为。

"邓兄"的"提点"也让笔者一下明白了"场子"上的一个怪现象："押大花"的人都不看虫。一般的"场子"都是一张大桌子，桌子周围一

---

① 在斗场上斗蟋蟀的人都非常警惕，很多人去了先要看看有没有陌生的面孔，然后打听清楚这"陌生面孔"是谁带过来的，如果对带其来的人信不过，那么他们为了安全起见一般会选择"撤虫"走人。

圈最多也就能坐下 20 来个人，大部分都是一层一层在后面围着，最后面的都踩到椅子或板凳上看。"斗栅"在大桌子的正中央。正常的视力即使坐在最里圈，对蟋蟀的头、项、翅、腿等细部也看不清楚，而只能看到一个大概，在第二圈和第三圈就只能看到黑乎乎两个黑影了。笔者发现虫子倒入斗栅之后，很少有人凑上去看的。偶尔有几个人凑上去看，那些吞云吐雾的老玩家们反而笑眯眯地把他们当成了审视对象，眼睛全盯到了那几个趴到斗栅上看虫人的身上。负责"茨草"的更是让出位置，在这些人翻来覆去认真端详的时候，和周围的人眉来眼去，轻蔑和揶揄之情溢于言表。

"你趴着看了那么长时间，虫子长得怎么样？给我们讲讲。"

"你让人家给你讲，自己不能'拔腔'（抬屁股）过来看啊？"

"我这一看还不吓死你们，哪个蛐蛐都成四个大牙了，本来你想押100（元），把你忽悠着押了1000（元），输了你还不怨我？"

"我不怨你，把今天你那两条蛐蛐留下就行。"

大家一边"审视"着那些趴到斗栅上看蟋蟀的人，一边你一言我一语，并伴随着一阵阵的"嬉笑怒骂"。本来很严肃审定蟋蟀决定"押花"的"大事"，被弄成了"相声会"。他们笑眯眯地看着那些趴着看虫的人，用明褒实贬的语言奚落着他们，自己就是不看虫。但到了"押花"的时候他们却一点儿不含糊。经常 10 个 20 个"二打一"往外放。在外人（包括笔者）看来，他们就是一群老赌徒。但当和他们深度接触和聊天的时候发现，他们对于"赌徒"是非常蔑视的。"某某人根本不懂蛐蛐，那就纯粹一个赌棍！"这是经常挂在他们嘴边的一句话。

渐渐笔者才明白——在"场上"不看蟋蟀的往往都是这一游戏的"老玩家"。而那些趴在斗栅上对着两个蟋蟀看来看去的，一定是游戏的"外来人"，也可能是那些"老玩家"所认为的真正的赌徒。由此就不难理解，自己通过引荐被大家认识，并且被认定了是某一方的成员，在"押花"的时候反而押到了对方那边，这往往被看成是斗蟋游戏中最愚蠢、最低级的错误，因为这一行为本身除了被理解为只在乎赌钱和输赢之外，无法被解读出别的社会性意义。而斗蟋蟀这一社会性嬉戏在本质上一直用其社会性逻辑对抗着可能被凸显出来的金钱、市场和物质性逻辑。

笔者（继续问）：那天你们都说那是做了一个局儿，什么意思啊？我怎么没听懂你们在说什么？

邓哥：做局就是很多人演戏给一个两个人看。前几天你押的那个蛐蛐不该押的，押了肯定输，我看你押了100块，（钱）也不多，所以也不好说什么，如果你押（的钱）多我肯定不会让你押的。你押的那个蛐蛐走了两路了，前两路都是我艾草，发口狠，干净利落。但第三路遇到个"凶头"，人家也走了两路了，几口狠嘴最后胜了，但我领草看得清楚，它自己牙也被对方咯坏了，用草打牙能看到牙上有伤了。有一个南方的大老板，大家都知道他挺有钱，每年都到济南"场子"里收虫，他看上你押的那条虫了，看着三路都"走"（斗的意思）得不错，就想在场子里再看它走一路，如果还是狠口①他就想高价买下，然后到大场子里斗。但虫子牙受伤肯定没法斗了。这时候，上次和我们一起没怎么说话，最后说请我们吃饭的那个人，他知道了这件事，就去找你押钱（牙齿坏了）那个虫主，说他有一条虫子不错，让用那条牙坏了的虫子给"垫"（衬托）一下。

笔者：意思是那天不说话那个人想把自己虫子卖给那老板？

邓：对啊，你想想，你看一条虫子长得不错，三路清口，结果第四路被另外一条虫子一擦牙没了，这虫子要多高的级别才能做到这一点啊？我听他们说那老板一散场就把那虫子要走了，给了8000块。我主要是生气他们都没和我说（通知、沟通或给消息），你知道吧。这都是你押钱（牙齿坏了）那虫主后来和我说的。当时了解那虫子的都感觉可能是个局，但都不知道是谁做的局。没想到是那个"段鬼子"，他平时不言语，一肚子鬼心眼。那天他那条虫子他自己压根儿都没出面，让别人带过去的。但我认识他那条虫子，走了一路了。最后我为什么"点"他啊。你以为他平白无故要请我们

---

① 发口重，通常也称为发口狠，或出狠口。这样的蟋蟀很多在打斗的时候能清口取胜，但因为发口重，所以如果对方也是牙硬的蟋蟀，就很容易让自己牙受伤。

喝酒吃饭啊？

　　笔者：那天我也觉得奇怪，500（元）的"盆底"打到一千（元）就没有"花"了，难道在场的人都看出来了？

　　邓：兄弟，在场上这些人都几十年一起混，他们挠挠头、咳嗽一声、递个眼色就都明白什么意思了，都是些"老油条"，你还刚入行，这里面水深着呢。只要"老朱"这样的人往那里一站，大家相互递个眼色，就基本都明白什么意思了。斗虫斗的不是虫，是人在耍鬼心眼子，是人在和人斗。

　　由此，在外人看来纯赌博性的一项游戏，通过人与人关系互动的加入，转变成了纯社会性的社会嬉戏。并且其结果并不是我们所认为的是随机的，而是在相当大程度上是可控和能预知的。斗蟋的社会性并不意味着它不再对那些把其看成赌博事业的人开放，但这样的人在这一社会性嬉戏中会一直被当成"外行"或"陌生人"。这些人如果总是不能融入千百年来一直如此的蟋蟀文化，那他们就可能成为被斗蟋社会整体"对付"的对象，结果自然可想而知——这些人不仅被当成"赌徒"，在斗蟋社会中名声不佳，而且最后总会成为被"设局"的对象。"十赌九输"，在斗蟋蟀这一社会性嬉戏中，上面的揭示也许能作为对老一辈留下的这一告诫之文化社会学的解答。

　　蟋蟀的竞斗具有明显的社会性，但这并不能证成其社会性是人们热衷于蟋蟀竞斗的目的和动力。千百年来，是什么促使人们热衷于蟋蟀的竞斗？从中国的宋朝开始，斗蟋蟀一直是和涉及金钱的赌博联系在一起的，赛场上的输赢最后总是体现为物质的得与失。久而久之，人们就习惯于用斗蟋输赢的结果来界定斗蟋本身了。由此，"斗蟋蟀最终是为了赢钱"成了参与和不参与这一游戏的人都抱持的一个观念。但实际上不论对置身于这一社会性嬉戏之中还是之外的人来说，这都是一个错觉：置身于嬉戏之外的人因为没有让自己置身于斗蟋蟀的社会性环境中，不会真切地获得斗蟋过程的观感和体悟，所以无法对斗蟋这一民间游戏进行同情式理解。于是，古代关于斗蟋蟀赌博和"游手好闲""不务正业"的传言，现代媒体关于斗蟋蟀赌博的报道配合公安干警的抓捕，构成了他们对斗蟋世界理解的刻板性态度①；对于那些几十年如一日痴迷于斗蟋的人，他们是斗蟋世界的正式成员，但更是更大社会中的一员。他们大多经济并不宽裕，很多都是生活并不富裕的人员。他们要扮演父亲、儿子、丈夫的角色，承担相应的家庭和社会责任。这些人一年之中要把大量的时间放在斗蟋蟀上，如果赢了钱，那对自身和家庭成员生活的改善会起到一定的作用，也许在自己亲人那里勉强能构成"玩蟋蟀"合法性的说明，但如果每年都输钱呢？这不是不务正业是什么？由此，通过斗蟋蟀赢钱成为很多玩家被更大的社会误置的游戏目的。笔者作为一个完全参与的观察人员，自身能克服外部人员的局限深入到斗蟋社会的内部，体验其中展开的"深层游戏"；② 同时因为没有忘记自己是一个观察者的身份，所以在进行"深层游戏"的时候不会让自己彻底迷失，能保持对游戏本身的审视和反思。这让"深层游戏"目的及其

---

① 到了"虫季"笔者就会和那些"专业"玩虫几十年的人一样，去山东省各地抓，去宁阳、宁津收。笔者饲养蟋蟀的罐子和"虫具"一应俱全。笔者在条件允许的情况下去各种"堂子"参加竞斗。笔者的母亲是个很开明的人，她开始很支持笔者，但看到笔者这么投入也开始担心，并几次提出过严肃的告诫："收集到你自己想要的资料就行了，别太投入了，你的正业是教书，别不务正业了。"大量的经济投入而没有回报，也让周围的家人意见很大。他（她）们认为做调查又不是要真的成为"赌徒"，同时对笔者是否会通过斗蟋蟀形成赌博的不良嗜好很是担心，渐渐地几乎都开始对笔者的参与调查持反对态度。笔者一直没有忘记自己是一个调查者的身份，但越是这样，笔者知道自己越要成为斗蟋蟀社会中"纯粹"的一员。如果笔者做不到这一点，那可能意味着调查的失败，因为笔者坚信当笔者只是作为"外来人"或"陌生人"审视这个社会的时候，笔者所看到的都是表面的，也可以说是不真实的。笔者坚信如果自己不能成为完全融入游戏中的一员，就不可能进入"深层游戏"状态，不可能完全理解游戏本身，也不可能完全理解其他参加游戏成员的观念、想法、行为方式和模式。这些做不到，笔者将没有任何对斗蟋蟀这一社会性嬉戏做出深层文化社会学解释的可能性。笔者用了七年多的时间去成为斗蟋社会中的一员。作为斗蟋蟀社会中真正的成员，他们没有给自己解释的机会和可能，因为他们就生活在一个让他们无须解释的斗蟋文化中。当他们能从外部理解和揭示塑造自身之文化的时候，他们可能就不再是那个社会中的一员了。只有置身事外，并且用另外一种文化才能解释这种文化。作为其中的一员，笔者能深切体会外来人对自己的看法，笔者能理解他们诧异的目光。当笔者做出这种理解的时候，笔者已经不是斗蟋蟀社会中的一员了。既然走入了斗蟋蟀社会，而又能走出来，笔者想就可以开始自己的叙事了。当笔者展开这种叙事的时候，斗蟋是作为自己生活的一部分呈现的。

② "深层游戏"是吉尔茨在其巴厘岛"斗鸡"的研究中使用的一个概念。认为他要通过这一概念表明两层含义：第一是其在完全参与方法上的深入程度，第二是得益于这样一种深入完全参与之对"斗鸡"这一游戏文化社会学意义揭示的深度。笔者在七年多的调查中深有感触：对一项有着悠久历史和传统"游戏"的描述和揭示必须有赖于深度参与，但又必须作为一个调查者完全地跳出来进行整体的审视。

逻辑的文化社会学呈现成为可能。

四 "爆堂子"

"爆堂子"① 是斗蟋社会用来形容"场子"被国家作为赌博窝点端掉的"专用术语"。公安干警（大多数情况下是防暴警察）在斗蟋蟀的人斗得正酣，没有任何察觉的情况下突然以爆破的方式砸破门窗，破门而入。用很多经历过的人的描述，那是"嘭"的一声门窗碎裂，玻璃四溅，仿佛爆炸了一样，之后就是防暴警察从天而降。一个"爆"字所表征的是每一个斗蟋蟀的人都提心吊胆，不想让其发生在自己身上的心态。但上海、北京、济南、天津等有斗蟋蟀的城市，几乎每年都会发生"爆堂子"事件。

在一个几百万人的城市发生一起"爆堂子"事件，发生后几个小时——即使是在晚上，整个城市中斗蟋的人大多都会知道。信息滞后的人第二天一早一定也会知道。有一年发生"爆堂子"事件后第二天下午笔者去一个"虫友"家想跟他去斗虫。结果笔者坐在他家里一两个小时只是听他接打电话——好多人打给他，他也打给好多人。爆得谁的"堂子"，发生在几点几分，都有哪些人当时在那个"堂子"里，有没有跑出来的，哪个派出所采取的行动，抓进去的人现在被"关"在哪里等都是电话里讨论的内容。他们不厌其烦地重复倾听，同时向另外的人讲述，仿佛不把当时的每一个细节"还原"誓不罢休的样子。

斗蟋社会中的人大多生活在传统社会意义网络和文化中，文化教给他们的特定交往方式和传统让他们相互依赖，同时他们也高度依赖于生活于其中的文化、传统和惯习。由于被传统主义笼罩，真正斗蟋社会的成员多远离政治，很少有反社会的极端主义者，因为反对社会就是否定他们自己的生活方式，毁坏自己的生活空间。"生活空间所表示的乃是人们默知的传统的储存器，以及根植于语言和文化之中的、由个人在日常生活中提炼出来的背景性预设。知识通过语言结构的存储、不可动摇的信念的积累成为

---

① 在本书中，笔者使用斗蟋者口中的"爆堂子"来形容警察执法。

人们使用并依赖的凝聚性与资格的形式。这些都毫无疑问地成了社会行动者的习惯。因此，个人既不能跨出他们的生活空间，也不能从整体上对它提出质疑。"①

斗蟋者们没有现代的民主观念，但他们生活的社会一直就是按照以语言为媒介之民主说服的逻辑运行的。在这个社会中，那些认为自己有很好口碑的人必定会根据自由语式而对自己的一切行为的正当性做出说明。正是通过"说明"这一概念，行为的策略性而不是压制和强迫成为该社会成员行动的指引。

靠文化连接的社会具有整体和有机性，但是不具备组织性，当面对公安干警执法时，整个斗蟋社会会立即采取躲避和隐遁的策略。尽管"爆堂子"只是发生在特定的"堂子"和特定的成员身上，但发生在几十个人身上的意外所造成的恐慌会迅速蔓延到成千上万个成员那里。他们每个人都表现得惊慌失措，同一文化塑造出的相似性让所有成员感同身受。

2009 年在济南举行全运会，这时候公安部门肯定要加大社会整治力度。全运会期间正好也是蟋蟀开斗时间。蟋蟀到了出斗的时间是一定要上"战场"的。② 于是，济南当时第一场比较大的"比赛"顶风开始了。对此次比赛笔者也知道，并且通过"斗友"联系好了要去"观战"的。因为听说济南有几个相对有些名气的"蟋蟀斗家"都去参加，笔者自然很想去见见，顺便找机会认识一下。但最后因为济南斗蟋名宿柏老师家里要举行一个级别很高的"排虫会"，笔者白天要做些准备而没有成行。晚上，当"排虫会"进行得如火如荼的时候，柏老师的妻子好像"有意提示"一样打开了电视，并且播到了济南新闻。上面正在播放荷枪实弹的公安武警围捕参加上午刚进行的那场比赛的斗蟋者的场面。柏老师家中正在"排虫"、聊天的都围到了电视机前。这件事尽管上午刚刚发生，但他们其实基本上已经靠自己的信息渠道知道了。但当他们在一起看到这真实画面的时候，仍然个个表情凝重。大家看着画面时不时小声交流、评论着：

"那镜头里蹲着的不是老六吗？"

---

① J. L. Cohen and A. Arato, *Civil Society and Political Theory* (The MIT Press, 1992).
② 每一只蟋蟀都有自己特定的出斗期，错过了最佳出斗期出斗就好比让一个运动员到了 40 岁再参加运动比赛一样。

"怎么不是他，捂着脸有什么用啊，把头遮住大家也能认出他来啊。"

"胡子、强子、二胖、老李头……"

"都抱着头。"

"真丢不起这人啊！"

"看，看，房顶上还有几个，整栋楼都围住了，往哪里跑啊！"（在斗蟋成员心目中，他们并不是赌博）

……

这时候镜头又转到了那些被抓者身上（他们中有好几个都是被从床下面、柜子里给揪出来的）。他们中四五十岁的人居多，都双手抱头蹲在地上，看到摄像头照过来的时候，他们都用双手把脸遮得严严实实。尽管如此，在场观看电视的随着摄像头的走动一个一个把他们的名字都给报了出来，看来他们都很熟。

观看新闻的笔者能真切地感受到，所有看电视的人感觉自己好像就在现场，那些被抓的或者说明天将要被抓的就是自己一样。对于笔者这个参与者，当时的心情也很复杂，仿佛自己在"审讯室"，被"审讯"一样。这种和真实的遭遇，不仅给笔者的调查带来诸多意想不到的真实材料，在个人的生命历程中也是难以磨灭的体验。但笔者毕竟是生活工作于"体制"中的人，如果真的上了电视，上了警方的"记录"，笔者将如何和"体制"解释？那些捂脸的人，他们所面对的也许不是笔者所顾虑的"体制"。但是他们肯定顾虑那些生活在隐遁社会之外的人——亲戚、朋友、父母、孩子和领导、同事。即使在隐遁社会的圈子中，他们恐怕也怕因为自己隐遁社会的身份"曝光"而成为笑柄。

公安干警作为"斗蟋社会"之外权力和体制的力量，其每一次"爆堂子"行动都会在"隐遁社会"中造成很大的惊扰和不安。对于"爆堂子"时正在参与赌博的人来说，可能意味着至少一个虫季的终结，有的可能意味着一辈子玩虫历史的终结。对于一个玩虫的人来说，一个虫季两个月辛苦的捉、选、收、养，二三百只蟋蟀最后真正能在"堂子"里走几路的不过几只。多数人一年运气好能玩到一两只"将军"级别的蟋蟀就非常满足了。一次"爆堂子"可能意味着在堂子里很多人的"精兵强将"

全军覆没。①

五　嬉戏中的"社会"与"国家"

"爆堂子"是现代法律和科层制度下代表公权力的国家与在中国传统主义笼罩下之社会的最直接接触和冲撞。在真实的接触和冲撞过程中，"国家"及其成员和"斗蟋社会"及其成员的行为表现、行为方式、行为心理、行为的依据以及他们互动的方式和类型都可以得到栩栩如生的呈现。为了获得这种碰撞的第一手资料，笔者作为一个完全参与的调查者——迫切想通过身临其境去体验那一过程。所以从一开始调查，笔者就有一种"以身试法"的冲动。② 实际上笔者也的确"主动"这样去做了。

2015 年笔者结识了济南几个斗蟋社会中的"实践派"③，经他们引荐去了一个"新开"的"场子"。④ 在电话的指引下车转了好大一圈才来到和对方接头的地点。接我们的人出来之后东张西望，很警惕的样子。和我们碰头后，我们这边的负责人挨个介绍了来人的情况。结果对方（后来才知道是"堂主"）

---

① 斗蟋蟀的过程中突然发生"爆堂子"，在混乱中很多盛着"将军"的蟋蟀罐被打翻在地，即使有的勉强幸存下来也被作为"赌具"一起没收。其中的蟋蟀是没有任何返还可能的。

② 对任何一个调查者来说，这种做法和想法无疑意味着非常大的风险和社会成本。因为一旦在"堂子"中被抓，除了罚款之外可能还要面临"治安行政拘留"的法律处罚。如果这种事情真的发生在笔者身上，那笔者如何向家人和自己所在的单位交代？如果处罚真的被"坐实"，笔者可能面临丢掉工作的风险。但实际上，从笔者参与调查进入"堂子"那一刻起，这一风险就一直伴随着笔者，但那毕竟只是一种概率，到了调查的后期，笔者有一种迫切想作为"斗蟋者""主动"和那个"国家"接触一下的愿望。好像不这样做，调查就总是不完整一样。为了把对自己可能的伤害降到最低限度，笔者去单位开了加盖公章的"介绍信"。但笔者心里清楚，一旦发生意外，除非万不得已笔者是不能拿出那封"介绍信"的，因为这样做可能意味着自己再也无法被这一"隐遁社会"及其成员接纳了，或者意味着自己在这一社会中成员资格的永久性丧失。另外，对于"介绍信"在"关键时刻"是否能起作用，能起到什么作用，笔者根本就不清楚。

③ 这是他们的自我称呼，用来区别于那些老一辈靠写蟋蟀著作或者在蟋蟀理论上有名望的一批人。他们中大多是一些 30~40 岁的年轻人，崇尚"在场上赢了才是真英雄，其他一切都白搭"的信条，并且经常公开表明自己对老一辈"理论派"不合作和瞧不起的立场。他们不相信蟋蟀辨认技术，只相信通过蟋蟀的"嗑斗"才能挑出"真将军"。

④ 后来笔者才打听到，"堂主"以前开过"场子"，但曾被"爆堂子"。所谓"新开"的"堂子"只是换了一个大家都不曾去过的新地方。

把他叫到一边，不知为何事交涉了好长时间，最后那"负责人"来到笔者身边吞吞吐吐地表达了笔者不能参加的意思，原因是那"堂主"说从来没见过笔者。笔者当即表达了能理解的态度，驱车回返。正在半路上一个原来斗蟋蟀的熟人的电话打过来了。他说好像刚才在笔者待的地方看到笔者了，问是不是笔者。当笔者确认并说明返回的原因后，他立即让笔者回去，因为他"作保"就没有问题了。尽管笔者的再次折返并在斗场上的现身可能涉及两拨人的尴尬，但笔者还是返回，去了那斗场。这次"堂主"和那熟人两个人出来"接"笔者。

熟人：这是我的小兄弟，以后他来照应着，都是没问题的兄弟。

堂主：兄弟，不好意思了，我们斗虫的一般见面都能说上两句话，你我是从来没见过，而且说"普通话"，长得也和我们这些人不一样，我就以为你是"公安"。李哥的兄弟就没问题了，我和他二三十年的交情了，信得过。

"堂子"是斗蟋社会成员的聚居地，要进入必须要有成员"资格证"[1]或临时"买票"[2]——这个熟人介绍就好比买了一张临时票，至于以后否能成为其中的成员，还需要这一社会及其成员长时间的考察，如果在言行和行为方式上融入得快，那就有可能在获得周围成员认可的基础上成为其中的一员，到那时候，该社会成员会在不经意间赋予你该社会特有的称呼，这一"称呼"往往代表着对成员资格的接受和肯认。一个斗蟋者在斗蟋社会的成员资格是一种语言、行为呈现的文化融入。即使两个人不认识，但如果都是斗蟋社会的成员，那么双方几句话就会彼此融入，仿佛认识了好长时间一样。因为语言、生活、工作环境的差异，笔者一直做不到这一点，这也许就是"堂主"一眼辨认出笔者和他们不是一类人的原因吧。

"堂子"设在一个拆迁区中间的二层民房里，周围好多房屋、院子或墙体的一部分都已拆除。只有几家还没有搬走，在胡同里走的时候偶尔能看

---

[1] 这种"资格证"不是被外部力量授予的，而是通过一个人十几年如一日混迹于"堂口"自然而然被其他人认可和接受而获得的，即这种"资格证"遵从自然法的逻辑而截然不同于现代以法律条文为依据的凭证。

[2] 临时"买票"就是在堂子里的人在对一个陌生人都不熟悉的情况下，经由可以被大家认可之人的推荐或担保而临时参加"斗蟋"的情况。

到房子里透出的灯光。另外，不知谁家养了条狗，不断吠叫。对此，来"凑局"的人都很有意见。因为如果"公安"真的来了，不断的狗吠让人搞不清状况。"堂主"每次到处打电话约人，所以每次都会有 40 人左右捧场——这相对于不到 40 平方米的一间屋子给人一种人头攒动的感觉。"堂主"为了节省成本，只请了一个管"吃酒"没工资的"监板"，自己既是老板也是服务员，还兼着接人、放哨和巡逻警戒的任务。他的蟋蟀还时不时挂在别人的名下参斗。① 尽管来"凑局"的对该"场子"的安全性和"堂主"的吝啬都很有意见，但"堂主"毕竟也是个几十年的老玩家，他每天给无数人打电话，加之"堂子"不是每天开，隔两三天开一次，所以很多人即使不愿意来最后也因为"掰不开"面子而带几条虫来捧捧场。

　　距离笔者第一次去该"堂子"大约三个星期后的一天，也是笔者第四次去该"堂口"。当我们一行四个人②进一个胡同的时候，其中一个第二次来但关系不错的"大哥"突然在最后单独叫住了笔者。

　　　　兄弟，我们这几年关系不错，我感觉你也是个很好的人，当哥的和你说句实在话——我觉得这个地方不安全。你看（这里）拆成了这样，这周围没什么居民，"老公家"③要行动就喜欢这样的地方：都拆迁了没什么人，深更半夜"行动"也不会扰民惹得民怨沸腾。你是有正式工作的人，不像斗蛐蛐那些人都是退休人员、无业游民，万一逮进去给你个处罚，你工作可能就保不住了……

笔者根据自己几年来对这位"大哥"行为、言辞和背景的了解和观察，一直隐隐约约觉得他可能是内线。笔者猜测他这次突然单独告诉笔者是动

---

①　一般在"堂子"里，为了防止不公平的事情发生，"堂主"和"监板"是不能让自己的蟋蟀参斗的。有的"堂主"和"监板"正好自己也有好的蟋蟀而且想在自己的"堂子"里斗，为了不引起大家的不满，那就只好找一"代理人"，让自己蟋蟀以他的名义参斗。实际上，在一个大家都能认识蟋蟀的社会中，"堂主"或"监板"的这点伎俩是瞒不过那些老资格"成员"的眼睛的。但对这样的情况，只要不出现明显的不公，大家往往装不知道，会给"堂主"或"监板"一个面子。

②　那三个人都知道笔者的身份和职业，但都以为笔者喜欢玩斗蟋，不知道笔者做调查这一情况。笔者对自己斗蟋蟀的目的没有和这一社会中的任何人提起过。

③　斗蟋社会的人称公安部门（有时候也指称政府部门）为"老'公'""老公家"。

了"恻隐之心"，不想让一个他认为善良的人遭受不应有的伤害。

笔者（故意问道）：一点先兆都没有，有那么巧能让我们赶上？

大哥：我告诉你，兄弟，公安要行动肯定会提前几天踩点布置，他们行动的时候都是开着些外地号牌的面包车——你嫂子在派出所里干过内勤，里面外地的号牌一摞一摞的。并且他们面包车的车窗一律黑乎乎的，从外面根本看不到里面，但里面都是人，看外面看得清清楚楚。只要在"堂子"周围看到贴黑色玻璃膜的外地牌号面包车，"堂子"肯定就要出事了……

说着话我们走到了胡同口，正好对着胡同口停了一辆鲁P（济南牌号是鲁A）牌照的黑色玻璃面包车。笔者既诧异又好奇，甚至想过去看看是不是里面真的塞了一车人。那位大哥一把拉住笔者，悄声让笔者别回头直接往前走。快走到"堂子"口的时候他低沉着声音对其他两个人说："别停，继续走，今天有情况。"其他两个人好像立即警觉了，我们四个人头也不回直行从另外一条路穿出了拆迁居民区。等到了距离很远的城市主干道路边，我们才都松了一口气，好像刚摆脱了一场围捕一样。同行的另外一个人立即给已经在"堂子"里的朋友打电话，让他们立即"撤离"。从电话里听到，场子里的人好像正在等他去，并且已经和在场的人说我们马上就到了。突然让"撤离"，搞得对方摸不着头脑了。并且对方好像说蛐蛐已经"摞上"① 了。

蛐蛐不要了，或交个"盆底"钱②也要找借口出来，你就说家里出

---

① 进入"场子"之后，"现吊"（现称"现斗"）的蟋蟀要喂水、喂食、过秤，之后相同重量的蟋蟀在双方都无异议的情况下"摞"在一起并放上代表出场顺序的扑克牌，这时候蟋蟀没有特殊的原因就不能撤或者不斗了。
② 对于"摞上"的蟋蟀如果要撤了不斗，在对方不同意而执意要撤的时候，一般会按照败了处理，需要交"盆底"钱（最低起打的数额）。但实际上，如果一方提出要撤，对方即使一百个不愿意都会同意，并且要"盆底"钱的很少，因为收了这"盆底"钱，就是没有给对方面子。在熟人社会里，为了100块或200块伤及面子和人情是不划算的。即使这是按照规矩收要对方因为撤掉的"补偿金"，但大家还是会认为这样做不合情理。按照斗蟋成员的逻辑，蟋蟀没有斗，又都是多年认识的熟人，这钱收得没有由头。但是如果对方是"陌生人"，那"盆底"钱一般都会要。

了点事需要紧急处理……

那位打电话的好像断定要出事了一样，果断决绝地要对方一定从"场子"里出来。没过多长时间那两个人也急匆匆地赶了过来。那位"大哥"又把他的"分析"给大家陈述了一遍，最后几个人达成了一致意见——这个地方要"爆堂子"了，并且"爆堂子"的时间就在两三天内。但是这一基本可以"肯定"的结论和消息，除了在场的六个人之外，不可能在更大的范围扩散，因为这种消息的传播受到社会中人与人接触时间的长短、亲密程度和复杂的人际关系结构的制约。对一个不亲密的人透漏一条非常重要的消息不会增加任何自己在这一社会中地位的重要性，相反极可能导致对自己地位的损害，严重的可能造成群体的排斥，让自己丧失成员资格。因为在一个熟人社会中传递这样的消息一定要有依据和准确的消息来源，如果消息的内容最后没有落实，传递消息的人会像喊"狼来了"一样，大家会有一种被"忽悠"或"欺骗"的感觉，从而损害自己的社会信誉；如果消息最终可靠，那问题可能更大，很多人会追问消息来源，最终可能怀疑传递消息的人和公安人员有某种说不清楚的关系。这一点会让那些即使从该消息中获益的人也心生疑窦。为了安全起见，他们也会和传递消息的人保持距离。

这次"预警"在笔者内心引起了不小的波动，那种要和"国家"亲自接触一次的调查冲动和其可能的现实后果让自己非常矛盾。最后笔者决定进行一次冒险。当然笔者没有忘记把万一出现"状况"时自己可能的"救命稻草"——单位介绍信——仔细地放到了背包的夹层里。接下来的几天，只要有局笔者就"单刀赴会"，因为"堂主"已经认识笔者，所以即使笔者每次不带蟋蟀只是过去旁观他也没提什么异议。到了第三天晚上十点半左右，突然有人敲门，整个"场子"里的人刚才还在狼吼虎啸般"叫花"，这一声不大的敲门声让他们像受惊的兔子一般突然之间一个个竖起了耳朵，整个"堂子"瞬间鸦雀无声。

"谁呀？"（堂主一边问一边往二层的楼梯口走）
"我，喝酒来晚了，来看蛐蛐的。"（对方大声回复着）

"没事，可能是'老六'，他说晚一些来的，你们继续。"

边说着堂主就从二楼下楼梯开门——一楼是上了锁的大铁门，只有堂主一个人有钥匙，进出都要"堂主"亲自"接送"。"堂主"解释完之后，一部分人还在竖着耳朵听，另一部分正在对局的开始吵吵着继续"押花"开斗。十几秒钟的时间，就听到了开锁和大铁门打开的声音。突然"砰"的一声，感觉大铁门被撞了一下，接着一个被在斗蟋者口中模仿了无数次的声音如今真实地在空气中传荡开来："警察，不许动！"笔者还没反应过来怎么回事，"砰""砰"两声两个窗户就被砸开了，有两个距离窗户近的斗蟋者以不可思议的速度从二楼窗户跳了出去。屋子里桌子、凳子都被拥挤的人群踢翻了，桌上原来整齐有序的蟋蟀罐有好几个摔在了地上，所有的人都像逃命一样往两扇北向窗户那里挤，"扑通""扑通"人落地的声音夹杂着"哎哟""哎哟"疼痛的叫声——因为摔在地上或者被后面跳下来的人砸到身上后传来的痛苦喊叫声。笔者找了个墙角站着，因为已经有了被"爆堂子"的心理准备，所以根本没打算跑，而是调集所有感觉捕捉这一"国家"和"社会"碰撞后"社会"所呈现的真实而混乱的一刻。屋里除了笔者之外几乎所有的人都往窗户上挤，想着跳下去。大家相互推搡，笔者看到有几个前面的人干脆是被后面的人为了"清除道路"而直接从窗户上推出去的。

一屋子近40人也就跳出去了十几个，两个便衣警察和三四个穿特警衣服的人踹开房门冲了进来。"不许动，警察！"随着喊声，两个特警冲到窗户边把两个一条腿已经挂在窗户外的人给拖进来摁到了地上。"都把手举起来放到脑后，蹲下！"接着几个人就蹲在了地下。笔者也顺势赶紧仿效警匪片中被抓住"匪徒"的样子双手抱头蹲在了地上。感觉也就是几秒钟的时间，没有跑出去的都和笔者一样老老实实蹲在了地上。这时候又进来几个便衣警察，有两个一手拿着手电筒，另一只手里好像拿着枪。特警和电视上一样，钢盔、防弹衣、皮靴、胸前挂着长枪。屋子里在公安干警的呵斥声中很快安静下来，但屋外"不许动，趴下"的呵斥声此起彼伏持续了两三分钟，之后也很快安静下来。

整个行动非常迅速、简短，我们很快各自收拾自己的东西被一个个"押"上了早已停在路边的大巴车。大约半个小时也不知到了哪个派出所，

30 多个人被关在两个屋子里，一个一个出来登记自己的东西。身上所有的东西（特别是手机和通信设备）都暂时被没收。之后是分别被"提审"，没有被"提审"到的就关在屋子里由专人看管，不准说话。笔者不知道别人是怎么被"审讯"的，轮到笔者的时候，"审讯"的是两个 20 多岁的小伙子，一个是便衣警察，一个穿着警服。穿便衣的警察负责做笔录，穿警服的负责问话，内容包括姓名、职业、家庭住址、去"堂子"干什么、第几次去、是不是参与了赌博、自己带没带蟋蟀、认不认识里面的人等。笔者一直不承认自己参与了赌博，坚称自己只是去看热闹的，因为笔者没有带蟋蟀，也没有参与押钱。笔者已经打定了主意：如果只是和通常一样地罚款处罚，笔者就交上罚款而不出示单位"介绍信"和调查者的身份。因为一旦笔者这样做了，按照以前"爆堂子"故事中传递出的信息，所有"堂子"里的被抓者和整个城市的斗蟋社会成员立即会知道有一个人没有被处罚——参与抓捕审讯的派出所中一定会有一个或多个警察与城市中的某个斗蟋者相熟；或者派出所可能为了掩护"卧底"会故意把笔者没有被处罚的消息放出去，那样的话整个斗蟋的社会中怕是不会再有笔者的立足之地了，虽然笔者不知道这一传言的可信度如何。

　　警察问得很细，他们的提问也很有技巧，不是问你是不是参与了赌博，而是反复让交代为什么去参与赌博，[①] 赌了多少钱，带了几只蟋蟀，谁介绍去的，谁组织的，都认识里面的什么人等问题。问了半个多小时，然后让笔者在笔录上签字，按手印儿。笔者扫了一眼笔录上居然有"笔者于几点几分到某某地参与斗蟋蟀现金赌博"字样。笔者那天的确是没押钱赌博，自己也没有带蟋蟀去，这一签字不就等于承认赌博了吗？于是笔者就说没参与赌博而只是去看热闹，拒绝在笔录上签字。[②]

① "疑罪从无"是法律应遵守的一条基本原则，但是笔者是一个"参与赌博的分子"好像已经不容置疑，需要落实的是参与赌博的原因和参与的程度，毕竟不赌博人，哪会去"堂子"啊。
② 笔者之所以拒绝是因为笔者不知道签字之后的后果，如果对方告诉笔者签完字缴了罚款就没事的话，笔者是会配合签字的。另外，笔者当时的拒绝是毫无底气的——当时真的很怕以前"爆堂子"被逮住人员传说的：审讯的时候不承认上来就是几巴掌。在被训斥着的"审讯"中，自己已经处在"违法者"忏悔的地位了。如果这时候审讯人员真如传言中上来给笔者几巴掌，而笔者不能顶嘴不能还手，只能默默承受着的话，出去之后恐怕真的就不知道如何自我定位和自处了。在当时的情形下，笔者暗自衡量了一下，估计只需要一巴掌就能把笔者以前自诩的斯文和自尊打得碎一地。

（穿警服的）警察：你在大学教书？

笔者：是的。

警察：教什么？

笔者：法学。

警察：你教法学的居然还知法犯法？

　　为了表达忏悔和被规训，笔者搓着手低下了头。笔者当时在想，如果笔者的学生看到笔者这"怂样"，当笔者再和他们在课堂上大谈自然法的时候，不知他们会作何想？穿警服的警察拿着笔录走了出去，几分钟后回来让笔者跟他过去一下，他带着笔者穿过了一个长廊，好像到了后面的办公区域。"我们指导员要见见你，和你谈谈。"那警察的语气好像缓和了些。笔者心想看来这次要吃"小灶"了，不知道是不是"高级审问"。笔者忐忑地进了办公室，那警察就退出了，"指导员"礼貌地站起来迎接了一下。笔者看到笔者的讯问笔录放在沙发前的茶几上。

"指导员"：请坐，你在大学教书？

笔者：是的。

"指导员"：还是教法学的？

笔者：是的。

"指导员"：这么好的职业怎么喜欢上斗蛐蛐赌博了？

笔者：我只是好奇，过去看一下他们怎么斗，我自己没带蛐蛐，没押钱。

"指导员"：以后这种地方都不能进的，抓到了我们就认定是参与赌博的。

笔者：我知道了，这次是真的不知道，下次一定注意。

"指导员"：还下次，别有下次了，下次可真要处罚你了。这次就这样，一会儿我安排你去清点一下自己的东西，先回去吧。

笔者：谢谢指导员，真的非常感谢！（我没想到事情会这样过去，激动地真想给那位指导员鞠个躬。）

"指导员"：认识了也算交个朋友了，给你张名片，以后有什么事情来找我。

"指导员"把笔者送出办公室，那民警还在外面等着，他叮嘱那民警帮笔者办好手续，清点好物品……走出派出所的大门，已经凌晨四点多了，但笔者想笔者可能是被逮到的人中出来最早的一个了。尽管出门后根本不知道自己是在这个城市的哪个位置，但那种呼吸自由空气的感觉真的太美好了。这种美好让笔者愿意一个人一直漫无目地走下去。笔者相信那些被抓住的人第二天出来会接着"凑局"斗蟋蟀的，因为斗蟋蟀就是这个社会中的人在斗蟋蟀的嬉戏中释放外部压力、享受自由的一种方式。

到了第二天，整个城市斗蟋蟀的人都知道了这件事，笔者听他们说，只有站在窗户口第一个跳出去的"胡老二"跑了。其他跳窗户的全部被抓住了，其中有两个住进了医院，都是被上面跳下来或是被推下来的人砸的，一个砸断了腿，一个砸坏了腰。被砸坏腰的那人已经年近60岁，也是玩了一辈子蟋蟀的人。笔者对那些玩命跳楼的人还是有些不理解。2010年有一次"爆堂子"电视上也播报了一些画面，但是只是截取了公安干警执法的过程，对斗蟋者逃跑和抓捕的细节没有播报。

"爆堂子"的亲身经历让笔者见识了那些斗蟋者在面对公安干警时候的逃亡。他们为何那么怕被抓住？被抓住的除了组织者——"堂主"之外，大部分人都是给予罚款处罚。难道是那几千元的罚款让他们宁愿冒跳楼摔伤的风险？对此笔者一直有疑问。这可能只是一种表象的解释，因为在斗蟋蟀的过程中一只蟋蟀几秒钟之内的胜负就可能让虫主赢或输掉相当于治安处罚的三五千块钱——实际上往往更多。为了了解这些人的真实想法，笔者用三四年的时间和一些有过被抓经历的人，利用斗蟋蟀闲暇的"酒桌"和"饭局"进行了深度无结构的访谈。

很多关于中国传统社会的研究也注意到了中国民间对"面子"的看重，但这些研究大多是在传统语境下中国"老百姓"之间的互动层面展开的。延续费孝通先生的"乡土中国"的逻辑，这些研究试图进一步解释和澄清影响中国民间社会人们关系结构的传统因素，进而试图回答这些传统因素和现代社会的制度性要素互动的可能。这些研究取得了非常丰硕的成果，帮助我们清晰地看清了中国人围绕"人情"和"面子"而展开的微观"权力"互动和关系结构构建，呈现了微观权力运作和关系构建的路径，揭示了其逻辑。但这些研究因为其所具有的"传统主义"视角而受到局限——即使研究在不断强调传统因素的力量，但因为预设了"传统 - 现代"的二元。所以相对于现代，代表着某种"过去""原始"和不断与现代制度冲撞并迟早要被现代改造的要素，如何让它们在与现代的冲突和对现代制度的嵌入中不那么挣扎、具有反作用和破坏性，成为这些研究不自觉的问题和归宿。[①]

如果换一种思维，采用某种"传统主义"的视角，我们完全可以预设"现代性"及其之下的各种制度并不是也不可能是一些迥异于过去的东西。相反从人类生活经验和实践、语言和文化的传承与发展来看，所谓的"现代"无非是过去在现在时间维度里的呈现。把"现代"理解成是由一系列和以前不同的现代制度——以市场和法律制度为代表——支撑的新的人类文化样态，不仅可能造成对现代的误解，而且这种观念可能就是构建现代社会和现代性的最大障碍。现代不是也不能作为人类全新的、面向未来的文化预设，它应该是不断被从传统中开放出来，并且能不断把传统作为自己的支撑和来源，向传统开放的人类文化存在样态。访谈中，斗蟋者只是强调应该如何行动以维护其在传统社会中，并且也只有在文化传承中才能习得的作为一种社会认同和感觉的那种"面子"。

在笔者亲历的那次"爆堂子"中因为先跳下去而被后面跳下来的人砸坏了腰的那位，在斗蟋蟀界说起来的时候大家对他也都熟识。

---

① 参见黄光国、胡先缙等《人情与面子：中国人的权力游戏》，中国人民大学出版社，2010；翟学伟《人情、面子与权力的再生产》，北京大学出版社，2005；Michael H. Bond and Peter W. H. Lee, "Face Saving in Chinese Culture: A Discussion and Experimental Study of Hong Kong Students," in *Social Life and Development in Hong Kong*, edited by A. Y. C. King and R. P. L. Lee (Hong Kong: Chinese University Press, 1981), pp. 288 - 305; Michael H. Bond and Wang Sung-hsing, "Aggressive Behavior in Chinese Society: The Problem of Maintaining Harmony," in *Global Perspectives on Aggression*, edited by A. P. Goldstein and M. Segall (New York: Pergamon, 1982, pp. 58 - 74); Chien Chao, *Chinese Strategic Behavior: Some General Principles*, *Paper presented at the Conference on Content of Culture*, *Claremont*, *Calif*, 1981; David Ho Yau-fai, "On the Concept of Face," *American Journal of Sociology* 81 (1976): 867 - 884; H. Nakamura, *Ways of Thinking of Eastern Peoples: India*, *China*, *Tibet*, *Japan*, revised English Translation edited by P. P. Wiener (Honolulu: East West Center, 1964).

笔者：感觉他年纪不小了，抓到不也就是罚三五千块钱吗？为何要冒险跳二楼呢？（在一次"酒桌座谈会"上，笔者把自己一直很困惑的问题抛了出来）

（一位叫"冒哥"的人接过了话头）：你说的"老金"是和上次唯一"跑了"的"胡子"一个团队的。他今年（2015年）和我同岁都58（岁），但他和我们这些人不一样，他是医院的正式在职大夫，再有两年就退休了，如果被逮住，单位可能会把他给开除，他还有两年退休，退休之前发生这种事情，退休金可能就泡汤了，他后半辈子怎么过？另外，即使不被开除，单位同事怎么看他？人家病人知道了怎么想？毕竟在国家单位里"赌徒"的名声不好听啊。① 三年前他"进去过一次"，一"爆堂子"圈里的人立即就知道了，从那以后，家里人是坚决反对他斗蟋蟀。这次你也知道，他在医院里第二天就"跑了"。对"老金"来说，不是罚那几千块钱的事情，他有正式单位，丢不起那人啊。

中国的"单位制"实行了几十年，它把在单位体制内的人都纳入了类似于现代科层制的统一管理体系。在该制度内，人们基于上下级的权力传递，同级之间职能分工、制约和监督形成独特的人际关系模式。在"单位"中一般都有根据国家和各级政府法律法规制定的严格管理制度。一方面，这些制度塑造了人们基本的行为规范和行为方式，让单位能够在一种稳定的制度下运行；另一方面，这些刚性的规章结合国家宣传的主流意识形态，规定了人们的行动空间——以斗蟋蟀为例，这种活动是赌博行为，既然如此，那么一个单位制下的员工，不论平时如何兢兢业业，也不管是否年年都是优秀，如果因为参与了蟋蟀赌博而被抓获并处罚，那以前所有的"优

---

① 那位"冒哥"说到这里笔者立即想到了自己。自己最大的顾虑不也是这样吗？即使笔者知道自己在做什么，笔者也知道自己所做之事——进行完全参与的调查——不论对自己的研究还是对社会的重新理解和解读都有意义。但自己认定的这种"意义"是无法进入别人，哪怕是非常理解自己的亲人、同事和学生的意义系统的。这位在职的大夫担心自己被开除以及如何面对单位、同事和家人，这又何尝不是自己决心亲体验"爆堂子"时最大的忧虑？笔者想如果不是因为笔者有了充分的准备，不是有"单位介绍信"撑腰，笔者也会选择"逃跑"吧。

秀"都将伴随着这一道德的瑕疵而被蒙上灰尘。一个斗蟋蟀的人如果因为斗蟋蟀被行政罚款，尽管这一行为没有给自己所在的单位造成任何事实性损失，但因为属于国家的"单位"承担着维护国家主流意识形态的重要职责，所以"单位"会立即以规训者的面目出现。如果不接受规训，那单位可能会动用权力资源去触动和个人息息相关之该人通过单位获得的利益。这对于单位制下的成员来说往往会是致命的打击。所以，到目前为止，政府部门和事业编制内人员参与斗蟋嬉戏的寥寥无几。其主要成员原来以无业者居多，随着国家经济体制和结构改革与调整的推进，大量的无业人员加入了斗蟋蟀的行列，并成为这一社会的主要力量。① 但毕竟斗蟋社会的运作逻辑、原则和单位制下的截然不同——前者运作所依恃的是以传统、惯习、社会道德为主的文化力量，而后者更多地依恃制度和意识形态的力量。

与"老金"相对的是完全"体制外"的"小宋"，他40岁左右，用他自己的话说从小就不喜欢读书，但对爬树掏鸟窝、粘知了、逮知了猴和蟋蟀却很喜欢。高中毕业就开始混社会了。平时在因斗蟋而熟识的朋友公司里帮忙（打工），到了虫季就"全职"斗蟋蟀。他20多岁的时候被山东济南一位有名气的人收在门下，由此大家也都知道他是个有师承的人。有了师承斗蟋蟀就不能随便了。一是不能随便和那些为了纯粹赌博的人经常在一起比斗。二是要体现出自己的专业性，即蟋蟀的饲养到位，下斗栅后勃活灵动，蟋蟀的出斗要"当时"（时候过了和不到时候出斗往往决定胜负），自己出斗的蟋蟀要具有一定的品级。这些对几十年玩蟋蟀的人来说看一眼就都在心里了。所以玩蟋蟀人的水平在蟋蟀身上都能一目了然。三是可以输了蟋蟀但是永远不能输了人。有师承的人对于斗蟋蟀传统中流传下来的规矩、行为准则的遵守非常严格——这种严格来自师门的言传身教。"小宋"在圈子里算是非常年轻的，但是二十几年斗蟋蟀的时间却并不算短。所以在他身上有年轻人的活力，却同时有着比很多年长者还强烈的对斗蟋传统的维护和坚守。也因此，他在圈子里口碑很好。

在笔者亲历的那次"爆堂子"中，"小宋"是试图跳窗逃走的人之一。在笔者被"放出来"的第三天晚上，就在一个"场子"里见到了他。他左

---

① 关于这一点笔者将在后面斗蟋蟀社会的人员构成中进行详细的说明和分析。

胳膊和脸上全是擦伤，用紫药水一抹更觉得显眼。在开斗之前，他成了整个"堂子"的核心，人们用斗蟋界特有之戏谑的方式表达对他的关心。

　　"吆！这是谁啊？怎么还化了妆来斗蛐蛐呢？"（一位斗蟋者以这种方式表达慰问）

　　"你这是和人打架被别人打的，还是在'里面'（派出所里）被揍的？"（另一位笑眯眯地明知故问）

　　"你们看啊，在我们这些人里面，人家'小宋'是'职业赌棍'，昨天刚（从派出所里）'出来'，今天就接着赌，大家可要小心了，他今天肯定弄好蛐蛐来了，看架势是要把被罚的钱从我们这里赢回去啊。"

"堂子"里的人围绕着"小宋"那脸上和胳膊上被紫药水渲染的擦伤你一言我一语，嘻嘻哈哈，越聊气氛越高。那晚大家不是因为斗蟋蟀，而是开斗之前的这次聊天把人与人之间的那种亲密渲染到了高潮。大家使用的都是貌似让人尴尬的挖苦、戏谑的言辞，但实际上正是这样的言辞和表达方式划分出了亲疏的边界。在斗蟋社会里，成为大家当面"挖苦"和"戏谑"的对象是一种荣幸，是大家表达对"自己人"的关心、接受和认可的一种方式。这种围绕一个人的"戏谑"也表达了一种斗蟋成员对"逃跑""被抓"行为的肯定、赞许而不是否定、排斥的态度。因为每一个人都可能是那个"逃跑"和"被抓"的一员。通过这种群体聊天强化了"我们是一类人"，"我们是亲密的"，"这是我们要一起面对的困难，没什么了不起的"等观念、慰问和相互暗示；在特定场合下，如果几个人对某个人有怀疑——怀疑他在上次"爆堂子"事件中是公安局的"内线"或可能的"通风报信人"，那么几句简单的交谈和不经意的眼神交流立即会让在场的大多数人明白并把目标锁定到特定的人身上，这时候通过围绕一个人被认定为"自己人"的"戏谑"，群体成员也会表达一种对他们怀疑对象的提醒、警告和排斥。

　　你还敢拿赏钱，下次见你的时候不怕脸比他的还花，今天在场的哪个不知道你住哪里啊？每一个人都得在你回家的路上拍你一砖头。输点儿、赢点儿都是兄弟们，你要这么干就是人品问题，你可别当这种"垃圾"。

而这些隐喻的含义，很显然是作为一种提醒和警告指向了那些可能的"告密者"。笔者仿佛感觉大家的眼光时不时往笔者这里扫。笔者对他们的怀疑完全能理解——他们交流的时候全都是本地方言，而只有笔者说普通话。他们几十年如一日的相处让彼此都知根知底，但笔者对他们而言却是一个没有"来路"和"历史"的人。并且那次只有笔者没有被处罚，第一个轻轻松松就出来了，估计这事是瞒不住他们的。

"小宋"和笔者聊过天、喝过酒，我们互有好感，尽管做不到斗蟋群体中成员之间的那种亲密，但笔者想他还是相信笔者不会那样做的。他好像感觉到了苗头不对，本来一直闷头看蟋蟀，对人们的"戏谑"没听见一般，突然抬起头开始回应人们的话题。他一开口立即把所有人的注意力吸引了过去。

我这伤就是你们中某些人给弄得。

小宋这话让在场的人全愣了一下。

那天唯一跑掉的"胡子"，这个"老油条"就站在窗户旁边，他一听到一楼有"动静"（情况），"轰"一声就撞开窗户跳出去了，我距窗户也挺近，反应也够快，紧跟着第二个跳出去了，没想到脚一着地，没站稳就趴地下了，刚要爬起来跑，后面你们当中不知道哪些"王八蛋"跟着就下来了，"轰""轰""轰"全砸我身上了，我的那个妈呀，差点把我给砸死。把我当肉垫儿砸着也就罢了，有几个人跑的时候是踩着我脑袋和胳膊走的，地下全是石头、瓦片，我这半边脸着地，让他们给踩着走了能不花成这样吗？那天黑乎乎的啥也看不清，我要能看清楚谁踩着我脑袋跑的，今天一定给他们几个嘴巴子并要医药费。"老二""大头"你两个那天不也跳了吗？说不定就有你们的份儿。

（"小宋"说这些话的时候一脸严肃）

肯定不是我们俩，那天两个窗户，俺俩和你跳的不是一个。（其中有一个人回应道）

一次让大家如惊弓之鸟的"爆堂子"，经过大家和"小宋"戏谑的渲染被搞成了一场日常生活中每天都在上演的脱口相声。那些五六十岁，平时一脸严肃的人，这时候像小孩子一样有的已经笑得直不起腰来。那些平时沉稳严肃，给人冷冰冰感觉的几个人也捂着嘴笑得满面通红。在人类社会中，40岁到60岁的人，除了在自己的家庭内部，还有什么场合能让他们彻底放下一切矜持，毫不掩饰地在"社会"中笑得前俯后仰呢？这也许就是斗蟋这一民间嬉戏对斗蟋社会成员的魅力之所在吧。亚里士多德认为人是社会的动物。这一点对人的重要性被现代霍布斯、洛克、孟德斯鸠、卢梭和托克维尔以降的社会哲学家和社会学家再次论证、证明和肯认。① 不论是古代还是现代，不论人多么渴望和追求自由，那种专属人类的自由一定不是原子般、每个人都是孤岛的自由，而是大家聚集在一起，以人类特有的语言为媒介，通过长时间的矛盾、摩擦、熟悉、理解形成的具有稳定性、规范性、承认性之具有人际约束性和行动限阈性的自由。卢梭那句"人生而自由，却无往不在枷锁之中"可能是对人类自由社会性最贴切的概括性描述了。

在"爆堂子"和那次从某种意义上替笔者解除了尴尬的"脱口秀"之后，笔者认识到"小宋"是一个非常纯粹的斗蟋社会成员。所以刻意和他进行了几次深度交流。

（笔者）问：你"进去"（被警察抓住）过几次？

"小宋"：加上和你一起进去那次是第三次了。

问：每次"爆堂子"你都跑吗？有没有成功跑掉的时候？

---

① 他们都认为"社会"对人而言是一种必然的选择，特别是霍布斯、洛克和卢梭，都假设了一种和"社会"相对"自然状态"，通过对"自然状态"这一人孤立生活状态不方便或不可能的论述论证人们进入"社会"——和其他人合作形成某种关系——的必要性。

"小宋"：只要有机会肯定每次都跑啊，傻瓜才不跑呢。我一次没跑掉过，上次"胡老二"第一个跳不就跑掉了吗？我要是不被砸底下动弹不了，说不定上次就跑掉了。公安人员是些什么人啊，他们在行动之前把周围的出口了解得比我们都清楚，想跑掉太难了，除非他们有疏忽或者有的到位慢了几秒钟。

问：一次没成功，上次还摔成那样，以后遇到（"爆堂子"）还跑？

"小宋"：肯定跑啊！

问：为什么知道跑不掉，并且抓住可能面临的惩罚要重还要跑？

"小宋"：你玩蛐蛐时间短，还没完全融进来，你不知道那些真正玩蛐蛐人的心理。斗虫（蟋蟀）就是个"玩"字，一个人喜欢蛐蛐，可能捉、养、收都不错，但是如果没有"玩性"他是"斗"不了蛐蛐的。哪个玩蛐蛐的不知道自己在"赌博"？哪一个不知道可能会"爆堂子"？正因为知道了"玩"起来才有意思。你玩过"捉迷藏"吧。"捉迷藏"的"捉"字在前，说明"藏"是次要的，"捉"才是游戏的核心。"爆堂子"就是一次"捉迷藏"，人家设计好抓你了你在那儿不动，你觉得没意思，人家抓你的也会觉得没意思啊。"爆堂子"不是苦大仇深、你死我活的对抗，那就是"玩儿"。你每次连反应都没有，老老实实蹲在那里被抓，警察都会瞧不起你。我每次都跑，有两次是被同一个派出所给抓的，第二次他们就认识我了。他们问我："下次还跑不跑了？"我说："不跑了！"他们就在那里笑。我当时心里想的是一定跑，而且让他们抓不到。他们也知道下次我还会跑。那次交了钱就让我出来了，蛐蛐和罐子都给我了——这可是非常少见的，有机会再让他们抓我几次说不定就成朋友了，看到我就把我放了。在斗蛐蛐的圈子里除了上了年纪的，我们这年纪如果一年三次"爆堂子"，你都蹲在那里被抓，圈子里很快就把你当傻瓜。但你跑三次试试，我保证你就成了名人了，大家都想贴糊（凑近乎）你——因为大家会觉得你是个"玩家"，不是个"赌棍"。（"爆堂子"）跑是斗蟋蟀的一部分，而且是最刺激、最有意思的一部分。一个老玩家跑是会上瘾的，那被砸断了腰的"老金"，他和"胡老二"每次都跑，外人都觉得他跑是因为他是个大夫，怕丢工作或"丢不起人"。让我看，他就是喜欢跑。这话说起来可能没几个人信，但是老玩家都懂……

笔者本来以为六七年的参与调查已经能够做到通过"移情"正确观察和把握斗蟋者的行为和内在逻辑。然而"小宋"这席话却让笔者大吃一惊。"斗蟋社会"是一个"游戏"的场域，是斗蟋者在一起嬉戏的社会空间。但"游戏"和"嬉戏"不仅是这一场域和社会中人们互动的呈现形式，而且根本就是它们的存在本身。或者说，"嬉戏"不仅是一种形式，而且是一种文化——一种支配人们以特定的态度、原则和行为方式行为并最终体现为某种稳定的集体行为样态的文化。

结　语

在斗蟋者那里，"国家－社会"的二元分离观念几乎是缺失的，他们模糊地认为国家就是社会的代表，所以总体对国家采用一种合作主义态度。但实际上现代性语境下的"国家－社会"二元往往意味着"国家"与"社会"的对立。国家有自己一套独特的意义系统，它试图让人们在其所规定的意义系统和设定的制度框架内呈现自己的行动。在斗蟋社会中，斗蟋者遵循着传统，围绕蟋蟀形成了自己独特的意义系统，而特定的语言表达方式和互动方式让这一意义系统以文化的形式得以固化。"他们通过主体间所承认的规范来协调行动，并作为一个休戚相关的社会群体成员去行动。由于个人是在一个文化传统中成长并参与群体生活，所以他们就内化了（传统的）价值取向、习得了一般的行动能力，形成了个人认同和（关于自身文化的）社会认同。在交往媒介中，不仅繁衍着文化语言的背景，而且也生发着生活空间的第二向度——'制度的'组成部分或'社会学意义上的'组成部分……作为现代化进程的一部分，生活空间的结构分化是通过专注于传统、凝聚性和认同等繁衍的制度的演进而发生的。"①

"国家"和"社会"两种不同的意义系统，一种意义系统通过科层制度

---

① J. L. Cohen and A. Arato, *Civil Society and Political Theory* (The MIT Press, 1992).

围绕权力展开；另外一种则通过文化围绕人们的日常生活展开，并且这两种系统都想在指导人们行为时获得主动权。由此，它们不论在具体的制度和结构设置上还是在逻辑指向上，都呈现不能克服的张力。要克服这种张力，除非有一方愿意放弃自己所围绕展开的目标。哈贝马斯所说的"生活世界的殖民"是通过牺牲生活世界而化解现代性下"国家"和"社会"张力的一种实践。但哈贝马斯显然对这种"实践"持一种批判的态度。

第五章

"隐遁社会"的人员分类

一 人的社会分层与分类

阶级与阶层涉及社会秩序在结构上如何可能以及如何构建的问题，在此意义上它成为社会学理论构建中的又一核心领域。在这一领域中的研究总体看来大体有三种取向：宏观结构主义、微观互动主义和介于二者之间试图建立连接的"实践－过程"主义。第一种以马克思为代表；第二种以齐美尔、科林斯等人为代表；第三种以米尔斯、布尔迪厄、吉登斯和哈贝马斯等人为代表。

在阶级理论中，马克思关注财产的作用，他认为阶级是由那些在财产关系上相似的人组成的：他们一无所有，或者他们拥有的财产差不多。马克思关注权力和合法性的问题，认为这一点和意识形态联系在一起。在阶级社会中，人们相信许多观念，尽管这些观念不对，却是一种意识形态，意识形态的主要目的就是使得当权者的地位具有合法性。① 马克思的阶级理论尽管很具有现实的说明和批判性，但其不足之处就在于这一理论对结构的过度强调导致某种有机连接的消失，最终社会被分割为不同的利益集团（阶级）——它们在冲突中推动历史的发展。至此，每一个活生生的个人仿佛淹没和消逝在了历史和结构的宏大叙事中。赖特·米尔斯好像对马克思

---

① 鲁斯·华莱士、艾莉森·沃尔夫：《当代社会学理论》，刘少杰译，中国人民大学出版社，2008，第76页。

的这种结构主义有所警觉，试图通过"社会学的想象力"把宏观和微观分析连接起来。他使用社会学的想象力把微观领域的性格与社会结构的关系联系起来，认为：不断增加的由没有传统信仰却永远有着好奇心的人们组成的社会关系是十分脆弱的。① 他在论述美国白领阶层时认为：把人们"固定"到社会中的稳定的社团与传统价值已经消失了，它们的消失使得地位或者位置的整个系统都进入了混乱状态，而地位和自我认同紧密相连，失去了传统价值就降低了人们的自我认同感，从而进行中的生活实践就会把人们卷入了一个位置的恐慌中。② 布尔迪厄从场域理论开始，认为"每个场域都是权力关系的所在"。③ 不同场域的权力完全依靠不同形式的资本。经济资本、社会资本和文化资本是布尔迪厄认为的最重要的三种资本，而文化资本通过教育培养出人们不同的品味、审美以及价值理解甚至资本本身，从而"再生产"出了社会的阶层。④

从传统社会学的卡尔·马克思、马克斯·韦伯和涂尔干以降，阶层研究逐渐成为社会学的核心课题。但为什么把其作为核心课题是一个更重要的方法论理论问题。这一问题作为阶层理论研究的方法论理论预设和前提，在社会学的阶层理论中往往被忽视。这种忽视并非刻意而是基于被认为很严格的传统社会学理论问题及其论证推理——社会学回应了亚里士多德"人是城邦（社会）的动物"这一主题，并进而在现代语境下追问，人聚合在一起如何能共同生存？传统社会学的答案是聚合在一起的人们如果能按照某种方式或力量"自然"分层，从而把人分成不同的部分或类别，而各部分和类别之间能形成平衡，那人与人自然在整体上也就能共存了。这种明显带有结构主义印痕的分层方式和力量在卡尔·马克思那里是围绕经济的斗争；在韦伯那里是依赖于人类理性的职业、地位和经济成果；在涂尔干那里则是由于社会劳动分工而产生的道德连接。这三位社会学的奠基者

① Hans Gerth, C. C. Wright Mills. *Character and Social Structure* (New York: Harcourt Brace, 1953), pp. 460 – 472.

② C. Wright Mills. *White Collar: The American Middle Classes* (New York: Oxford University Press, 1951), pp. 16 – 17.

③ Pierre Borudieu. *In Other Words: Essays Towards a Reflexive Sociology* (Cambridge: Polity, 1990), p. 141.

④ Pierre Borudieu. *Reproduction in Education, Society and Culture* (London: SAGE, 1990).

都关注理论的普遍性，所以最后他们的理论不免都走向宏大的历史理性和宏观结构主义叙事。斗蟋蟀这一传承千百年的社会向我们展示了按照一种完全不同的逻辑展开的完全不同的人类聚合和力量、结构组合方式。中国古人有谚语说"人以类聚"，在斗蟋蟀这一承载着非常完整的传统社会信息和要素的社会中我们发现：生活于其中的人们基本不关注现代意义上的社会阶层，他们每个人在与他人的交往中都在根据相对稳定的标准——如蟋蟀的鉴别能力和人品等，对人进行不断的分类而不是分层。社会中人的分层关注政治、经济和职业方面的差异性和不平等；而斗蟋蟀社会中的分类方式则关注人的平等和相似性。这种平等和相似性强调的往往不是传统社会学理论中认为的财富、权力和声望等方面，而是文化意义上的平等和相似性。

在斗蟋社会中，根据学术意义进行定义并被采用的社会分层标准是基本不被认可的，其中的成员只相信围绕斗蟋蟀这一游戏在交往互动过程中形成的关于人的分类。也就是说，对人按照某种从学术和理论上抽象出来的标准进行社会分层，相对于真实的社会生活和处在布尔迪厄所说场域中的人而言，只具有学术和统计学的意义。在斗蟋社会的人际交往中优势或劣势位置的确立，其标准不是财富、职业和声望这些在学术和统计学意义上被公认的标准，而是在真实的斗蟋游戏中的行为能力。这种能力来自一个人进行游戏的能力。具体而言有两方面：一方面是对"核心技术"——蟋蟀选、养、斗或说对蟋蟀本身"秘密"的掌握；另一方面则是对斗蟋规则和文化的谙熟。斗蟋社会之外的人往往根据某些宣传把斗蟋蟀看作赌博游戏，事实上并非这么简单，赌博围绕金钱的输赢进行，并且把输赢的结果全部押在不确定的"运气"上。而斗蟋蟀的输赢所依赖的却完全是在蟋蟀选、养、斗方面的经验、技术以及人际关系的运作。更为重要的是，作为一种社会性嬉戏，围绕着蟋蟀展开的人与人的社会互动和交往并不仅仅在"斗"以及"斗"的结果那短暂的瞬间，对很多人而言，它贯穿一个人的一年乃至一生的整个时间和生命历程。一个人如果不能做到把自己的全部精力和才智投入到蟋蟀上面，那相比那些"悟性"差不多但全身心投入的人来说，在围绕蟋蟀的嬉戏竞赛中输的概率自然就要大。一个总是在斗场上输掉比赛的人，即使在斗蟋社会之外的社会很有钱或有很好的职业和声望，在斗蟋社会中也是不可能被尊重并在社会人际关系中处于优势位置的。

一个人如果沉迷于斗蟋，即使他财大气粗或具有很好的职业或有官职，如果不懂蟋蟀的辨识技术，不懂斗蟋过程中的规则、语言和文化，则可能会被斗蟋社会中的成员认为是"不懂蟋蟀"的"傻帽"。对于这一类人，斗蟋社会中会有两种人采取两种不同的方式对待。第一种人是精通斗蟋游戏和技术的，他们会"盯上"这样的"傻大款"，为他们"量身定做"一些比赛。比如他们会通过各种渠道打听清楚这位"大款"某一天要到哪个斗场，他会带几只蟋蟀过去，每只蟋蟀的厘码（重量）是多少等。这样他会根据对方的情况特意准备几条"厉害"的蟋蟀去和他对。用北方方言说就是去"喝钱"。[①]对于这样的"设计"大家都心知肚明，但是谁都不会点破，因为大家都会通过"押花"参与到分享那不太懂蟋蟀的"大款"的游戏盛宴中来。这时候，那些不懂斗蟋、不懂嬉戏规则和技术的人往往就成了很多资深斗蟋蟀社会成员的"提款机"。但并不是每一个斗蟋蟀的成员都愿意和这些蟋蟀鉴别技术和对斗蟋文化不过关的人"合对"[②]。斗场上也有一些资深的老玩家刻意回避新手，即使在没有办法"合对"的情况下，也往往只是斗个"盆底"[③]。这样的人一般是有师承，深受斗蟋文化和游戏规则熏陶并把它们内化于心的真正斗蟋者——一些斗蟋文化的真正传承者。在他们那里，对斗蟋蟀这一社会性嬉戏的规则和其中彰显的精神与正义的持守远远重于金钱的输赢。而对一个"新手"通过"喊花"技术让其输钱本身是不符合斗蟋游戏的原则的。

斗蟋蟀的游戏和时间、经验密切相关，一个人悟性再高如果没有相应的时间和斗蟋经验做后盾，那么在斗场上的胜率也不可能很高。斗蟋新手是一眼就能被识别出来的，所以和新手或"技术"不行的人"喊花"明显

---

① "喝钱"的意思就是像喝水一样把钱纳入自己兜里。在斗场上经常听到这样的对话："张哥今天又来'喝钱'了。"在斗蟋社会中，用这一术语的时候，往往有这样几层含义：第一是稳赢；第二是容易；第三是挣钱的数量大。

② 在斗蟋蟀的过程中，厘码（重量）相同的蟋蟀会被摞在一起，成为"合对"，而"不想和某人合"或"不想和某人对"的意思就是不愿意和对方斗的意思。这种表达的背后往往不是因为惧怕输赢——没有一个带着自己蟋蟀去斗场的人会觉得自己的蟋蟀肯定会输——而往往是在人际关系交往中与对方不合。

③ 在蟋蟀斗场上都有以金钱来衡量的基本起斗点，一般最"小场子"的起斗点是100元，"中场子"的起斗点几千元不等，一般的"大场子"起斗点就上万元甚至几万元。起斗点是双方把自己的蟋蟀放入斗栅开始竞斗的最小金钱数，称之为"盆底"。有一些在小场子100元或300元起斗的，最后双方通过"喊花"和"押花"能斗到几千元甚至几万元，这时候往往被称为"埋地雷"——故意把很好的蟋蟀放到"小场子""喝钱"。

有欺负人的意思。而不愿这样做的人和那些喜欢这样做的人比较,他们明显不是一类人,这两类人作为真正的斗蟋社会成员,往往才是斗场上真正的对手。但总的来说这两类人和那些"外行"或"新手"① 在斗蟋社会中不是一类人。

斗蟋社会中人的分类不是固定化的,而是随着人际交往的深入和展开不断处在流动和变化之中。有一次在一个中小斗场上,一个有 30 多年斗蟋经验的老玩家发表了自己的感慨:

> 回顾自己这几十年,自己相处和合作的人不断地换,有时候一两年就换一批。开始自己很在意(有些遗憾、伤感或疑惑的意思),后来自己也看开了,斗蟋蟀就是大家一起玩,一个人有一个人的个性,一个人有一个人的想法,大家能处得来就一起玩,处不来了自然也就散了。如果你"技术过硬"别的人会主动来找你,只要自己"懂"蛐蛐同时又是个好人那就不怕,实在不行就自己斗,这个圈子里都是一辈子的事(相处),最后大家都能知道对方是什么样的人。

从言谈中可以看出他是个持守传统的人,很关注人与人相处的脾性相合。斗蟋社会承载着中国传统文化的很多内涵。除了斗蟋蟀这一独特的社会嬉戏文化之外,围绕斗蟋的很多传统都与中国整体社会文化传统相对应。随着市场经济和金钱理念对斗蟋蟀这一社会性嬉戏的渗透,对人的评判以及人们之间的分类也开始围绕"经济"展开。这一硬性的标准让一些经济上并不富裕但是很喜欢"面子"的人在斗蟋蟀这一熟人社会中没有了容身之地。因为在熟人社会中,你的收入,甚至你最大的经济承受度都在周围熟人精确的揣测中。在这种情况下,斗蟋社会中的一些人开始喜欢到陌生的环境中去扮演另外一种社会角色。而农村的蟋蟀市场为他们提供了这样一种角色扮演的机会。

---

① 很多时候,"外行"和"新手"并不是因为从事斗蟋蟀的时间短,有一些玩了几十年蟋蟀的人仍被蟋蟀圈内的人讥笑为不懂蟋蟀。蟋蟀身上有很多如窗户纸般的"秘密"——蟋蟀界人士称为"暗门"——如果自己不能或者没有人帮助捅破,它可能对一些人一辈子都是不能被窥探的。而那些看穿了这些"秘密"——掌握了"暗门"的人就是些掌握了蟋蟀"核心技术"的人。同时,那些即使拥有了很高的蟋蟀识别技术,但如果对斗蟋规则尤其是斗蟋文化的掌握不到位的人,也可能被当成一些"外行"、"新手"或"陌生人"。

二 贫穷的 "大老板"

马克斯·韦伯给定了以 "财产" "声望" "地位" 作为标准的阶层划分方法，这一方法被广泛认可并采用。但这些标准在斗蟋这一 "隐遁社会" 的生活空间中，至少会面临两种质疑。斗蟋的社会空间作为一个临时聚集的场域，其成员来自该场域之外的各不同场域，最主要的是，当人们来到斗蟋这一社会空间中之后，人们就好比是进行了一种时空穿梭，仿佛从现代回到了古代，在其中生活的逻辑与该空间之外有很大的差异。在这样的情况下，如何确定人们阶层或分类的评判标准？举例来说，如果我们对美国社会和一个前现代部落社会中的成员进行比较，按照韦伯的标准，前现代部落的酋长来到美国的现代社会后在阶层上也许会被判定为下层，因为现代标准所标示为 "成功" 的东西在这位前现代的酋长身上可能都不具有。反过来，如果把一个很有钱的现代美国人放到前现代原始部落中，那他也许会被当成粗俗的下等人。另一种情况是：即使在市场社会中人们的阶层划分、阶层意识非常明晰清楚，但是由于信息不对称以及斗蟋群体的流动性和季节性，加之人们的连接主要依靠的是主观理解评判基础上的互动，结构性给定的标准在这一空间中很难实行。在人的社会性和能动性凸显的空间中，僵化的标准除了统计学意义之外，在隐遁社会中不再有判准作用。比如在中国一个不富裕的 "城里人" 到偏僻的乡村去可能会成为那里的上层（即使金钱不占优势，但是临时性声望和地位会很高）。如果加上一点故意的炫耀，这个人很容易成为乡下人认为的 "大款"。在斗蟋这一隐遁的社会中，就有很多这样贫穷的 "大老板"。在调查过程中，笔者发现这些 "老板" 的行为具有高度可类型化的特征。

笔者在宁阳收蟋蟀的时候经常遇到一些穿着拖鞋、迈着慵懒的懒汉步、拎着空空的蟋蟀筐、挺着 "将军肚" 到处晃悠的人。有一次笔者和现济南市蟋蟀协会（已自动注销）一位负责人一起收蟋蟀，他和一个看似 "老板" 模样的人热情地打招呼，还亲密地寒暄了好几分钟。那人说话的时候声音洪亮，目光中充满了高高在上的神态，那神态甚至连体态都很有 "老板范儿"。看到他的气势笔者当时甚至想："什么时候自己收蟋蟀的时候也能像这人那样从容有底气就好了，有钱就是底气壮啊。"可没等那"老板"走多远，这位蟋蟀协会负责人就指着他的背影跟笔者聊起来了。

　　负责人：看到那人了吗，家里穷得叮当响，还年年来收蟋蟀，他家里总共拿不出2000块钱，每年都是东拼西借才有可能来一趟，这一趟别说收蟋蟀（的钱）啊，（其他）花销对他来说就不小。
　　笔者很惊诧："那个人？怎么可能呢？"
　　负责人（眯眼瞪着笔者）："看不出来吧？他这样的人多着呢，出来都场面着呢。"

　　笔者还遇到一个很"场面"的斗蟋者，他在一个不错的饭店里招三喝四，对服务员和菜品是挑三拣四，对着服务员拍桌子，教训他拿碗的时候用手碰到碗的内边缘了……结账的时候他说什么也要请客，笔者看他从卷着的卫生纸里拿出了100块钱。后来到他家里，笔者发现几乎没有一件可以卖上200块钱的东西……
　　很多斗蟋蟀者是"职业化"的。笔者认识的有几个斗蟋社会的成员是下岗工人。在体制内的时候大多曾经体面和风光过，但"下岗"对他们绝大部分人来说是一次人生的转折和打击。他们的收入、体面和风光短时间内烟消云散，自己由原来大家羡慕的体制内人员，变成了社会上无收入的人员。[1] 随着市场经济逻辑下以经济（金钱）攫取能力为一个人成功与否的最重要甚至唯一标准的确立，在知根知底的熟人圈子里，无论那些人原来

①　这些人员，到了60岁就要靠领取社会保险提供的固定退休金过活，而很多四五十岁的人多被"买断工龄"，这些人因为不到退休的年龄，领不到退休金，所以他们以后的主要家庭收入可能就是那几万元或者十几万元的"买断工龄"的钱。在国有单位待了几十年，特定的工种让他们的技术非常单一，大多是过时的制造业，并且他们大多学历不高，加之他们所处的年纪很多不愿、不能或感觉没有脸面或勇气应聘寻找新的工作；还有一些单位名义上还在，但实际上只是"名存实亡"，他们每个月只拿几百块钱的所谓"工资"，等待着60岁的到来（60岁以后可以拿到两三千块钱的退休金）。所以很多处在这种情况的原国有单位人员，如果恰好喜欢斗蟋，最后往往都成了"职业"斗蟋人——斗蟋蟀季节的收入成为他们一年中主要的收入来源。这些人往往能在斗蟋场上赢钱，而他们的赢大多不是因为好的蟋蟀或蟋蟀辨识技术，而是因为对斗蟋规则和文化的谙熟。

在体制中如何风光优秀，现在都成了"虎落平阳"。曾经的风光和优秀在开着豪车收蟋蟀，带着大把钞票"押花"的人面前只能成为自己永远的记忆了。新时代的新标准不可避免地给他们造成诸多生活的紊乱、自我重新定位的迷茫和角色认同的危机。对于这些，他们无法得到组织和制度的支持。他们渴望某些具有稳定性的东西，但社会按照它自己的标准每天都在变迁。于是，唯一属于市民生活世界同时又在观念具有稳定性并承载着千百年传统的斗蟋，成为这些人的皈依——他们在这一松散的团体中不仅能看到和自己一样的同事，而且能利用这一游戏进行现状和对未来可能的交流。这些都给了他们一种稳定性。

也可能因为上面提到的原因，他们这部分人呈现了独特但又有代表性的特征——平时温和寡言，但大多酗酒，并且在酒后多言且喜欢自我表现。原来在工厂体制中的人大多是当时社会上优秀的人，所以一旦他们全身心地研究蟋蟀，大多都能收获自己独特的经验和心得，而如果性格不是很怪癖，这部分人身边总有一些有钱而入行晚的人愿意"拜师"，或者邀请他们做斗蟋蟀的"顾问"。由此很大一部分人成了"幕僚集团"的成员。他们往往也会利用自己"顾问"或"幕僚"的身份向自己服务的对象或者其朋友以较高的价格出售自己的蟋蟀。那些帮助不太懂蟋蟀但是喜欢斗蟋的"老板"收蟋蟀的人，因为能"同情"或"移情"地换位思考，所以在收购蟋蟀的时候大多价格合理或偏高（因为他们花出去的不是自己的钱），由此，捕捉蟋蟀的农民和"撬子手"不仅口头而且内心都认为他们是懂蟋蟀的"大老板"。但这些"大老板"身心的"贫穷"与历史的辛酸是只有他们自己能消化体会的痛。所以只有经常借助俄狄浦斯带来的暂时性的癫狂他们才偶尔有勇气回忆并提及自己的过去；只有伴随自己蟋蟀在斗栅内的凯旋，他们才能在斗蟋社会中短暂品味某种早已逝去的荣耀、优越和自我肯认。具有稳定性的传统和斗蟋嬉戏中人际关系的构建，让这些人找到了社会的皈依。

在宁阳等蟋蟀产区的农村，从每年7月底开始到8月底的一个月时间是农民抓蟋蟀的黄金时段。尽管在最炎热的一个月天天钻玉米地，经受蚊虫的叮咬是个非常辛苦的事，但这可以给生活在农村的家庭带来不小的一笔收入——一般夫妻两个人抓20多天的蟋蟀就可以收入1万元左右。一些抓了 20 多年有经验的 "撬子手" 一个月靠抓蟋蟀就可以收入几万元。和那些在城市里怀揣着好不容易凑够的两三千块钱下去收蟋蟀的 "大老板" 相比，农民才是些有钱的 "大老板"。但是长期的城乡二元分割政策形成了城里人和农村人身份地位的区隔，那些在大城市里的贫穷者一到了农村也总能立即呈现自己的地位优势。尽管不值钱但因为不用天天面对泥土而显得体面的穿戴，高傲的态度，作为蟋蟀内行专家的果断评判，总能让售卖蟋蟀的农民怯怯地称他们一声 "老板"。但实际上他们中很大一部分人只收 5 元到 10 元之间 "小价格" 的蟋蟀。因为信息不对称，这些 "大老板" 的价格上限，那些售卖蟋蟀的老百姓是不知道的。对于一些自己抓并售卖蟋蟀但又看不出蟋蟀好坏的农村妇女和小孩而言，这些 "大老板" 们往往能从她们那里 "捡漏"。但是 "捡漏" 也是需要行为和话语上的策略的。下面这样的行为和对话就是那些 "大老板" 们具有代表性的 "捡漏" 策略。

　　售卖者（农村妇女或小孩）：老板，看蛐蛐吗？
　　"大老板"：看啊，下来就是收蛐蛐的怎么不看？

随着售卖者把二三十个甚至更多小瓷罐陆续打开，皮筋放到桌子上，他会以一两秒看一个瓷罐的速度迅速把所有的瓷罐掀盖看完。

　　"大老板"：收起来吧，太小了，都没相中。
　　售卖者：地里哪有那么多大蛐蛐啊，逮个蛐蛐不容易，老板就留两条（只）呗。
　　"大老板"：不要！太小了，买回去也没用。
　　售卖者：老板就留两条（只）呗，小蛐蛐小价钱，也不会给你要大价，你看着给就行。下次逮了蛐蛐先来给你看。
　　"大老板"：是啊，逮个蛐蛐不容易，我也逮蛐蛐，知道你们的辛苦。这样，我自己不要，5 块钱两条（只）留你几条回去送人，你要是觉得行的话我就要你几条（只）。
　　售卖者：两块五一条（只）瓷罐钱也不够啊。
　　"大老板"：我不要你瓷罐，我自己这里有瓷罐。

> 售卖者：三块钱一条（只）吧，你多挑几条（只）。
>
> "大老板"：行，行，我就随便拿你五条（只）吧。

说着他会迅速地从几十个瓷罐里把满意的蟋蟀拣出来。在这一过程中，他们的一个秘诀就是"快"——开盖看蟋蟀的时候一定要快，给售卖者的感觉是没有特别值得留意的。对于一个懂蟋蟀的老玩家来说，一两秒的时间，蟋蟀的皮色、大小基本都能了然于胸了。而对于售卖者来说，一方面是她们认为从地里抓的蟋蟀没有成本①，所以一只能卖三五块钱也是额外收入；另一方面是她们在蟋蟀季节要把大部分时间花在抓捕和售卖上，没有时间饲养，加之抓获了几百条之后，家里用来盛装蟋蟀的瓷罐不够用，这样两三天时间就可能导致蟋蟀死亡，与其这样不如趁早给钱就卖了。而这些心理和情形，都逃不过那些几十年如一日收蟋蟀的"大老板"们。于是年复一年，他们在农村以"大老板"的身份"捡漏"，很多5元的蟋蟀回到城市里可能很快会以几百甚至上千元的价格出售，这在很大程度上在经济上缓解了那些"大老板"们在城市中生活的拮据。其中也不乏有些人真的通过这样的途径成了"老板"。

在西方也许可以根据一个人的谈吐衣着立即看出一个人的身份，但是在中国，至少在这个隐遁的社会中，不同的阶层界限被打破，人们在一个全新的场域里互动。一个人的身份如果不依赖于"熟人社会"中的熟识和了解是很难被识破的。不过在他们斗蟋嬉戏的社会中，撇开我们所谓的阶层之见，在任何场合和地点敢于以一种高傲的姿态挑战尴尬，可能也是他们释放压力、挑战生活的方法。在他们的生活逻辑中，这些在我们现代社会中看似处于社会下层的人似乎在以自己的行动发表着抗争宣言：人是平等的，人都可以在舞台上演戏，所谓的社会阶层又何尝不是演出来的？而中国独特的传统和文化给每一个斗蟋者披上了表演的戏装。在这个社会中关于蟋蟀的文化身份和位置总是优于经济的身份和位置。人们更多的是按照对斗蟋文化掌握的程度对人进行分类，而不是按照马克思或是韦伯的指标对人进行分层。

---

① 生活在农村的中国农民是没有经济学上强调的"劳动力成本"这一概念的，熬夜辛苦钻玉米地他们不认为有什么成本，因为他们要捕获的蟋蟀是一种在自然界中找到就可以据为己有的东西。

三 "豪赌"群体

凡勃伦认为，有闲阶层非常关注荣誉、体面、身份等具有象征意义的符号获取，而"在任何高度组织起来的工业社会，荣誉最后的基础总是金钱力量；而表现金钱力量从而获得或保持荣誉的手段是有闲和对财务的明显消费……社会上没有一个阶级……会放弃金钱礼仪上最后剩下的一些小零小碎或最后的门面装点。世上没有一个阶级……会卑怯地屈服在物质缺乏的压力之下，甘心让自己不获得对这种高一层的或精神上的要求的完全满足"①。

随着市场经济逻辑的推进和深入人心，金钱逐渐被人们看得越来越重要，一些拥有资产的有钱和有闲人逐渐加入到了斗蟋蟀的嬉戏中。从某种程度上说，这一类人的主要社会关系在斗蟋社会之外，他们的加入好比在平静的湖水中注入了一股外来的巨大暗流，不断让湖水泛起涟漪和漩涡。斗蟋社会原来"差序格局"的结构在这些有钱人注入暗流的推动下发生了巨大的变化，市场和科层结构下的垄断模式在他们巨大消费指挥棒的指引下建立被逐渐起来。

为了收购蟋蟀，这些人最近几年在山东主要的收购点——宁阳的黑风口、泗店等地都长年租了门头房，这些门头房平时空置，到了蟋蟀收购的季节，就成了那些有钱人专门的收购场所。售卖蟋蟀的人称这些人为"大户"。其中有几个"大户"几乎产地所有蟋蟀收购和售卖的人都知道，因为他们不仅有自己的收购点，而且在山东省主要的蟋蟀产地都挂起了横幅，立起了大的广告牌。牌子和横幅上不仅有自己的名号，还留有常年不变的电话。对于蟋蟀，不论是自己逮到的或是收购得到的，只要自己认为好的都可以送去让他们看。他们看中的蟋蟀给出的价格不仅让售卖者满意，而且很多时候往往让其他收购和售卖者感到不可思议。比如天津有一个出名的大户，被捉蟋蟀的"撬子手"和蟋蟀售卖者当成了传奇一样的人物。根

---

① 凡勃伦：《有闲阶级论》，蔡受百译，商务印书馆，2005，第67～68页。

据一个参与其中的"撬子手"转述：2016 年的虫季刚开始，他就召集到了能召集的山东各地的"撬子手"吃饭——酒席开了几十桌。吃完饭每个人发了 1000 元的红包。这红包没有任何义务，就是给"撬子手"作为抓蟋蟀的路费补贴，鼓励他们捉到好的蟋蟀来给他看。并且他要收购的蟋蟀价格都在 10000 元以上。他这样一开价，很多售卖蟋蟀的人感觉自己的蟋蟀到不了这个价码，反而很少有敢去给他看蟋蟀的了。毕竟，10000 元的蟋蟀是一定要够其价格标示的品级的。常年逮蟋蟀的人对此很清楚。为了克服人们的畏难心理，鼓励人们去给他看蟋蟀，这位大户又出新招——只要去把蟋蟀给他看的，即使不能入选也给 2000 块钱的奖金……一旦蟋蟀入选，很多都是三五万元的价格。据那个"撬子手"转述，这天津大户每年收蟋蟀的"虫本"大约在千万元，而其在中国最大的斗场上每条蟋蟀的花面都在百万元以上。

这一人群可谓斗蟋社会中的"豪赌"群体或者就是喜欢"豪赌"的一类人。他们大多是在市场经济中捞到了金，至于他们很多人的底细（资金来源），在隐遁社会中不知通过何种渠道也一个个被"解密"并不翼而走。他们有的做药材生意发了家；有的从澳门赌场的服务生做起，后来因为得到老板赏识在赌场有了自己的一张赌台；还有一些做茶叶、钢材生意；当然也有所谓的老大或其成员。这些人除了个别人之外，自己并不亲自收购和饲养蟋蟀，他们大多都高薪聘请一些精通蟋蟀甄别和饲养技术的"老法师"[①] 代劳。这些"老法师"们也因此跨越了社会中的阶层壁垒，在斗蟋社会中以崭新的身份重新聚集，成为参谋、顾问和幕僚群体。一般一个大户都会请几个"老法师"，一只蟋蟀经过他们过目一致同意那就决定要了，具体的价格也根据这些"老法师"们根据蟋蟀的级别来定。由此，有两个要素决定了那些"大户"在未来蟋蟀竞斗场上的胜率会高很多。第一是价格，大户只收购几千元甚至万元以上价格的蟋蟀。由此，各个部位长不到位的蟋蟀，售卖者和"撬子手"自己都没有勇气把自己的蟋蟀拿到那些"大户"那里给他们看。高得让人吃惊的收购价格，在很大程度上保证了收购蟋蟀

---

① "老法师"是南方人对那些谙熟蟋蟀甄别和饲养技术人员的称呼。这些人可能来自不同的阶层，但有一点是相同的——有一双能识得好蟋蟀的慧眼。

的质量。① 第二是"老法师"团队，他们高薪聘请的"老法师"们一般都有几十年蟋蟀的选、养、斗经验。几个甚至更多"老法师"聚到一起，那挑选和饲养蟋蟀的水平总体自然会比那些单打独斗的高。

有一个逮了几十年蟋蟀的"撬子手"，他们团队有一只开价最少8000元的蟋蟀，他自己和团队其他人到处联系买家。笔者问他为什么这么好的蟋蟀不去给"大户"看，他显得有些犹豫和支吾，开始说不认识"大户"，没有中间联系人，后来说自己掂量着那只蟋蟀不够能给"大户"看的"级别"②。从这一点可以看到，那些"大户"们所收购蟋蟀的"品级"的确是惊人的，这就注定了一般蟋蟀收购者所收的蟋蟀如果在斗场上和"大户"的蟋蟀相遇，胜率肯定会低得多。

---

① 价格不是保证大户们收购到高质量蟋蟀的决定因素，因为蟋蟀身上的不确定因素太多。一个撬子手形象地描述了这样一幕：天津的大户花了好几万元收了一只蟋蟀，但是养了十来天发现蟋蟀开始"起油""走色"（这两个外在特征显现往往是蟋蟀不能斗的明证，但这些特征在蟋蟀刚出土的时候任何人都看不出来，在饲养了一段时间之后，那些所谓"底板不足"的蟋蟀就会出现这样的特征）。于是大户当着撬子手们的面，顺手就把蟋蟀扔出了窗外。这一点给那些撬子手们的震动非常大——这"大户"太有钱了，自己只要抓到好的蟋蟀送过来一定没错的，因为对方不在乎钱。而"大户"公然进行这样的"表演"，很显然也是在传递这样的信息。这一细小的动作演化出来的故事在蟋蟀产区广为流传，每一个人整个虫季的梦想就是逮一只可以让"大户"收购的蟋蟀。

② 一只蟋蟀最低要价8000元，这对于一个有几十年捉蟋蟀经验的撬子手来说也是多少年难遇上一次的。大户的蟋蟀以及像撬子手这样的蟋蟀到底长什么样，笔者一直没能一睹容颜。笔者也曾表达过想看看那蟋蟀的意愿，但因为是团队其他人逮的，这位笔者熟悉的团队带头人也表达了自己的难处。"虫主"不愿意轻易让人看，如果看也可以，但看完了不要也要交2000块钱给"虫主"以作为某种补偿。对此常人可能觉得不可思议，看蟋蟀不会对其造成任何损害，为何需要这么高价格的"补偿"？其实这里面有其合理性。首先，一旦约定了看蟋蟀，那"虫主"就必须保证看蟋蟀的人满意后带走蟋蟀，也就是要保证蟋蟀一直处于未出售状态，这期间即使有人愿意出价也是不能卖的。而如果看蟋蟀的人看完蟋蟀之后不满意，那"虫主"就等于错失了出手的机会，对此看蟋蟀的人应该给予一定的经济补偿。其次，斗蟋蟀的社会是一个熟人网络社会，"某人抓到了一只非常好的蟋蟀"这样的信息是通过熟人关系网络传播的。通过这一网络大家都成为潜在的售卖者。但同时，那些愿意花这样高价钱去收购这样蟋蟀的人，一定不会是"菜鸟"级别，而肯定是个斗蟋蟀的行家，如果他看完蟋蟀之后没有要，说明他没相中，而没相中的理由肯定是这蟋蟀有其不可取或者不值虫主所开价格的缺点。这样每看一次，其流传出去的信息都是一次对蟋蟀价值的减损。如果去四五批人看完这蟋蟀都没有要，那估计这蟋蟀按照"虫主"预期的价格出售的可能性几乎就没有了，最后大多会以比普通蟋蟀高不了多少的价格出售。这样看来，看似高昂的"看虫费"从"虫主"角度来看实际上是一个非常合理的要求。另外，蟋蟀的产地和出处对蟋蟀本身的级别而言也是非常重要的，而这些只有抓虫的人自己明白，笔者想这也是那团队带头人的"支吾"以及他们不愿意把蟋蟀给"大户"看的原因。

在上海有个广为人知的大户——"南翔小胖"，他每年都在山东的主要蟋蟀产地宁阳打出横幅，并且长年租着门头房。作为"大户"他非常有钱这是肯定的了，但他所处的经济上的位置好像并没有把他放到社会某一具有排斥性和封闭性的阶层里。相反，上海南翔只要玩蟋蟀好的，除了那些不愿意和他交往的人之外，都认识他并且能和其交往。有钱却不能融入整个的蟋蟀文化在斗蟋社会中是被鄙夷的。到了虫季上海蟋蟀玩家都到山东来收购蟋蟀，笔者因此也认识了很多上海玩家，他们中的很多人都认识那个"南翔小胖"并和他有过交往，有的还每年都和他在一个场子里斗虫。但他们总体对这一"大户"的反应是"输多赢少"，是一个不怎么会玩蟋蟀的人。

> 蟋蟀玩的不仅仅是头大、牙大，如果头大、牙大的都能赢，你只花高价钱买那些头大，牙大的蟋蟀就好了，那蟋蟀每个人都能玩了，也没有什么"雕虫小技，博大精深"之说了。你有钱怎么样？有钱也就只能玩个头大、牙大，这样的人是永远玩不好蟋蟀的。蟋蟀身上的语言和秘密一个人没有很好的悟性一辈子都不懂的。

尽管没有点名，但这位玩了几十年的上海蟋蟀玩家通过这样的说辞表达了对一些"大户"玩法的不赞同。花了大价钱收购的蟋蟀，自然要到斗场上去斗，斗蟋界有专门为那些"大户"们准备的超豪华斗场，很多有钱人到了斗蟋蟀的时候都会赶到一些大城市的"大堂口"，出手阔绰地进行赌斗，他们一场少则几十万元，多则上百万、上千万元。比如在保定某地举行的斗蟋活动，所有的人员实行严格的身份审查准入制度，斗赛一开始，所有人员只许进不许出，在里面最少要住够一个赛季（1个多月），赛场里提供餐饮、娱乐等设施。进入场子每场的最小筹码是 30 万元。①

这些出大价钱收购蟋蟀和"豪赌"的人代表着隐遁社会中"奢华的贵族阶层"，他们多数不具备精湛的斗蟋识别技术，主要依靠高价收购。在这

---

① 由于这些"高级别"比赛的严密性，以及参赛资质要求的严苛，笔者对这一"豪赌"群体的状态没有真切的经验性了解，其中的数据都来自曾参与者的口述，而这些参与者大多是斗蟋的"懂行"者，他们被聘请参与在斗蟋过程中对蟋蟀状态的考察、选养以及斗蟋的出场布局等工作。因此，他们每年相对而言收入不菲。

方面，他们在隐遁的社会中没有什么可以被尊重的地方，他们豪赌的资本就是金钱，而金钱的来源往往由他们在社会上的实业企业所提供。所以这个群体和更大的社会的联系大于与隐遁社会的联系，处于隐遁社会的边缘。隐遁社会的成员大多对这个群体及其人员持敬而远之的态度。在那些斗蟋者看来，这个群体的人斗的不是蟋蟀，而是金钱的多少。隐遁社会主要是受文化而不是金钱逻辑所支配，所以金钱在其成员看来很重要，但不是最重要的。钱和权势会随着运势的起伏而增减，但斗蟋嬉戏中的蟋蟀、打斗的规则、其中人员的人际交往原则、那些历经几百年流传下来的古谱中记载的对蟋蟀的辨识技术等确是可以穿越时代传承的东西。

　　蛐蛐和钱有关系但也没关系，蛐蛐实际上有三个名字——"万金虫"、"斗气虫"和"害人虫"。当我一个月工资只有几十块钱的时候，一条虫我能押100块。现在看来尽管不多，但如果和我自己的工资比那就是"豪赌"了。20世纪80年代的时候我有一条虫押花打到了一万（元），那个年代一万（元）是什么概念啊？你没钱有好虫也不敢押啊，所以这首先是那些有钱人玩的东西，为此，蛐蛐也叫"万金虫"。人在斗场上输了谁服气？很多时候斗场上输赢的不是钱，是脸面和"气"，你这次赢了我，我下次非赢回来不可。这时候两个人就赌上气了，赌上气下次就会押更大的花，因为要通过把钱赢回来解气啊。但谁能保证能赢啊，很多时候是越赌气越输，最后害得家里揭不开锅，你说它是不是"害人虫"？但蛐蛐这东西和钱又没关系，我一辈子玩过两个"虫王"，都是我自己捉的，现在给你一百万（元），你给我买个"虫王"来看看，你根本买不到！那也是不可能的事！我每年都出好蟋蟀，有的人出几百（元）、几千（元）要买，我不卖给你，因为我们不是一路人。但朋友要，我一分钱不要送给他。所以斗蛐蛐和钱没关系。

这位"老玩家"自己捉虫40多年，对蟋蟀痴迷一生。他的这番话很显然是站在传统（前现代）斗蟋蟀的角度来说的。斗蟋蟀作为人们的一种嬉戏活动，其承载的首先是一种社会性。由此人与人的关系总是处在最重要的位置。另外，传统尊重经验，贴近自然，所以他们更习惯于把自己与原来生活于大自然中那些"将军"蟋蟀的相遇看成某种自然安排的"缘分"，而不单单是赤裸裸的金钱关系。所以他一直强调，"虫王"往往都不是人们印象中大头、大脖子那种，反而是"四平相"——哪个部位都看不出大，但哪个部位也都不算小。对于这样的蟋蟀，那些"大户"们往往是不会看在眼里的。所以，那些想用高价钱买好蟋蟀的人大多买不到"虫王"。但"虫王"才是一个玩斗蟋的人一辈子的追求，所以他认为蟋蟀和金钱没关系。和他的交谈让笔者恍若遇到了一个哲学家。他不仅把人、蟋蟀和金钱的关系上升到了社会学理论的层面，而且通过"虫王"的比喻又上升到了哲学抽象的层面。可能这就是他在一个独立的生活空间中所体悟出的蟋蟀和生活的哲学吧。

那些"大户"们表面上构成了斗蟋蟀社会中的"上层"，但从文化社会学的角度审视，他们是斗蟋文化的搅局者和边缘人。斗蟋文化承载的是斗蟋人的人生嬉戏，这种嬉戏是他们日常生活中交往和行为方式的别样呈现。斗蟋中的博彩尽管在蟋蟀竞斗中占有非常重要的位置，但是离开了斗蟋文化是无法理解竞斗中的博彩行为的。如果用一个比喻来说明，则博彩和斗蟋文化就好比盐和一道中国菜，即盐对于一道中国菜来说是非常重要的，但是把盐当成中国菜本身却是荒谬的。那些以博彩作为主要目标的"大户"实际上是现代市场经济的缩影，他们把市场经济中的"成本－收益"逻辑带入斗蟋社会中，试图以一种垄断的方式体会能给他们带来高收益的赌博乐趣——如同他们曾经在不规范的市场经济中赚取他们的第一桶金所体会到的那种乐趣一样。但他们也许没有意识到，当他们这样做的时候，在不知不觉间走到了整个斗蟋社会成员的对立面——所有生活在斗蟋社会中的成员会不自觉地联合起来开展一场针对"大户"的阻击战，这一战役不是个人性的，而是传统的社会逻辑与现代市场金钱逻辑之战，是一场卡尔·波兰尼意义上之保卫社会的战役。

一位曾经参与"大户"吃请宴席的"撬子手"曾羡慕地描述那位"大户"：

> 他每年至少拿出600万（元）收虫（蟋蟀），然后在场上再输600万（元），他一年在蟋蟀上的投入就是一千多万（元），人家太有钱了，

就是拿出这点儿钱来玩，人家不在乎。

但问题是：谁有这个本事能让花了那么多钱，收购了那么多高品级蟋蟀的"大户"每年都输钱呢？笔者所接触的资深老玩家都表示出了对这些"大户"们高价收虫的不屑，有的人甚至发出了愤怒的话语挑战：

> 我50块钱收的虫照样把他5000块收的虫敲掉，他每年输几百万（元），我每年不输钱，我赢钱的！这就是我和他们的差别！有钱怎么样，有钱就了不起啊？好蟋蟀如果都能高价钱买到，那我们这些没钱的还玩什么蟋蟀？①

尽管"大户"们引入的金钱市场逻辑被斗蟋社会的主流成员集体抵制，但对于只是为了卖钱的散户蟋蟀抓捕者和蟋蟀抓捕的精英——"撬子手"们，"大户"们推行的金钱市场逻辑发挥了巨大的作用。从某种程度上，这种逻辑很大地破坏了蟋蟀文化链条的第一环——蟋蟀产地蟋蟀买卖的自然秩序。

四 "撬子手"与中间人

蟋蟀买卖的"中间人"从明清开始就有，一些蟋蟀老玩家根据老一辈的陈述，现在仍然能说出清朝末年北京、天津等地知名蟋蟀贩卖大户的名字。比如，北京有个"四爷"号称北方最大的蟋蟀贩子，他每年都给京城的豪门大户提供蟋蟀。② 这些人有商业头脑，同时又精通蟋蟀。他们活跃在豪门大户和阡陌市井之间，在两个不同的"世界"都能左右逢源，从文化社会学角度看，他们过去是斗蟋社会的精英。现代社会的"中间人"往往分三类，第一类是在不同地域不同城市从事蟋蟀贩卖的人。这部分人具备

---

① 这是和几个上海老玩家在一起收蟋蟀的时候，在谈到"大户"的时候，其中一个人非常气愤的言辞。和他一起的另外几个人持有和他一样的看法。

② 这一点在王世襄先生的《蟋蟀谱集成》的"秋虫六忆"中有提及。

一定的斗蟋辨别技术，善于利用地缘差异，通常都是全家几口人一起出动。他们按照传统的性别分工：男的因为懂一些辨别技术，所以在山东各地收购，然后每一条蟋蟀都标定好价格转运到上海、北京、天津、西安等地，其妻子、母亲或弟兄、亲戚则按照标定的价格负责在那边售卖。也有一部分人在虫季的时候利用自己的技术就在附近市场"随买随卖"。第二类是每年固定为一个或者几个"大老板"到农村蟋蟀市场收购蟋蟀的专业收买人。这部分人一般对蟋蟀的辨别具有非常独特的眼光。那些没有闲暇时间到农村收购或者只是想赌博娱乐的"老板"慕名聘这些人，给他们一定数额的金钱（可能是几十万元），让他们收购特定数量的蟋蟀。只要数量够了，至于每一条蟋蟀的价格那些"老板们"是不会过问的。所以这部分人收购的价格一般比较高，那些每只低于 500 块钱的蟋蟀他们往往是不会过问的。第三类是被虫界称为"撬子手"的一类人，他们大多是具有多年捕捉经验的捉蟋蟀能手。他们和农民"散户"的区别是大多不直接去蟋蟀市场贩卖，而是相对固定地为一些"大户"或固定的收购人提供第一手"货源"。

这三类人的生活逻辑都是谋生活。也因为这样的原因，他们尽管可能在斗蟋选养方面"技艺高超"，但因为没有为了游戏而游戏的精神，所以在斗蟋社会中，从群体意义上考察，他们地位通常比较低，特别是第一种中间人。那些在田间常年抓捕蟋蟀且有识别经验的农民，即使价格合适也不愿把手中的蟋蟀卖给他们。到了虫季，在蟋蟀市场上经常看到一些穿着迷彩服，挎着腰包，嘴里叼着一根茭草到处转悠的人。他们就是那些自己也是农民的蟋蟀中间商。当外地来的蟋蟀收购者看蟋蟀的时候，他们也会挤到桌子旁边看——有时候也会扮演蟋蟀售卖者把刚收到的蟋蟀随手以较高的价格出售。如果看到好的蟋蟀没有成交，他们就会尾随那些出售的人要求看蟋蟀谈价格。这些人因为都是本地人，在语言和行为上比较容易和当地人"融入"，所以当他们刚作为一类特定的中间人出现的时候，当地逮蟋蟀的农民也都愿意让他们看，合适的话也会很痛快地卖给他们。但最近几年，随着他们成为一个稳定的群体，捕捉售卖的农民对他们开始集体抵制。笔者曾跟一个"中间人"到一个蟋蟀市场，看到了奇怪的一幕：他跟着一个卖蟋蟀的要求看蟋蟀，结果售卖人看了他一眼，直接回了一句："不卖！"

那"中间人"只好讪讪地走开。那一个下午居然没有一个卖蟋蟀的农民让他看蟋蟀。

> 笔者：他（她）们都认识你吗？
> 中间人：这个市场我也不经常来，我不认识他（她）们。
> 笔者：他们为什么好像躲着你一样，是不是你们从他（她）们那里买蛐蛐价格给得太低？
> 中间人（尴尬地笑了一下）：也不低，我最低也是几十块的。

"中间人"像是有意回避卖虫人为什么躲着他这一问题。但从他的语气中，好像有一种自觉理亏的不好意思在。为了搞清楚农民和这些"中间人"之间微妙的关系，笔者以看虫的名义在农户家里做了几次"访谈"。通过这些交谈，其中的关系发展脉络和逻辑逐渐浮现出来。

> 笔者：你们本地是不是也有"虫贩子"？
> 妇女1：有，怎么没有？现在市场上晃悠的多着咧。
> 笔者：你们能认出他们来？
> 妇女1：怎么认不出来？我们十几年在市场上卖蛐蛐，连他们再认不出来那还卖啥？
> 妇女2：他们大部分都是本地人，有时候本村的也能遇到。他们不像你们要个小桌，都是挎个小包晃悠着收。
> 笔者：你们愿意把"虫"（蟋蟀）给他们看吗？
> 妇女1：俺从来不给他们看。
> 笔者：为什么？
> 妇女1：他们都是些二道贩子，从我们这里10块钱把蛐蛐买过去，转手就卖200块。他们一些原来也是抓蛐蛐的，都认识（能辨别）蛐蛐。他们看到我们有好蛐蛐就故意说不行，而且净骗那些一点儿不懂的妇女和小孩。有时候还和外地来收蛐蛐的一起唱双簧"骗人"。你说都是三里五村的，哪一个打听一下没有点儿沾亲带故的？他们这么一干名声就臭了……

妇女2：俺家里（丈夫）原来也想去干这个，这样比抓蛐蛐来钱快啊，俺不让他去。你们不逮蛐蛐不知道，现在逮个好蛐蛐不容易啊。人家自己卖给那些去斗蛐蛐的少卖一点也就算了，他们成天游手好闲晃悠着倒卖蛐蛐，和以前的"二流子"差不多。把蛐蛐卖给他们心里不得劲啊。

笔者：他们要是给的价格合适呢？

妇女2：他们能给你合适的价格吗？100块钱从你这里买的蛐蛐转手他们能几千块卖给那些"大户"。多卖了那么多钱他们一分也不会多给你。反正我的蛐蛐卖不出去也不给他们。

从文化社会学的视角看，现在的农村，特别是那些偏远的地方，大多还是被乡土社会的传统主义所笼罩，而那些"中间人"大多是附近村子的人，很多和卖蟋蟀的都很熟。在那些自己逮蟋蟀的人眼里，这些人都是些和他们一样的农民，是他们的身边人、"邻居"或者沾亲带故的亲戚，他们怎么能从自己身上赚钱呢？由此，在和自己一样的"虫贩子"那里，他们真切地感觉到了一种"相对剥夺感"。另外从大自然抓没有"本钱"（农民是很少把自己的劳动力算在成本中的）的蟋蟀到市场上哪怕是几块钱卖了，对农民来说也是赚钱的。所以到蟋蟀市场卖蟋蟀就好比把自己种的农作物到集市上卖一样，是一种小农经济形式，但"虫贩子"的出现，让市场和商品买卖的形式加入了进来，这很容易让抓捕蟋蟀的农民在小农经济下的心理失去平衡。在行为习惯和传统心态的影响下，他们对那些给出的价格并不比外来的收购者低的"虫贩子"采取了一种集体抵制的态度和行动。也因此，那些"虫贩子"在农村社区的社会声望"莫名其妙"地很低。

第二类中间人，往往是"豪赌"群体与斗蟋社会中其他群体的"信息联络员"，尽管也不被常年的蟋蟀爱好者看重，但他们每年从"豪赌"群体那里抛出的消息，都会给整个斗蟋社会带来不小的振动。甚至有时候他们的信息会导致当年或下一年蟋蟀价格的急剧上涨。他们的生存伦理和生存逻辑也是谋生活，为此，他们注重和其所服务的"大老板"之间的长远关系，除了保证自身非常专业、诚信和敬业外，他们的权利义务观念明晰。① 相对于斗蟋社会的群体布局，他们类似于现代社会的"职业经理人"。在斗蟋社会中，这类人一般都有过比较"辉煌"的个人斗蟋史，因此被一些有钱的"雇主"垂青，收编在门下，成为所谓"御用军师"或顾问。尽管他们选、养蟋蟀的水平都很高，但因为主要对其"雇主"负责，所以在斗蟋社会中处于"隐形"和边缘的状态。但在最近几年的"大户"出现之前，他们扮演着市场价格制定者的角色。

在山东蟋蟀市场，在那些"大户"（"豪赌"群体）介入斗蟋社会的末端（农村市场）之前，市场几乎每年都会报出以 5 万元、8 万元或 10 万元成交的"天价蟋蟀"。并且这些"天价蟋蟀"多出现在虫季的尾声。谁会花这么高的价格买一只蟋蟀？自然界真的有值这么高价格的蟋蟀吗？一些老玩家花 100 元收的蟋蟀都可以出"将军"，10 万元的蟋蟀要长成什么样子？难道能把"将军"一口咬死，都是些一般人难以见到的"虫王"？随着自己对蟋蟀了解的深入，笔者对 10 万元的蟋蟀越来越感觉神秘和不能理解。带着疑问，笔者询问了山东和上海的几位资深斗蟋者，他们给出了惊人相似的答案——"天价蟋蟀"是在"炒作"市场。

笔者：几乎每年市场上都传出几万块钱一只的蟋蟀，这是真的吗？

上海玩家：怎么不是真的？去年（2010 年）在姚村②有一只蟋蟀要价 10 万（元），最后讲价 5800 块拿下的。拿虫的老姜我们都认识的，经常碰到，还在一起收虫。卖蛐蛐的对外宣称自己卖了 10 万块，那是在吹牛，讲价之后没那么高价格的。当然，他们的成交价也就一些比较熟的人知道，外人只能听别人说了。

笔者：你见过那蛐蛐吗？要价 10 万（元）的蛐蛐要长成什么样啊？

上海玩家：我见过那蛐蛐，各个方面肯定都长到位了，否则也不

---

① 笔者接触的那些"专业的"、与"豪赌"群体联系密切的"职业经理人"，自身处于某种"职业伦理"都不参与蟋蟀的打斗，他们把此看作对一种"默会"规则的遵守和做一个合格的中间人的基本职业操守。其背后的逻辑类似企业中的职业经理人不能持有股份和原来的股东竞争一样。他们这样做为了构建并维系一种信任关系，同时也被看作一种职业伦理。如果他们到斗场上去自己斗蟋蟀，那这些"蟋蟀"是不是本来应该是给其"老板"的好蟋蟀被截留了？对此他们是无法做出解释的。

② 位于山东宁阳县和曲阜的交界处，是在泗店镇成为山东最著名的蟋蟀产地之前山东最有名的蟋蟀产地。

可能开那么高价格，但是几万块的价格我是不会要的，那蛐蛐5800
（元）我都不会要的。

笔者：那"老姜"很有钱吗？

上海玩家：他没有钱，雇他收蛐蛐的老板有钱。他们这批人都是
"雇佣军"，每年"老板们"给他们几十万（元）让他们下来收100只
或200只蛐蛐，这些钱摊到每只蛐蛐身上就是几千块，现在的市场，很
多非常好的蛐蛐几百块就可以拿下，哪里花得了那么多钱？但举个例
子，如果说我花了3万块给他收了100条不错的蛐蛐，那剩下的几十万
块我难道还要交回去不成？老板的几十万块是虫本，给你就是让你花
掉的，又没有发票可以回去走账。花不了怎么办？你总不能只花几万
块啊，你要让你的老板知道你花了大价格收的蛐蛐啊，他也会打听的。
如果他知道你10万块收了一只，那他给你的三五十万块你再给他收回
去200只，他心里会感觉平衡。所以天价蛐蛐都是"老姜"这样的
"雇佣军"们最后买给他们的"雇主"看的……

经过这位上海"内行"人的解读，笔者原来的疑团一下就解开了，原
来那10万元压根就不是蟋蟀的价值，而是人与人之间关系的价值。"天价
蟋蟀"是维持出钱的"大老板"们和其"雇员"之间关系的一种重要的媒
介和手段。而另一些行内人士则提供了这一叙事的另外一层含义。

笔者：您怎么看10万（元）一只的天价虫（蟋蟀）？

济南老玩家：那是一种市场炒作，我们北方这样做的少，大部分
是南方人在这么做。最近几年南方和北方斗蛐蛐的水平开始拉开差距，
南方人特别是上海人的水平提升非常快。这和人家买10万块钱的虫不
无关系。

笔者：玩蟋蟀水平和天价虫有什么关系？

济南老玩家：你玩虫时间短，不了解老百姓的心理。如果有一个
人一年一只蛐蛐卖了10万（元），一传十，十传百，方圆一百里甚至
宁阳、曲阜、兖州等地所有蟋蟀市场上的人很快就知道了。卖了这么
高的价格，谁买的，他们肯定要打听的。他们不可能都打听到具体的

人，但是都会知道是南方人买的。这一消息就了不得，每年都这样，久而久之蟋蟀产地的老百姓都知道南方人"认价"，[①] 现在同时有一个南方人和一个北方人坐在一起收虫，老百姓一般先给南方人看。实际上也不一定所有的南方人都"认价"，但是那一条 10 万块的蛐蛐会给老百姓一个印象：南方人"认价"。这样总体南方人能第一手看到好虫，收到好虫的概率自然也就高了。另外，那个出 10 万块买蛐蛐的人，至少附近的人都会认识他，来年有了好蛐蛐谁会不给他看。但那时候他就可以压低价格了。明明值 3000（块）的蛐蛐他会给你 500（块）。这时候老百姓会想：人家都出 10 万块买一只蛐蛐了，肯定不差钱，我这蛐蛐肯定也就值 500 块，所以很痛快地就把蛐蛐给他了。换成我们，一条（只）好蛐蛐我们开价 1000（块），"老乡"拿起筐就走了，他们不会卖给你的，因为你给 1000（块）他们会觉得他的蛐蛐值 10000（块）。这样长远算下来，那些不差钱的南方人出 10 万块随便买一条（只）蛐蛐都不吃亏的。他们眼光放得长远。人家最后能操纵市场。现在总体上南方人收蛐蛐的质量高，能看到好蛐蛐，看好蛐蛐看多了，水平自然就上去了……

这些"中间人"每年通过"天价蟋蟀"刺激着整个蟋蟀产区"老乡"的经济神经。因为大自然是向每个人敞开的，所以"老乡们"都开始幻想自己某一年能捉到一只"天价蟋蟀"，可以"一夜暴富"。但他们哪里知道，所谓的"天价蟋蟀"根本就不是蟋蟀本身的价值，而是一部分人为了操纵蟋蟀市场做出的非常随意的选择，用简单的话说，"天价蟋蟀"不一定是好蟋蟀。

随着蟋蟀买卖和竞斗市场的火爆，一些原来在斗蟋社会之外的经济市场或经济社会捞到第一桶金，而现在又"有闲"的老板们不再满足于让"雇佣军"收蟋蟀，他们开始自己直接加入到收购大军中，以"大户"的身份占据整个蟋蟀市场。他们把原来自己经商时候的商业和市场逻辑带到了这个按照传统自给

---

① "认价"是蟋蟀产地老百姓的一个说法，意思是能出得起高价。说一个人"不认价"意思是这个人只买低价蟋蟀。老百姓卖蟋蟀也是认人的，如果两三年他们认定一个收蟋蟀的"不认价"，只收 10 块、20 块钱的蟋蟀，那么他们抓到了好蟋蟀一般不会给这样的收购者看的。而会选择只给他们别人挑剩下的蟋蟀看。

自足逻辑，具有"内卷化"市场结构形态①的农村市场，让整个蟋蟀市场的运作逻辑和结构发生了巨大的变化。"大户"的高价收购行为激起了蟋蟀产区人们的经济欲望，在短短十几年的时间，山东的宁津、乐陵、宁阳等主要蟋蟀产区的蟋蟀经济成为当地人民和政府的最主要经济来源和支柱。全国各地每年几十万上百万人的收蟋蟀大军汇聚到这些地方，他们来"淘宝"——寻找那些"虫王"、"元帅"和"将军"，同时把大量的金钱留给了当地人。

生活于自然田野可以随意捕获的蟋蟀突然具有了让人惊异的经济价值，这让那些落后地区的农民始料不及。30多年前，天津、上海玩蟋蟀的人涌入山东的乐陵和宁津，当地的人们不以为然，他们不相信通过这样的小昆虫可以致富。为了刺激当地人捉虫，当时有一个收蟋蟀的上海人——最早的"大户"，买了两头毛驴拴在自己收蟋蟀的摊位旁边，如果看到好的能令他满意的蟋蟀，那么蟋蟀留下，毛驴牵走。这一真实的历史事件到现在仍然被当地人乃至整个蟋蟀界所津津乐道。"一只蟋蟀可以换一头毛驴"深刻震撼了生活在贫穷中的农民的心，启蒙了他们的经济意识。之后的20多年，宁津、乐陵的家庭成员到了虫季几乎"全民皆兵"地抓蟋蟀，其疯狂程度甚至让这两个地域广阔的县蟋蟀绝迹，十几年基本没有蟋蟀可抓。在这一过程中一些最早抓蟋蟀的农村家庭成员，随着抓捕技艺和经验的不断积累，他们每年总能抓到比别人好而且多的蟋蟀。逐渐他们的蟋蟀不再到市场上售卖，而是像供应商一样直接提供给天津、上海这些地方的特定买家。从而成为第三类人："撬子手"。

原来的"撬子手"都是些农户中的主要劳动力，二三十年的捉虫经验和各城市斗场打斗情况的反馈，使他们对善斗蟋蟀的特点和产地有了非常清楚的认识。大多数蟋蟀产地的"撬子手"是在蟋蟀收购者的鼓励和带动下开始捕捉蟋蟀的。② 因为蟋蟀产区大部分是比较贫穷的农业区，当大家看

---

① 参见黄宗智《认识中国——走向从实践出发的社会科学》，《中国社会科学》2005年第1期。
② 山东的蟋蟀市场是在蟋蟀收购者的带动下逐渐被开发出来的。在还没有形成蟋蟀市场的时候，后来的收购者大多是些捕捉者。在野地里捕捉蟋蟀是项非常辛苦的工作，另外，因为人员的限制和地形的不熟悉，捕捉者获得好蟋蟀的概率比较低。于是他们鼓励当地农民捕捉，教授给他们捕捉技术，免费给他们提供头灯、网罩、竹筒等捕捉用具。等这些农民捕捉到蟋蟀以后，这些收购者会以5元或10元一只的价格收购。因为开始的时候大自然中的蟋蟀很多，并且是免费获取，渐渐地就有很多人加入了这一行列。

到遍布田野的蟋蟀居然一个月就能带来几千块钱的收入——这一收入甚至会超过一个普通家庭全年的农业所得。村民们在"撬子手"的带动下都开始捉蟋蟀，于是一个个小型的蟋蟀市场就逐渐形成了。那些最早逮蟋蟀的"撬子手"们，往往也是在斗蟋社会成员带动下第一批在农村富起来的人。之后他们中那些重情义的"撬子手"遵从"情谊原则"，每年都会把逮到的最好的蟋蟀留给那个最早给自己指路的人。而那个"指路人"也许在城市中并没有多少钱，所以他从"撬子手"那里拿的好蟋蟀是远远低于市场价格的。"撬子手"们最初都是些纯朴的农民，主要是以务农为主。但随着蟋蟀市场的形成，蟋蟀（特别是好蟋蟀）的价格几倍甚至几十倍、上百倍地上涨，这时候"撬子手"在农村的地位发生了变化，而他们和最初那些"指路人"之间的关系也朝两个方向变化。

"撬子手"们作为最早从事蟋蟀捕捉的农村人群，逐渐成为斗蟋社会非常重要的组成部分。几十年的捕捉让他们具备了非常丰富的捕捉经验①，所以他们捕捉的蟋蟀在斗场上多耐斗能打。久而久之，他们在斗蟋社会中也会小有名气，一些有钱的收购者也会主动找上门来，对他们捕捉的蟋蟀高价予以收购。而这时候那些最初带领他们走上捕捉道路的人每年也都会来，而且仍以十几年甚至几十年不变的价格拿蟋蟀。他们之间的关系裂隙从而产生。

有一些特别纯朴的"撬子手"会抵制住金钱的诱惑，不忘记当初那些"指路人"的恩情，每年都把最好的蟋蟀留给他们。而那些"指路人"如果不是"无赖"，也会根据市场价格把价格适当提高，或者通过斗场上的"返喜面"或带一些特产礼品等对蟋蟀的价格适当弥补；有一些头脑精明的"撬子手"会把最好的留给"大户"，而只给原来的"指路人"看一些中等的蟋蟀；还有一些直接和原来的"指路人"按照市场价格要价，不然就把所有好蟋蟀"藏起来"，而只给看一些在市场上也能以较低价格收到的蟋蟀。这种态度背后是"撬子手"们的重新分类或重新进行的人

---

① 蟋蟀捕捉是一项技术和经验要求很高的工作，特别是在蟋蟀资源日益枯竭的今天。它要求捕捉者充分了解蟋蟀的习性。同时对土壤成分、颜色、地势甚至使用农药的情况等都要有充分的了解。同样的个头和皮色的蟋蟀，因为所产地块的不同，其打斗能力会差距很大。而这些信息除了"撬子手"们，蟋蟀收购者是无法掌握的。

群划分。那些和"大户"或城市中的有钱人建立了稳定关系的人，开始每年固定成为他们的"御用撬子手"，这部分人的收入会明显高于那些只注重情谊的"撬子手"。并且因为"大户"们社会关系比较广泛，在虫季结束之后，为了稳固来年的关系，他们往往会给那些农村的"撬子手"在城市里联系个零工。很多人介绍"撬子手"到自己所在城市的"堂口"或蟋蟀"养房"工作，这样每年除了捕捉蟋蟀又可以增加一两万元的收入。与此同时，通过在大城市里和不同的斗蟋者的接触，"撬子手"的客户来源更加广泛多元且固定，随着视野的不断开阔，很多"撬子手"会成为"中间人"中的一员。而那些仍然一味只知道逮蟋蟀而不注重市场开发的"撬子手"，随着农村蟋蟀收购垄断和科层化的加强①，逐渐由原来的先行者变成了和"老乡"售卖者一样的蟋蟀售卖链条的底层。"撬子手"和"指路人"之间既能保持原来的情谊关系，同时"指路人"又能在经济和工作机会上给予"撬子手"帮助的情况也有，但是非常少见。随着"撬子手"市场经济意识的增强，传统的情谊原则在支配他们行为方面的力量越来越薄弱。新一代的"撬子手"越来越成为一个游走在农村田野和大都市"堂口"的双栖人群。

五　名人群体

隐遁的社会是作为一种人际关系网络而存在的，并且这种存在已经持续了千百年。那么我们有理由相信，在这种人际关系中有一种前现代或者说前市场的逻辑残存着。该群体成员对他们的互利、利他、友谊、缘分等的理解是这种残存逻辑的折射。同时在这一传统社会空间中还有一个"面子"问题。那些上了年纪的斗蟋者往往喜欢谈某某名人（著名电影演员、著名节目主持人、某某高官、某某教授等）斗蟋蟀。其实在他们说这些话的时候，笔者所感到的是一种隐遁的寂寞。隐遁社会之所以隐遁，就是因

---

① 现在农村的蟋蟀收购市场出现了以"大户"为龙头的垄断势头，并且随着一些农村特殊势力的介入，蟋蟀售卖链条逐渐呈现组织化和科层化的特点。很多村里的领导干部都加入了这一构建科层化垄断链条的行列。这一点在第六章会详细提及。

为其作为一种民间的存在，相对官方话语而言，是背负着赌博、游手好闲、不务正业等标签的。这时候，斗蟋群体和其成员很需要"外群体"和其成员对自己社会身份的认同。"蒙受污名者的特殊处境在于社会告诉他，他是更大群体的成员。这意味着他是正常人，但他又在一定程度上'不同'……一种不同必须被作为一个整体的社会加以集体概念化，才能变得很重要。"① 他们在隐遁的社会中被认可，但是隐遁社会之外的社会如何看待他们，对此他们往往表现出极大的不自信。因此名人玩蟋蟀就好像为他们提供了一种合法性的"明星代言"。

在传统的观念中，"名人"往往是某种具有道德、荣誉和社会地位优越性的代表。利用他们喜欢斗蟋蟀来大肆宣传本身说明了斗蟋蟀不被主流社会认可的事实。它迫切需要通过这些具有道德优势的"名人"来证明自己的合法性和正当性。在调查过程中作为完全参与者，除了调查的需要，笔者从未主动向斗蟋社会成员表明过身份，但随着在交往中和其成员交往的深入，在熟人社会及其运作逻辑下，自己的身份是不可能长久隐瞒的。尽管笔者不是什么"名人"，但当这个隐遁社会中的人知道笔者的职业之后，那些熟悉的人表示出了诧异和不解——他们不理解有一个稳定职业的人为何要选择和他们一样斗蟋蟀而且还会参与"博彩"活动。② 在单位制时期，很多生活于城市中的斗蟋者都曾在体制内生活和工作，随着市场经济的推行，有一些人的单位相继破产和改制，于是他们在一个尴尬的年龄③被体制甩了出来。为了缓解生活的压力，他们更渴望某种社会连接。而斗蟋蟀这一传统的游戏为他们找到了同龄的"玩伴"，为他们生活在一个熟悉的同辈群体中提供了社会性的场域。这一社会性场域让他们不再必须努力追逐市场社会的认可，而能在一个熟悉但封闭的社会网

---

① 欧文·戈夫曼：《污名——受损身份管理札记》，宋立宏译，商务印书馆，2009，第168～169页。

② 这里有一个前提，就是他们不相信笔者是一个真正的蟋蟀爱好者。那些真正斗蟋社会的成员都是些从小在这一社会中嬉戏的人。而对于笔者这样一个才接触蟋蟀不到十年的人来说，他们除了认定笔者喜欢其中的"博彩"游戏之外，没有别的什么能支撑他们认为笔者会从内心喜欢这种社会嬉戏。也就是说，笔者的身份对于一个斗蟋者来说没有斗蟋的"出处"。

③ 斗蟋蟀的主力军年龄在50～60岁，这个年龄段的人正好经历了中国改革开放从单位制向市场制的转变的过程。他们大多没有经受过大学教育，能操作传统的机器和机床但是不会电脑。除了保安等工作，在新的体制中再就业对他们来说非常困难。

络中寻求稳定、安全和皈依。主流意识话语的宣传和特定的制度性变迁背景形成了斗蟋群体成员独特的社会心理特征，这导致了该社会的封闭和隐遁。

不能成功地参与市场社会，并不是该社会及其成员不想或排斥的后果。毕竟市场社会才是整个社会认可的制度环境设置。于是那些和生活与斗蟋社会成员有差不多生活经历和时代背景，既在市场社会中很成功，又和他们一样能完全沉浸在斗蟋嬉戏中的"名人"就成了他们自己的代言和化身。在笔者所认识和知道的各地在官方注册的蟋蟀协会中，那些"会长"、"副会长"和"秘书长"往往并不是因为斗蟋能力和水平高当选，而都是些在市场社会中有名气、资产或实力，同时又喜欢斗蟋蟀的人。对于这些"名人"执掌蟋蟀协会，其内部成员不论平时在斗蟋技术上如何自负，都表现出了难得的敬服。因为这些社会上的"名人"为他们提供了另外一种自身无法实现的需求——为自己生活和嬉戏于其中的社会和自身身份去污名化。同时通过蟋蟀协会举办的各种活动以及相关媒体的报道和宣传，斗蟋蟀这一活动开始以"传统文化""国粹"等字眼被宣传和包装。这让斗蟋社会的成员看到了自己重新与那个久违了的主流市场社会建立某种文化、心理和身份连接的契机和希望。

随着社会改革在各方面的推进，中国社会的制度环境逐渐趋于完善和宽松，而斗蟋蟀作为一项在中国流传了千百年的民间嬉戏，在中国的改革开放中也到了代际更替的时候。那些新一代的农民工，除了在抓捕阶段父承子业赚取一部分生活费用之外，基本不再参与斗蟋选、养、斗的过程；在城市中很多白领从上学到大学毕业都是在单位"朝九晚五"地工作，农村、玉米地和自然已经距离他们很远。在总体上，中国斗蟋文化作为中国传统社会生活的一个缩影处在代际交替的危机中。但与此同时，一些城市中事业有成的年轻人，他们在接触了斗蟋蟀之后，把它看成像中国的餐饮、茶文化一样的文化，出于自身的喜好，以发展传统文化的态度成立了自发性的各类交流群体和俱乐部。在闲暇之余，作为一种社会活动，大家聚在一起饮茶聊蟋蟀，从而在现代性语境下让中国独有的斗蟋走出隐遁状态，为其在现代社会作为传统社会交往方式和文化载体的继存提供了契机。

结 语

卡尔·波兰尼曾说："阶级是文化的，而非经济的……个人努力奋斗的目标是文化决定的，其程度超过赤裸裸的经济需要。"① 这种文化的需要打破了按照经济标准进行划分的利益界限，让非常广泛的阶级都加入到了这一对抗市场的斗争中。因为市场的逻辑"以各种方式影响到每一个人：街坊邻居、职业工作者、消费者、行人、通勤者、运动员、远足者、艺术家、病人、母亲或恋人——他们因此也能组成各种不同形式之地域性或功能性的团体为其代表，如教会、乡镇、兄弟会、俱乐部、工会，或是基于概括原则而组成的政党……没有任何纯粹以金钱为归依的利益集团能达成（保证——笔者加）社会生存这一重大需要，而社会生存之需要的代表，通常就是照顾社群之一般利益的机构——在现代情况下，就是现今的政府。由于市场制威胁到各种人在社会上的利益（非经济上的利益），因此，不同经济阶层的人会不自觉地联合起来对抗这种危机"②。

---

① 卡尔·波兰尼：《巨变：当代政治与经济的起源》，黄树民、石佳音、谬立音译，台北：远流出版事业股份有限公司，1989，"导言"第32页。
② 卡尔·波兰尼：《巨变：当代政治与经济的起源》，黄树民、石佳音、谬立音译，台北：远流出版事业股份有限公司，1989，第259~260页。

第六章

斗蟋的"祛魅": 文化社会学视角下 "隐遁社会"的现代转型与反思

现在的蟋蟀市场正伴随着国家整体市场经济的推进而逐渐市场化, 其中的一些传统以及人与人之间的关系原则也逐渐被市场经济下的金钱原则所侵蚀。这在农村蟋蟀市场的买卖中体现得非常明显。原来以文化为标准, 按照类别区分的农村群体逐渐开始按照经济和科层的逻辑被分化。原来靠文化界定身份的斗蟋成员, 在经济标准的衡量下逐渐被剥去神秘的外衣, 很多不再能作为游戏参与者扮演角色, 而只能作为经济上的失败者退出游戏的舞台。在自律性市场形成之后, 其通过市场所崇尚的经济逻辑威胁到了斗蟋社会所遵循的文化逻辑, 威胁到了斗蟋社会本身。斗蟋社会作为中国传统社会的最后一块"成规模"而且也是最大的阵地, 它能否依靠文化的力量抵御住经济利益的考量, 让代表不同利益的人们通过嬉戏走到一起, 靠文化的力量打破阶层分化的壁垒并驯服市场, 让其重新嵌入到社会整体结构中, 这无疑是一个让人期待的社会课题。

一 农村斗蟋市场的科层化

随着蟋蟀资源的枯竭和"大户"的逐渐增多, 靠自己捉到好的蟋蟀越来越难, 一些"撬子手"开始利用自己手头的客户资源和辨识蟋蟀的经验从事蟋蟀倒卖, 成为农户与"大户"之间的中间人。因为利益的驱动, 这些"撬子手"和"中间人"与农村的治理结构和方式结合,逐渐开始在农村的蟋蟀产地形成了一个庞大的科层垄断集团。①

中国农村实行村民自治,但与费孝通先生所描述的"乡土中国"一样,现在有些地方的农村仍然带有宗族治理的特色。农村中当选的书记和村主任一般都是村落中大的姓氏或宗族势力的代表。在山东蟋蟀主要产区的泗店、乡饮以及曲阜、汶上的一些村落都是如此。和费孝通先生描述的"长老统治""乡绅统治"有所变化的是,随着由国家主导和推动的市场经济观念的确立,人们更愿意接受"经济精英"的治理。蟋蟀产区多为以农业为主的落后地区,多数村落因为处在蟋蟀的主要产区,家家户户都以捕捉蟋蟀作为一年中经济的主要来源。村支书、村主任、村里的会计和大家一样也加入了捕捉蟋蟀的行列。开始时他们和其他村民一样是一些普通的"撬子手"。但随着一些"大户"入户收购,这些人因为自己在村落中的权威和地位第一时间和"大户"们建立了联系,而"大户"们也好像深谙农村权威的运作逻辑,非常愿意结识这些村落权力的掌握者。逐渐的,多数村落治理者开始成为蟋蟀买卖的"中间人"。

中国的村落是一个熟人社会,哪家如果逮到了一只好蟋蟀会立即在村里传开②,而村支书、村主任或会计在知道这一消息后会第一时间去那人家里"看虫",如果看好,他们会开出一个价格③拿走。在这种情况下,农户"撬子手"即使心里极其不愿意——因为他们知道在蟋蟀市场上价格可能翻倍甚至更高,但他们一般也不会拒绝,因为他们中的绝大部分是生于斯长于斯,完全在村落传统的笼罩下生活。所以他们会做出自己在传统主义思维下而不是在市场经济逻辑支配下的行动理由:其一,二三百块钱已经超

---

① 这一垄断集团最近三四年的时间逐渐在蟋蟀的主要产区显现,它的运作逻辑和市场对特定商品的垄断非常相似,只不过它所垄断的商品是品质好的蟋蟀。

② 农民逮蟋蟀很少单打独斗,大多是几个人结伴出行,因为很多时候他们要到距离自己村子一二百里甚至更远的地方捕捉。在捕捉的休息之余,他们都会把自己捕获的蟋蟀从竹筒里倒出来重新审视一番,感觉好的就让大家一起确定一下,把因为"走眼"——在野地里因为视觉误差很多小蟋蟀在夜晚会因为瞳孔放大而被看大——而捕获的小蟋蟀就地放生,以便腾出随身携带的不多的竹筒。所以,如果一个人捕获了一只特别好的蟋蟀,同伴会第一时间知道,在生于斯长于斯的村落中,这一消息很快会被全村人知道。

③ 这一价格一般只是他们给"大户"价格的1/10,比如一只比较好的蟋蟀,这些村庄治理者会给农户"撬子手"300元的价格,而他让"大户"看的时候最少会开出3000元的价格。

出了他们外出打工的工资，他们捕获蟋蟀总是和外出打工相比的，而且他不可能一天只是抓这一只蟋蟀，其他几十只都可以卖钱；其二，在村落社会中，计划生育、社保、土地丈量、占地补贴等很多权力都掌握在村干部手里，他们不会因为一只蟋蟀损害自己在村子中的其他社会利益。即使这些利益总量赶不上捕获蟋蟀的价值，但是他们却比蟋蟀重要。以社保为例，尽管国家为符合条件的农村成员一个月只提供三四十块钱的社会保障，这一数额不大，但如果村落中的其他人都有，而唯独因为蟋蟀问题得罪了村干部让自己或家庭成员没有拿到，那对于这个家庭来说就不是简单的经济问题，而是在村落社会中的地位和声誉问题了（尽管这可能只是他们的担心）。大部分生于农村、长于农村的农户"撬子手"的生活逻辑是受乡村传统文化支配的。当这种逻辑和市场经济逻辑发生矛盾时，他们大多会选择服从于传统的社会逻辑。而这一点，为通过科层这种现代制度向农村侵蚀，形成村落垄断提供了机会。

收蟋蟀的"大户"多是些按照市场逻辑逐利的"赌博者"。他们中的很多人要么纯粹为了金钱，要么为了赌博带来的刺激，而根本不会关注斗蟋蟀背后的社会逻辑和意义。他们把市场逻辑带到了斗蟋社会中。在市场上要获得最大利润最快捷的途径就是垄断原材料或产品。按照这样的思路，如果垄断了蟋蟀的来源，那么他们自然能做到垄断整个市场。于是在市场经济逻辑的推动下，那些处在"食物链"最顶端的"大户"用金钱的诱惑在蟋蟀的主要产地编制出了一张垄断的大网。他们的起点就是村落——利用村落的治理精英或者支持几个村落中能打的地痞流氓把各个村子里主要的"撬子手"都召集到一起，形成一个科层制的村落联盟：谁抓到了好的蟋蟀必须卖给他们的负责人，价格可以商定；而村落负责人上面又有一个负责人负责几个村落的"下线"负责人。获得了好的蟋蟀，村落负责人必须以一定的价格卖给自己的"上级"负责人。如此几个层级之后，即使几十块钱从村落基层"撬子手"收到的蟋蟀价格也到了几百块、几千块。但这时候它们可能到了"大户"们那里，"大户"们会给出一万块甚至更高的价格收购——因为这一网络是"大户"们刻意编制的，所以他们必须能保证各个节点的利润。如果蟋蟀"大户"没有相中，那么按照原来的网络路径再返回去，或者由愿意要的层级自己定价在市场上出售。伴随着这样的垄断，蟋蟀的买方市场完全变成了卖方市场。

这张由"大户"和"中间人"围绕蟋蟀编织的大网以垄断获取高额的利益为目标，以现代科层制的组织方式运作。由于这一立体垄断网的起点是最为基层的村落和农户，这就使得全国各地汇集而来的普通蟋蟀收购者原来在市场上以一二百块甚至更低的价格就可以从分散捕捉的农户那里"捡漏"的可能性大大降低。除了通过基层农村组织实施垄断之外，那些具有二三十年蟋蟀捕捉经验并且能准确识别蟋蟀级别的"中间人"甚至渗透到了田间地头和市场的各个角落。他们从这些地方直接收购第一手的虫源，从而对好蟋蟀直接流入市场进行再一次的过滤。

到最后，好蟋蟀大部分集中到了农村新兴的"中间人"手里。他们把自己收集到的好蟋蟀直接提供给"大户"们，而"大户"们挑剩下的蟋蟀，那些"中间人"再按照分工和负责的地域让它们按照定好的价格重新进入市场。因为垄断的存在，即使那些被"大户"们挑剩下的蟋蟀往往也让一些蟋蟀收购者"惊艳"，因为整个市场被垄断的原因，能看到这样蟋蟀的机会是不多的，所以很多蟋蟀爱好者会想方设法拿下。但往往一问价格，对方（"中间人"）张口就要几千块。一些实在想要的买家使出浑身解数砍价，最后最多也就能砍下来一两千块。在垄断的情况下，既然市场上高品级的蟋蟀少见，所以那些"假""撬子手"和其团队也不会发愁卖不出去。于是这些由"大户"支持、由村落治理精英和"撬子手"组织起来的非正式科层组织围绕着蟋蟀身上的经济利益，逐渐控制了最高端的蟋蟀售卖渠道和市场。原来靠常年的交情，每年带着烟酒和情谊去农村"撬子手"家里选虫的光景一去不复返了。十多年的交情，现在去"撬子手"家里能看到的蟋蟀一定是被筛选过了的。依靠这种科层制度的组织，市场逻辑完全淹没了原来社会性的情谊逻辑。

山东宁阳的姚西镇是全国最大也是最著名的蟋蟀夜市。往年每到晚上，那里人头攒动，带着大大小小瓷罐卖蟋蟀的售卖者排队等着买的人挑选，五六十元就能挑到不错的蟋蟀。从2013年开始，那里的人逐渐减少。到了2016年虫季，原来繁华热闹的夜市买的人比卖的人多。很多普通的蟋蟀售卖者和收购者也都不去了，因为那里成了"大户"们的专有市场。所有的"大户"①

---

① 这些"大户"和那些开价几万元的"大户"不是一个层级，他们可能开价会到几千元，起价也会在几百元。所以是相对的"大户"，但即使这样，也足以让普通的蟋蟀收购者望尘莫及，避而远之了。

聚集在那里，而去卖蟋蟀的也往往是些在垄断科层网络中处在中低层的"中间人"。一个平时三五十元的蟋蟀，那些中间人在夜市上开价就三五千元——使劲讲价也需要八百或一千元才有可能买下来。这种垄断下的畸形市场，让人觉得有些不可思议。原来斗蟋最神秘的地方——蟋蟀身上那些能彰显其斗性和品级，只有那些几十年沉迷斗蟋的人才能窥探到的"暗门"——在金钱面前好像变得不再具有任何的神秘感，按照"大户"们的逻辑，金钱可以破解任何蟋蟀身上的"暗门"。市场经济逻辑下，"金钱可以买到一切"，这一宣称在中国靠传统传承千百年的蟋蟀身上仿佛再次得到验证了。

在这种垄断和纯粹的市场经济逻辑下，原来斗蟋成员和"老乡"依靠可以彼此分享和默会的文化建立的社会关系纽带崩断了。很多斗蟋社会的成员对此用"退场"表示抗议。最近几年山东蟋蟀市场规模已经大大不及以前。上海、北京和天津的很多老玩家开始转向河南等未开发的农村。也许这些人要找的不仅仅是蟋蟀，而是现代城市所缺乏但是又滋养了他们的那种人情。对于蟋蟀这一承载着传统基因的社会性活动，对于斗蟋社会这样一个传统的社会存在形态，市场的逻辑到底能否以及如何嵌入其中，这种嵌入到底会产生什么样的后果都是有待研究和考察的。但实际上，当这些问题还没有被关注的时候，市场经济的逻辑被"大户"们在金钱的诱惑下裹挟而来，让其完全淹没了原来传统的社会逻辑。斗蟋市场仿佛让我们看到了卡尔·波兰尼和福柯这些思想家提醒我们的——必须保卫社会。

费孝通先生"乡土社会"的理论论述为我们清晰地呈现了一个没有现代性力量介入的"地方性"乡土社会的结构及其形成逻辑，为中国社会学理论研究打下了地基。但同时费老也向后人提出并开放了问题：我们具有"地方性"特点的"乡土社会"在与作为世界普适性力量的市场运行、科层构建、自由主义和个人主义文化碰撞的过程中会呈现一种什么样新的结构性特征，推动这一新的结构性特征的机制性力量是什么，这种力量会从"乡土"或"地方性"内生抑或是外部的普适性力量本身，它们最终将呈现一种什么样的"现代性的后果"，这些问题也许在世界很多地方已经有了答案，但是对有悠久历史传统——这种传统被以文化的形式不仅内化于我们的历史，而且内化于历史横剖面的每一个人——的中国而言，仍然是些悬而未决的问题，从而也成为我们在本土社会学学术和理论探讨上未竟的事业。

二 现代性下斗蟋的"祛魅"

随着现代性的推进，现代社会在现代性逻辑下取得了骄人的成果，自然科学被广泛应用于人们的生活并对其形成巨大的改观和重塑。在此情况下，人们开始尝试用自然科学的思维方法与中世纪经院哲学遗留下来的"思辨性"学术传统进行对比并对后者展开反思。这种比较和反思的后果是：自然科学方法被引入人类社会，并且在自然科学观念的引导下，人们普遍相信社会也存在像自然界那样的规律。遵循像自然科学那样的方法可以帮助人们找到这些规律，从而像人们控制和规划自然那样，人最终也可以控制和规划社会。于是人们开始像对待自然那样用科技和制度构建来改造社会。这一思维和观念也真实地反映在斗蟋社会中——过度理性化以及对社会进行文化"祛魅"的后果在蟋蟀以及围绕蟋蟀而展开的人类理性活动中被生动地展现出来。

1. 经济理性下的农民、市民与"白虫"

在中国讨论西方现代性下"市民"与"市民社会"这些概念的时候，我们无法回避它们和费孝通先生提出的"长老统治""差序格局"这样一些切合中国文化和社会实践的原创性概念的比较、对应和借鉴。对我们来说，尽管在政治话语和知识话语上都宣称自己进入了市场经济建立、完善和现代化初步实现阶段，但中国庞大农业人口的存在是任何人和话语都不能忽视并有待被深入陈述的事实。在斗蟋的经验研究中，笔者发现参加蟋蟀打斗的绝大多数是城市（主要是一些大城市）的居民，从现代性的一个后果——城乡二元分离——来看，和农民相比，这些人更具有现代"市民"的特质。当然，斗蟋本身产自农民的田间地头，如果没有农民的参与，这一民间嬉戏不会发展到如此大的规模。但是农民参与其中的逻辑和这些市民是不同的：农民的整个参与实践绝大多数是出于生存伦理的考虑，他们遵循的是"安全第一"的生活逻辑。[①] 而那些大城市中的市民更多地遵从

---

① 詹姆斯·C. 斯科特：《农民的道义经济学：东南亚的反叛与生存》，程立显、刘建等译，译林出版社，2001，第16~41页。

"嬉戏"的逻辑。正如伽达默尔所描述的:"游戏"者为了特定的目的而加入游戏,① 但随着"游戏"的推进,"一切游戏活动都成为一种游戏的过程。游戏的魅力,游戏所表现的迷惑力,正在于游戏超越游戏者而成了主宰……游戏的真正主体并不是游戏者,而是游戏本身。游戏就是具有魅力吸引游戏者的东西,就是使游戏者卷入到游戏中的东西,就是束缚游戏者于游戏中的东西"②。

我们可以把农民与市民在斗蟋这一嬉戏社会空间中的相遇看作两种社会空间和两种不同的逻辑在一个认为创制社会空间中的重新遭遇。它们如何相互竞争、冲突、折中、妥协、实现沟通和相互吸纳等问题,是继承费孝通先生的社会学传统值得去认真考证的经验和理论问题。

城市中经常斗蟋蟀的人基本都到山东的农村来收购蟋蟀。如果按照现代市场的语境来理解,在买卖的过程中,因为城市市民和农民双方所依照的同是市场经济的理性逻辑,自然人与人最主要涉及的就是利益。但是如果按照传统的语境来理解,农民和那些城市市民们十几年甚至几十年如一日的接触,使得两个群体相互熟识——实际上很多收蟋蟀的"市民"最多在自己的上一代都是农民。这让两个群体有天然的亲和性。大多数情况下,两个群体及其成员的遭遇是一种被现代性分裂之文化的再次复合。在生活实践的场域,这两个群体及其成员之间所遵循的除了市场逻辑之外,更主要的是生发于传统的"生活世界"的逻辑,是生活智慧、生活理念、生活中的经验和感受在市场经济大环境下的"交往沟通"。③

20世纪80年代刚改革开放,当斗蟋蟀在经历了"文革"后再次在民间兴起的时候,蟋蟀在产地五分钱一只可以随便挑选。在农村,农民地里的"物"多,但是钱少。另外,中国农民在自给自足理念的指引下,在计算收

---

① 不排除有些"市民"是出于谋利的考虑加入游戏中,甚至可能大多数人都会有这样的想法,但是通过斗蟋游戏盈利不论在利润数量上还是盈利的概率上都是很少和很低的(这一看法来自对调查对象以及和调查对象熟识的斗蟋者有关盈利情况的陈述和评判)。根据这些经验,谋利的目的随着游戏的进行无法构成一种让参与的成员继续游戏的动力。由此,在斗蟋的"市民"中,是什么促成他们义无反顾参与这一游戏,背后肯定有其他的原因和逻辑机制存在。

② 汉斯·格奥尔格·伽达默尔:《真理与方法》上卷,洪汉鼎译,上海译文出版社,2004,第138页。

③ 此处无疑可以结合中国的这一特有的游戏实践,对哈贝马斯的交往沟通理论进行检视。

益的时候是很少计算自己的劳动力成本的。逮蟋蟀也是如此，他们不会把自己晚上熬夜钻玉米地的辛苦以及劳力算到蟋蟀的获取的成本中。在他们看来，蟋蟀产自天然，是没有成本的，另外，他们对斗蟋的品级也不知晓，所以很便宜就卖。这时候城市来的市民在买卖关系中是处于绝对优势地位的。但随着城市中"堂子"里打斗一场能赢好几万块钱这样信息的"外泄"。抓蟋蟀的农民逐渐有了相对剥夺感，开始逐渐提高蟋蟀价格，同时在售卖和抓捕的过程中也逐渐学习到了关于蟋蟀的一些辨识知识。开始收购的市民们对他们的这种学习是非常支持的，因为告诉他们什么样的蟋蟀好就可以更好地让他们抓到好蟋蟀来售卖，所以在教授他们的时候也是不遗余力。但是当那些城市市民在这样做的时候，"无知之幕"① 不知不觉间被揭开，市民与农民在买卖关系中的地位差距开始被拉平，直到后来以"中间商"为代表的农民在买卖关系中占据完全的优势位置。

随着交易市场和交易量的不断扩大，山东宁阳、宁津、兖州、德州、长清等地的蟋蟀被来自全国各地的人竞相求购，加之一些给老板购买蟋蟀，愿意出高价的中间人的加入。蟋蟀的供需价格和心理价格都被不断提升。以至于每年最让产区农民关心的事情就是打听"蟋蟀王"——每年农家卖价最高的蟋蟀——的价格。"蟋蟀王"从二十几年前的 20 多元，到 500 多元，再到 2008 年的 7 万元，2009 年的 10 万元。这样的天价蟋蟀仿佛在已经发酵了的金钱市场上投放的一颗颗炸弹，让一种暴富心理在农民中散播蔓延。如今蟋蟀产区的农民到了虫季几乎全家出动，进行破坏性甚至毁灭性地捕捉；同时他们开始漫天要价，一个看着大点儿的蟋蟀一张口就是 500元、800 元、1000 元。在中国，农民没有什么组织性，但在出售蟋蟀的时候，在价格上居然产生了非常一致的集体行动——盲目地开价，这种"一致"行动的产生其深层逻辑不是来自市场经济的计算理性，而是折射了农

---

① 美国的罗尔斯教授在论述"正义"时候的一个预设，它试图对霍布斯、洛克、卢梭以降关于人们在进入社会之前的"自然状态"预设提出修正。从而让人们选择放弃个人不受约束的自由进入社会提供更具经验性和说服力的说明，以对抗前人那种具有形而上特性之"自然状态"的无力。其意涵是人们在决定组建联合的社会时，为了防止有一些人能清晰地意识到自己未来的利益所在，从而在组建社会时候的政策和方向制定上为自己着想，每一个参与协商组建社会的人应该都是平等的。具体而言就是保证对未来自己的位置和社会的可能形态一无所知，都处在"无知之幕"的笼罩下。参见罗尔斯《正义论》，何怀宏等译，中国社会科学出版社，2001。

民和农民的基层组织在应对市场逻辑时候的无序。① 在宁阳收蟋蟀的时候遇到，后来与笔者成为朋友的上海虫友描述说：

> 我在宁阳收了 20 多年的蟋蟀，现在价格都没谱了。你看到男的怀里揣着小瓷罐过来让你看，你要么干脆别看，要么只看不说话，千万别给开价，让他们自己说价钱。因为有些根本不是来卖（蟋蟀）的，他们知道虫子（蟋蟀）不错，并且知道我们眼光好，是来试探着询价的。比如一条虫子（蟋蟀），我相中了开价 100（元），他马上知道这只虫子最少可以卖到 800（元）。他们现在聪明得很……

笔者就遇到过这样一次，有"老乡"揣着一个小罐子来让看虫子。经常教笔者的这位上海朋友先看的，看完他直接把罐子递了回去，只摇手摇头什么话也不说。这时候另外一位上海来的老者正好从旅馆出来，"老乡"问他要不要看虫子（蟋蟀），他漫不经心地接过来打开盖子看了一眼，刹那间仿佛一下被那蟋蟀惊了一下。他抬头直接问：

老者：你这虫子卖不卖？
"老乡"：当然卖了，你给开个价吧。
老者：我给你 3000 元。

结果话音刚落，那卖蟋蟀的"老乡"夺过蟋蟀罐子话也不说掉头飞步就走了。那老者后悔不迭。知道自己又"犯错了"。实际上，他一说出 3000 元的价格，那农民兄弟立即明白这虫子起码能卖 10000 元。这其中没有什么换算标准，就是长期打交道在相互揣摩和观察中形成的一种模糊感觉。

在蟋蟀市场上收购蟋蟀可以说是"隐遁社会"成员范围最广泛，人员

---

① 算计和市场的信息散布当然是一个原因，但中国的很多问题不是可以用科学的因果律来予以说明的。因果律本身是现代实证科学的一个产物，而在斗蟋社会中我们更多应关注的是这种实证科学或工具理性的破坏性。其制造了一种简单的因果关联，但这种关联很多时候是在破坏原来因果条件的基础上产生的。也就是说，实证科学很多时候进行的是一种因果的自我生产而不是揭示。

最齐整的集体露面，而他们的第一个对手居然是和他们一样生活在草根并且分享同一文化系统的"老乡"。这场较量可谓斗智斗勇，笔者在收蟋蟀的过程中被"老乡"骗了不下十次，但每次笔者从中领略到的都是在生存理性驱动下的生活智慧和妙趣横生的生活逻辑和生活世界。

传统斗蟋蟀特别强调养的重要性，正如中国的烹饪，同样材料的菜，不同的人烹饪出来的口味就不一样。蟋蟀也是这样，同样的蟋蟀让不同的人喂养，结果可能差异巨大。但是养是需要投入的，所谓"午夜观虫"，几十条、上百只蟋蟀一天一次喂水喂食，到了九月中旬开始下"三尾"。①这一套下来已经足以让人腰酸背痛。所以，斗蟋蟀斗的不仅仅是蟋蟀，更是人。在斗蟋者那里，人与人的对抗以一种委婉的方式转变成了虫与虫的较量。这其中尽管辛苦但是其乐无穷，因为在玩蟋蟀的过程中，人在和蟋蟀独处的时候能体会到主体的那种独立和孤独感，也就是说，在夜深人静的时候，一个人可以通过蟋蟀和自己对话。而一旦到了斗场，人自然地融入了社会和他人之中，即人进入了人与人的关系之中。自我、他人、社会和自然通过一只小小的昆虫通了家。正所谓："世界包容我，并且把我像一个点那样淹没，但是，我理解它。"②

但自从现代科技理念被引入斗蟋世界之后，情况发生了根本的变化：很多人出于斗场上输赢利益的考虑，开始想尽各种办法，使用现代技术作弊。因为蟋蟀在斗栅里打斗的主要武器是牙齿，所以有的人使用现代科技给蟋蟀的牙齿"烤瓷"；用精密仪器在蟋蟀牙齿上安装刀片；用最新兴的"纳米技术"和理念培育不知"畏惧"，只要不被咬死就不会退败的"纳米虫"；给蟋蟀注射兴奋剂……当人们这样做的时候，不是蟋蟀而是蟋蟀"主人"科技水平的高低成了决定胜负的根本。本来以人为主体，以文化为内在驱动的社会性嬉戏，在所谓现代科技加入之后完全变了样。随着市场逻辑和理念在斗蟋社会中蔓延普及，人真正成了斗栅旁边蟋蟀打斗的旁观者，

① 雌性蟋蟀的俗称，和两只尾巴的雄性蟋蟀相比，从外观上看，因为其尾部拖着一条输送虫卵到土里的角质管，好像又长了一条尾巴一样，所以不知道从什么时候起，全国都称雌性蟋蟀为"三尾"。"三尾"和雄性蟋蟀分开饲养，每天定时投放提取。这是一项非常烦累的技术和体力工作。

② 帕斯卡著名的一句格言，经常被布尔迪厄使用，转自布尔迪厄《实践理性：关于行为理论》，谭立德译，上海生活·读书·新知三联书店，2007，第16页。

而促使人站在一起旁观的动力是对金钱的追逐。

一个时代的具体经验和情态不能表征几个甚至几十个时代的历史积淀。在对历经千百年传承至今的斗蟋传统进行技术考察时，我们能看到中国文化中非常"人文"的一面，它关注人与技术的结合，同时强调环境和自然，最终突出的是"人是社会的动物"这一主题，即传统斗蟋以游戏的方式训练人与自然和他人和谐相处。而承继自西方现代化的科学技术的逻辑则是要把人排除，让科技自己独立。其后果就是让人"生活在文明的火山口上"，让人类走入了一个"风险社会"的时代。① 现代科技让斗蟋社会进入了一个"白虫"和"科技虫"② 时代。

"白虫"也被称为人工培育蟋蟀，是现代科技和"城市文明"的产物——它是现代生物繁育配种技术的产物。无独有偶的是，到目前为止，那些"白虫"和"科技虫"的繁育中心都是在一些经济制度设置和经济理念发达的城市，其中上海、北京和天津三个直辖市是全国的中心。对人而言，"白虫"和各类"科技虫"最先是在受市场经济影响的城市市民中被配置和传播的。

"白虫"和各类"科技虫"每年在上海、天津和北京等大城市被秘密地大量培育，并且通过对孵化时间、温度的控制让其在虫季和野生秋虫同时上市。培育"白虫"的人按照市场的逻辑，开始的时候大量投入资金，这些资金不仅用来建立"培育基地"、雇用人员，而且用来建立全国性的销售网络。到了虫季，该网络通过自己的秘密渠道把产自大城市培育基地的海量"白虫"送到"老乡"的家里。"老乡"把这些白虫和自己在野地里捕捉的秋虫混合出售。在一开始，"白虫"因为长相好，加之收购者基本没有什么辨别的经验，以致一些"白虫"比野生秋虫卖的价格还高。一些收购者甚至花成千上万元的价格购进那些长相出众的"白虫"，还沾沾自喜以为收购到了当年的"虫王"。回去一个月之后，随着"白虫"的

---

① Ulrich Beck, *Risk Society: Towards a New Modernity*, trans. by Mark Ritter (London: SAGE, 1992).

② "白虫"是对人工繁育蟋蟀的通称，这种蟋蟀和野生蟋蟀的一个最明显的区别是刚收购的时候肚子底下特别白，而野生蟋蟀因为在野地里吃野生草，所以一般肚子颜色为黄绿色并有两条黑线。人们用"白虫"称呼繁育蟋蟀，点明了其辨别的要点。

收身①、死亡，购买者才知道上当了。在斗蟋社会中，可以肯定地说，只要2008年以后到农村市场收购蟋蟀的，所有的收购者都或多或少买入过"白虫"——那些玩了30年、50年的老玩家也不例外。

"白虫"在蟋蟀市场的泛滥主要源于两个原因。其一市场逻辑对农村自给自足经济理念的颠覆。生活在传统农村的"老乡"在传统文化的滋养下崇尚人与人、人与自然的和谐，他们在乎自己的声誉，保持着淳朴的民风。但随着斗蟋市场的开发，已经在城市中泛滥的金钱理念被带到毫无抵御能力的乡村，城乡人与人生活方式和生活水平的差距震动了那里的"老乡"们。辅之以地方政府发展经济理念的宣传和支持，原来朴实的农民在很短的时间里就从原来传统文化的笼罩下走出，踏入了现代市场制度的崭新世界，并开始依照市场经济所告诉他们的金钱逻辑行为。他们开始考虑成本和收益——随着蟋蟀资源的枯竭，那些辛苦地在最热的季节钻到玉米地里的"老乡"，有时候一晚上一条好的蟋蟀也逮不到，但是"白虫"可以以一二元的价格从特定针对他们的网络拿到，一只最少可以卖十元。这明显比自己捕捉合算。其二是农村蟋蟀资源的枯竭也是"白虫"泛滥的主要原因。以山东最早的产区宁津、乐陵为例，那里的蟋蟀曾闻名天下，但是随着全国斗蟋者的涌入，本地农民在金钱逻辑和政府发展蟋蟀经济的推动下，展开了灭绝性的捕捉，以致在十多年的时间里居然让遍布田野的蟋蟀在田间近于灭绝，以至于"老乡"到最后没有蟋蟀可捉。而每年全国对当地蟋蟀却一直保持着旺盛的需求，于是两个县的"老乡"开始全民出动贩卖"白虫"。如今，曾经的"蟋蟀之乡"变成了让人闻虫色变的"白虫之乡"。

无奈之下，那些斗蟋社会的成员（大多是50岁以上的人员）为了避免自己收购到的全是"白虫"，都踏上了继续学习之旅——不断通过吸取教训总结辨识"白虫"的技术。大约五年的时间，"白虫"的显著特征以及他们和野生秋虫的区别被详细地总结了出来，并以网络和口口相传的形式在斗

---

① 蟋蟀衰老的一个最重要表现就是身体开始收缩，斗蟋术语称为"收身"。"白虫"因为是人工环境培育的，所以其寿命比野生秋虫短很多——野生秋虫可以活3个月，而"白虫"的寿命大多一个月左右。所以当"白虫"和秋虫同时收回来，一个月之后当秋虫正进入人出斗期的时候，"白虫"基本就开始衰老、收身了。这时候"秋"和"白"的判断就非常明显了，但是对斗蟋蟀者来说，这种肯定的判断"为时已晚"，其中的遗憾只能等来年秋季弥补了。

蟋成员中得到了普及性传播。正当大家在为自己能辨别"白虫"少上当刚要松一口气的时候，一些更新换代的"白虫"——"地白"①、"火赤练"和"纳米虫"又上市了。当斗蟋社会的成员在研究识别"白虫"的时候，那些大城市白虫培育基地的"科研人员"也在研究如何让人们识别不出他们培育的"白虫"——他们要把人们总结出的"白虫"身上的特征都模糊掉。办法也很简单，就是出钱和"老乡"合作，帮他们在自己大片的玉米地周围围拉上网，然后把大量已经蜕皮到第三或第四阶段的"白虫"幼虫撒到田野里，让它们在自然田野里成长三到四个星期，这样到成虫的时候那些"白虫"的神态和样貌就几乎和野生秋虫一样了。那些斗蟋成员花了几年时间，交了不知多少学费总结出来辨识"白虫"的经验，一夜之间全过时了，于是整个斗蟋社会再次为这一"创新"买单。

下面的这段对话是在一个全国性的蟋蟀交流群里一些斗蟋者的对话，其中表达了对现代人工繁育技术的担忧和无奈。

　　　　羽虫：蛐蛐群里现在到处都是卖蛐蛐籽粒、秋子②，"白虫"、"高仿秋"、"地白"的，这还怎么收啊！只有自己抓了，或者以后都自己繁殖蛐蛐玩，其实繁殖也很简单的。

　　　　白黄：你们看看这个广告，公然在群里做"白虫"广告，还自称"粟裕大将军"。

　　　　陈酒：唉。

　　　　羽虫：今年怎么出现这么多卖这类高仿的啊！像高仿烟一样明目张胆了。

　　　　目子：其实很多年前就有了，不过你刚接触到而已。

---

① "地白"是为了克服"白虫"行动无力，肚子发白的特点，在人工繁育蟋蟀的过程中，在其蜕到第三、第四，或者第五次、第六次皮（蟋蟀一生要蜕七次皮）的时候把它们撒到周围被围挡起来的自然农田里，让它们在野生环境中生存两三周或更长的时间，这样当它们被捕获到市场上去卖的时候，和野生蟋蟀的神态样子就基本一样了。很多收购者因此中招。人工繁育的蟋蟀一般寿命较短，战斗力不强，出将率极低。

② 那些还没有蜕皮成虫的蟋蟀称为"秋子虫""秋子""大秋子"等，它们能爬行跳跃，但是就好比处在婴儿期的人，没有繁育能力，这样的蟋蟀大的都被捕获回去在大缸或院子的某个围圈起来的地方饲养，这样它们也就失去了繁衍后代的机会。

羽虫：以前都是在群里保证卖野生蛐蛐的！今年突然都明目张胆卖"白虫"了。

老炮1973："白虫"、秋虫都一样的，能斗就好。

风中飞翔：秋、白混斗是迟早的事，暂时白（虫）技术还达不到，只有极少高档白（虫），但是想想以后斗场觉得挺可怕的。

目子："白虫"一缸按最少50条算吧，每条10元，一天能卖出个30条对"老乡"来说就是不错的收入，对他们来说成本非常低；地里的秋虫抓500条也就能卖出30条，被挑来拣去，一条也不一定能卖得上10元。两者一比较，投入产出相差太悬殊。所以"白虫"泛滥是迟早也是情理之中的事。

风中飞翔：现在卖虫的不仅自己抓还自己养，不仅抓、养秋虫，而且同时抓、养"白虫"，他们这些卖虫现在绝对比买虫的懂虫。这太可怕了。他们（具有市场经济意识的老乡）明白，我们糊涂，下去收虫的时候哪里还有什么底气啊？

大导演：资源破坏得厉害，野生秋虫不好抓了，也是"白虫"泛滥的主要原因。

很多蟋蟀群里参与讨论的大多是50岁以下的中青年，他们往往都能从蟋蟀谈到市场、国家政策、抓蟋蟀农民的辛苦。在斗蟋蟀社会中的这些年轻一代斗蟋者，他们通过蟋蟀这一自然界中细微的小虫感受时代的脉动，人情世态的冷暖。面对金钱、市场和现代科技理性的负面后果，他们每个人都好像那些斗栅中的蟋蟀一样，在无能为力中拼尽自己的全力挣扎、搏斗和抗争。斗蟋蟀作为一种传统生活实践，它关注的是人与人、人与蟋蟀乃至人与自然的和谐互动，但现代科技和金钱、市场联姻仿佛要漠视并摧毁这一切。

2. 斗场上的"药水虫"、"火赤练"和"纳米虫"

斗蟋社会的斗蟋活动都有一定的规矩，在斗蟋者看来规矩是用来维护公平、公正的，他们对规矩的信任和遵守不是因为存在某种外部强制力，而是生发于传统；他们对规矩遵守的逻辑与现代法律让人们遵守的逻辑迥异。这种对规矩遵守的传统是一种能被大家分享的集体意识。正如涂尔干所说，谁触犯了集体意识实际上就是触犯了遵奉集体意识的每一个人。① 在斗蟋社会中，其成员对违反规矩有时候因为愤恨而显得有些极端——在没有办法抗争的时候，他们会选择"逃避"和"退出"，从而在自己的能力范围内在一定程度上把某一行动或制度架空。② 2008 年在崇明岛举行的全国蟋蟀大赛上，这种个体行为与集体理性的对抗就表现得非常清楚。

规矩是人制定的，这种观点好像在斗蟋者当中根深蒂固。也正因为这样，规矩在他们那里具有了神圣性、主观性和变动性。他们对于规矩神圣性的赋予完全是出于一种个人理性。从这点来看，生活于隐遁社会中的人，其行为方式与现代性下西方的不同。按照马克斯·韦伯的观点，随着人类理性的发展，人类世界将经历一个不断"祛魅"的过程。现代化是伴随着不断"祛魅"而向前发展的。但是这种"祛魅"的结果是人类给自己构筑了一个理性的"铁的牢笼"。③ 按照韦伯的逻辑，人类理所当然会越来越依赖于人之外的理性的构造物——制度、法律甚至科层制结构等现代理性的产物。但通过对斗蟋者行为逻辑的观察，笔者发现在这个隐遁的社会中，有另外一种逻辑存在，那就是"理性地赋魅"④。他们的这种逻辑和思维方式使得在这个社会中的规矩——他们认为的应该遵守的法律——避免了陷入韦伯所谓的"铁的牢笼"的命运。

在斗蟋社会中，人一直是处于构建的主体地位，他们以一种个人主义的方式与体制性和结构性的制度对话。他们游刃有余地通过实践性建构不断与结构发生联系和互动。而要让这一点持续不断地发生，他们必须具备一种能力，那就是对日常生活的透彻理解和对人情世故的贴切移情。

所有的斗蟋者都以一种非常严肃的态度对待斗蟋这一社会性嬉戏，但是这种严肃性并没有影响游戏的嬉戏性特征。他们是如何做到这一点的呢？为了保证公平、公正，在斗蟋中对规则与程序的要求是非常严格的。这种规则和程序在传统斗蟋社会中主要针对耍赖的"小人"而不针对"君子"；

---

① 参见埃米尔·涂尔干《社会分工论》，渠东译，生活．读书．新知三联书店，2000。
② 这种抗争的逻辑与斯科特关于东南亚农民的研究呈现形式是一样的，参见詹姆斯·C. 斯科特《弱者的武器》，郑广怀、张敏、何江穗译，译林出版社，2007。
③ 顾中华：《韦伯学说》，广西师大出版社，2004。
④ "理性地赋魅"这一概念只是出于观察的一个初期经验感受而提出来的，其详细的说明和界定有待于更加严格的理论考证和谱系归类。

在现代社会，规则和程序则主要指向了现代科技和把现代科技手段应用到蟋蟀上的人。"药水虫""纳米虫""烤瓷牙"等让生活于现代的斗蟋者苦不堪言。而近些年最常见的问题就是"药水虫"[①] 的存在。遇到这样的蟋蟀，对方的蟋蟀无论是多么厉害的"将军"，败率都很大。

"药水虫"胜率大的原因主要有三个。首先，如果被注射药水的蟋蟀本身不错，在品级上和对方差距不大，那它如果拼命和对方打斗，对方胜算自然很小。其次，有些非常优良的斗蟋，用斗蟋者的话来说它们往往味觉发达。尽管注射药水的味道非常轻微，但是这些斗蟋能非常敏感地感觉到，它们在遇到"药水虫"的时候往往是"碰头即走"。按照斗蟋的规则，蟋蟀在斗栅内两次掉头则会被判负。最后，那些特别突出的斗蟋，它们甚至能克服自身对药水的敏感而展开对"药水虫"的猛烈攻击，在整个打斗过程中，这样的斗蟋都是处于上风，有的甚至打得对方动弹不得。但是由于斗蟋规则规定，两回合如果仍然没有分出胜负则对斗蟋进行芡草[②]，鸣叫者方为胜者。这样，尽管最后明显是场面上取胜的蟋蟀，两三回合下来好像是"不屑"与对方再斗一样，往往芡草不再张牙——芡草无牙者负。这时候再看"药水虫"的一方，很多尽管可能已经被咬得瘫软在地，但是芡草仍然鸣叫，张牙寻斗，其景象很是悲壮。遇到这种情况大家都心知肚明，但由于一般的"堂子"不具备对兴奋剂进行测试的条件，所以大家对此心知肚明的作弊也只能保持沉默，斗败的一方尽管心有不甘，但除了认输也不好说什么。也就是在这样的背景下，从很早的时候起，人们沿用了以前祖制的规定——实行三到五天甚至一个星期的"公养"，以消除被注射兴奋剂"药水虫"的药性。

在崇明岛的促织园中，比赛专门设立了一个很大的公养房。按说公养房在比赛之前以及比赛的过程中是不能让斗蟋与其主人之间有太多接触的。这也应该是公养房设立的初衷。但是随着市场逻辑的深入，对人与人之间关系的一个非常重要的侵蚀就是信任。公养房人员与斗蟋者之间信任关系的建立在这样一个陌生的环境中是很难的——参加比赛的斗蟋者把自己最

---

① 用斗蟋者的话说就是给蟋蟀注射一种类似于兴奋剂的药物。斗蟋被注射这样的药水之后在打斗的过程中勇往直前，到死方休。

② 用一种特制的草挑逗斗蟋的前足和胸肋部位，激起其斗性。

好的蟋蟀送到了"公养房"。在"无知之幕"之下，一个人如何相信他的蟋蟀会在公养房里被很好地喂养？如何相信喂养人不会被买通而对自己的蟋蟀做手脚？在"隐遁社会"中，信任的纽带是熟悉和了解。而熟悉和了解的基础又是时间。所以，时间的观念在斗蟋者那里的意义和按照市场逻辑的人采取行动的意义不一样。面对从传统向现代的"巨变"，斗蟋者们只能在时间的凝滞感中体验、感叹、唏嘘时间的流动。

信任是隐遁社会最高的行为原则之一，所以，比赛必须为了这一原则而损失一些程序的严谨与刻板——在每天三次的喂水喂食过程中，准许斗蟋者进入公养房，在工作人员的监督下自己添加食水——水食都有比赛的组织筹备处统一配备。并且盛放蟋蟀盆橱柜的钥匙都由斗蟋者自己掌握。也就是这样的一个照顾信任的程序性松动，给了斗蟋者太多的"自由余地"……

比赛先分组进行，每组中胜两场的出线，进行下一轮的比赛，直到最后确定冠、亚军。比赛的整个过程都用大屏幕投放出来，各队人员都坐在一个大屋子里观看投影。这时候上海秋鸣队（上海一共有三个队参加）与青岛队的比赛出现了状况——秋鸣队的一只斗蟋被青岛队的斗蟋一口摔出老远缩作一团。全场都为青岛队那只蟋蟀喝彩，以为一口定输赢。可是秋鸣队的虫子蜷缩了好一会儿，居然又蹒跚着爬行着寻斗。两虫再次碰头，青岛队的虫子掉头走，荚草无牙。而秋鸣队的斗蟋荚草鸣叫有牙——秋鸣队胜出。青岛队在第一局赢了被认为最有实力的北京队后第二局在完全优势的情况下不明不白地输掉了。笔者注意到在座的很多人在表情复杂地交头接耳。坐在最前排一个人在中午人都散尽，和自己的队员讨论形势的时候非常气愤地大声说："秋鸣队就是个药水队。"笔者作为一个参与观察者，当时技术性的东西还看不懂，感觉很好奇，就凑上去问："您觉得刚才那个虫子（斗蟋）是'药水虫'？"可是这位明显受到大家尊重的老人却拿着摄像机直到吃中午饭没有再说过一句话。也可能他意识到自己刚才那句话太冲动了。毕竟，在这个隐遁的社会中，公平和公正是最具合法性的两个东西，这就要求在进行任何评价前首先必须有证据。笔者想在场的很多人心里也都很清楚，但是形式正义这时候在那个场域中最具有合法性——大家的斗蟋都在进行公养，说某个队是"药水虫"首先是对大赛组织和筹委会提出挑战。谁愿意去冒这种出力不讨好的风险呢？最后该老人所在的南通队发现了秋鸣队的一个"小秘密"——他们在自己的橱柜中有自己的水瓶子，每次他们都把公养人员提供的水笼中的水以一种不经意的方式倒掉而喂上自己的水。该队的队员在讨论的时候非常肯定地认为水里添加了药物。但是这种斩钉截铁的断言没法提供当场的证据。就这样面对大家怀疑、不解等复杂的表情，秋鸣队最终夺得了 2008 年崇明岛斗蟋大赛的冠军。

斗蟋是一种对外界环境非常敏感的昆虫，一点儿灭虫药的味道，甚至一点儿花露水、樟脑、香水等东西的异味，都可能导致它们死亡。在比赛的第一天晚上，上海一个公司代表队的大量斗蟋死亡。奇怪的是，在整个公养房，只有该队的斗蟋出现这种死亡现象，和他们相邻的橱柜里的斗蟋都没有问题。公养房和筹委会处也找不到原因何在。该队以抗议的方式退出了比赛。最后大家的猜测是有人故意"投毒"……

这样的风波真实再现了这个"隐遁社会"中上演的复杂的人际关系。生动体现了"人是社会的动物"这一命题。同时它们在叙说人是依照什么样的方式和逻辑成为群体关系中的一员的，人又是如何在原则、规则、他人的眼光等诸多规制下以通过携带者主观意义的行动融入社会的。

"火赤练"是高级"白虫"的升级版，其在体态和形态上几乎完全摆脱了"白虫"头大、神呆的特点。因为这种"高级虫"的研制和"上市"都是保密的，所以当斗场上还在防止一代、二代"白虫"的时候，第三代"白虫"——"火赤练"——以一种大家都不熟悉之秋虫的面貌突然出现在了斗场上。它们长得体态宏伟、神态勃活、牙齿宽厚长大，一副高级秋虫的样子。一些在斗蟋社会中"不老实"的斗蟋者和一些想通过蟋蟀的赌博赚钱的"外来人"悄然购入了"火赤练"。在"火赤练"出现的第一年，一些一直胜率很高的秋虫爱好者在斗场上被打得晕头转向，金钱和面子都输得一塌糊涂。过了两三年，他们才知道自己遭遇到了三代"白虫"，名叫"火赤练"。当他们刚完成"研究"并能识别"火赤练"的时候，第四代、第五代"白虫"——"纳米虫"在不觉间又被推上了斗场。

"纳米虫"又被称为"科技虫"，是"火赤练"的升级版本。它是把"地白"中长得和那些高级秋虫很相似的"白虫"收集到一起，然后用现代科技饲料严格按照科学步骤喂养，因为饲料中也含有微量兴奋剂。但是因为长期服用，这些"白虫"已经能让兴奋剂成分成为自己身体的一部分。到最后到斗场上的时候，它们实际上已经成了一些没有感觉的"机器杀手"。其长相和神态在"火赤练"基础上更接近野生秋虫。在斗场上的打斗风格也克服了药水虫可能出现的弊端，几乎和野生秋虫一样。也就是说，这种虫在斗栅内"打死不走"体现的已经不是"药水虫"那种"赖皮样"，而是秋虫"勇敢"、"顽强"和"级别高"的样态。直到2016年，对这种"纳米虫"还没有很好的辨识办法。在斗场上如果遇到这种虫，那就只能"认赌服输"了。

随着"纳米虫"的出现，斗蟋社会的成员意识到，靠提高自己的辨别技术实际上是一种误区。因为那样做只能让自己被那些不断更新的"科技虫"牵着鼻子走。"人生也有涯，而知也无涯"，他们永远无法赶超走在前面的科技。但是他们也有自己的办法对付这种科技陷阱。那就是利用独特的斗蟋文化。斗蟋是一种社会性嬉戏，这种嬉戏依照传统总是发生在熟人社会中。既然是熟人，那就意味着了解他的过去和现在，了解他的性格和为人处世方式。在这样的圈子中嬉戏，一旦出现使奸耍诈的情况，那整个熟人圈子就可以立即把他驱逐出斗蟋游戏，并且永远剥夺其参与的权利。在济南、上海、北京和天津蟋蟀圈子中，就有那么几个人，圈子里的人都知道他们使用"药水虫"的历史。所以只要在斗场上看到这些人出现，很多人会选择退场。久而久之，哪个"堂子"的"堂主"都不会再邀请这样的人去斗虫了。于是，通过让传统文化中名誉、信誉、人品的回归，通过让斗蟋尽量在熟人社会中进行，斗蟋社会在"斗"的环节顽强地抗击着现代经济和科技理性的侵蚀，保卫着自己嬉戏的社会生活空间。

3. "虫王" VS "利维坦"

"社会学家必须以同情的态度理解他们身边的人——而且，包括那些死了好几个世纪的人——他们必须敏锐地感觉到什么是最根本的东西。"[1] 马克斯·韦伯以其发明的两种独特的方法——理解和"理想类型"来获取这种敏锐。通常我们认为这两种方法是科学中使用的认识世界的有效手段，但实际上在日常生活空间中也存在这种方法的真切实践和说明，尽管通过

---

[1] 兰德尔·科林斯、迈克尔·马科夫斯基：《发现社会之旅》，李霞译，中华书局，2006，第187页。

理解和"理想类型"的方法所取得的成果随着主体的消失会很快淹没在历史中。但它们却真切地赋予了人们浪漫主义的秉性和前行的动力。

"虫王"是斗蟋社会中关于蟋蟀的"理想类型"，在斗蟋的民间历史和生活空间中充斥着关于"虫王"的传说，[1] 在调研中遇到的那些几十年如一日玩斗蟋的人几乎都有自己以及他人关于"虫王"的故事。与斗蟋关于鬼神的传说一样，他们不仅自己相信这些"虫王"是真实存在的，而且总是让每一位听这种叙事故事的人也相信它们的存在。

在隐遁的斗蟋世界中，屡屡有"虫王"的传说。根据一位玩蟋蟀50多年的老人的口述，在他一生的斗蟋生涯中，一共见过5只"虫王"。笔者曾问他何为"虫王"。他给笔者的界定就是"'虫王'就是不论遇到什么样的对手，一生不败"。但是在所有人的经历中，"虫王"的命运都是充满劫难的，它们往往一生无法真正进入这个社会中成员的视线，也许正因为这一点，"虫王"才变得更加神秘，更加有魅力。没有见过"虫王"的人，"虫王"成了他们一生斗蟋生涯的目标，他们一生的憧憬。见过"虫王"的人，当他们意识到自己面前的是"虫王"的时候，"虫王"却往往因为多劫的"命数"或者拥有者与"虫王"的缘分而与其擦肩而过。于是，"虫王"成了这些人一生不能磨灭的回忆和遗憾。这些人的"魂魄"仿佛都随着"虫王"而去。可以说，大多数斗蟋者，在用自己的一生痴迷地走在寻找"虫王"的旅程中。

"虫王"是斗蟋者心中关于蟋蟀的"理想类型"，是蟋蟀的浪漫化，也是自我心结的浪漫化。斗蟋者通过这种对过去和未来浪漫的渴望，体现的"是一种取消历史'无情的'逻辑的欲望"[2]。这实质上是一种生活世界的历史叙事——其中陈述的是有关民间斗蟋的"英雄史诗"。

民间的斗蟋游戏作为一种中国"市民社会"存在空间的嬉戏形式，按照"国家-社会"的二分框架理论，必然要和国家科层的严肃权力形式发生接触、互动、博弈等。在霍布斯那里，他认为一个社会为了生存，就必

---

① 笔者在听完一个斗蟋界的权威人物描述完他关于"虫王"的故事后，曾问过他一个问题：怎么定义一个"虫王"？他给的定义除了有人类世界的帝王形象的描述式界定外，从经验和实践的角度说，"虫王"的一个最典型的特点就是："一生不败。"

② 以赛亚·伯林：《现实感：观念及其历史研究》，潘荣荣等译，译林出版社，2004，第5页。

须经由主权（水上的巨神利维坦是其化身）——不受任何其他权力约束的权力——而实现一种人与人的契约式的相互合作和联合。① 主张主权观念的格劳秀斯和普芬道夫也认为，"'服从契约'就是设立专制权力，从而社会便丧失了对抗该权力的合法资源"②。从霍布斯、黑格尔、洛克、孟德斯鸠一直到托克维尔，国家与社会之间二元关系的理论创见和争论一直没有停止。关于这一理论框架是否适合于中国国情，国内学者亦看法不一。以邓正来教授为首的该理论研究者对该理论在中国的适用性持批判审视的态度。③ 本研究在此处对该理论框架的使用，不是要以其为研究的起点或支撑来论证中国经验与西方的同质性，而是以中国的历史经验和现实作为起点，在具体的中国研究的过程中，挖掘中国基于"地方性知识"而形成的与西方的差异。

对于斗蟋蟀的人来说，他们一辈子梦寐以求的就是遇到一只"虫王"。关于"虫王"的定义在上面提及过，按照隐遁社会中被普遍认可的标准，那就是一生不败。因为到目前为止，基本上全国皆斗鲁虫，所以鲁虫出"虫王"的概率相对较高。济南有一个斗蟋蟀的名家，早年收到一只蟋蟀，但从来没有听此蟋蟀鸣叫过。到了出斗季节，这时候饲养的功夫变得尤为重要，每天子时要定时起来观看蟋蟀的动态（午夜观虫是一种古上传下来的虫训，在这时候斗蟋的形、色、神表现得最为充分，优点、缺点往往很容易被辨别）。一日他照常起来"午夜观虫"。他把所有的虫盆打开，看到他的"将军"级蟋蟀们神清气闲地"端坐"蟋蟀盆中央（蟋蟀伏边抑或居中而坐往往是普通虫和"将军"级别虫的区别特征），他对当年开战后的战绩充满了信心。但突然他听到一声特别奇怪的蟋蟀鸣叫声，他循声寻找中发现几十只蟋蟀好像受到了惊吓一样，都开始"爬盆"（蟋蟀不安时大腿撑地往盆壁上乱爬）。这位老先生以为是"偶发事件"也没在意，可是第二天同样的事情发生了，甚至造成了几只蟋蟀受到惊吓跳出盆子逃窜。但那叫声就只一下再也听不到了。第三天子时他聚精倾听，终于发现声音是来自

---

① 托马斯·霍布斯：《利维坦》，黎思复、黎廷弼译，商务印书馆，1995。
② Charles Taylor, "Models of Civil Society," *Public Culture* 3 (1) (1991)：102.
③ J. C 亚历山大编《国家与市民社会：一种社会理论的研究路径》，邓正来译，中央编译出版社，2005。

那个从来不鸣叫的蟋蟀。他连续几天观察,终于发现每次只要那只被认为不叫的蟋蟀叫一声,所有的蟋蟀都仿佛受到惊吓一样爬盆。

他把该虫拿到济南斗场,结果所有虫芡草后气势汹汹上来,但是每次都是没碰牙掉头就跑。这种情形一度在斗场上引起很多争议——按照蟋蟀的自然秉性,两只很好的蟋蟀碰头,即使有级别的差距也是要咬一两口的,不可能还没有碰牙就掉头"逃跑",这时候只有一种可能,那就是让其他蟋蟀逃跑的蟋蟀使用了药水,俗称"药水虫"①。后来老先生把该虫送到了上海一位斗蟋名宿那里,让其在上海"大堂子"斗。最后该虫只保留了两次记录,第一次和一只"将军"级别的蟋蟀对阵,对方气势汹汹冲上来,结果该虫"咕"一声怪叫,对方掉头逃走,一会儿影子都看不到了(实在是惊吓过度);和另外一只蟋蟀的记录,也是该"虫王"在隐遁社会中唯一一次"对牙"记录。对方不知好歹,突然冲了上来,碰到了"虫王"大牙,结果被反弹出去,瘫倒栅外桌上起不来了。

三 波兰尼范式:面对经济理性和市场的 "社会"保卫战

波兰尼在其代表性著作——《巨变:当代政治与经济的起源》中曾讨论过 19 世纪所经历的一场社会巨变,这场巨变在以前被解读为伴随工业发展而发生的工业革命以及由此而生发出之以自由主义为基础的市场经济。波兰尼认为这样的解读不仅不全面,而且只是浮于事物的表面,没有看到深层由于社会的解体而导致的人类灾难这样一个被历史和逻辑证成的事实。他认为:社会是由政治、经济、文化、习俗、传统等构成的相互关联的整

---

① "药水虫"是给蟋蟀注射或者在其饮食中加入类似于兴奋剂一样的药物,注射了或饮用了这种药物的蟋蟀在斗栅里"咬死不走",很多好的高级蟋蟀遇到这样的"赖皮",最后往往自己掉头"逃走",从而让本来稳胜的局面成为败局。越好的蟋蟀对"药水虫"身上的气味越敏感,很多虫和"药水虫"一碰头就避开。所以,如果在斗栅内双方蟋蟀一碰头就有一方回避,那回避的蟋蟀往往会被认定为"药水虫"。但是因为没有证据,一般大家一起见证取消比赛就算了,较真的会要求堂主"扣虫"一个星期,等所怀疑蟋蟀身上的药性过去之后"复赛"。如果被怀疑的"药水虫"取胜,那么提出"扣虫"要求的虫主要支付所斗"花面"双倍的赌资;如果"药水虫"败了,那其虫主也要支付"花面"双倍的钱。

体，在 19 世纪——古典政治经济学理论被提出并成为人们的意识形态——之前，经济系统从来没有从社会中独立出来，它是内嵌于人们的生活本身的，而人们的生活又是政治、经济、法律与传统习惯的综合体。由此，把经济系统独立出来，并且让其他部分服从于经济系统的运作逻辑，实际上是让整体服从于部分，从而原来与经济并列并且相关联的其他部分必然受到损害，并最终损害到整体，造成整个社会的崩溃。①

波兰尼从对英国的考察出发，认为商业化的重商主义社会转变为市场社会，不是不可避免的，更不是自然进化的一个结果，市场社会的出现是国家强制力制造出的一个"产品"。也只有在这种社会中，对人的唯经济观念才会盛行，但是将经济动机提升到绝对优越地位的社会是不可能存续的。②"在一个人人只知道追求其自私的经济利益的社会中，人类团体生活所必需的共有意义和了解将无法存在。有如涂尔干强调契约的基础是非契约性的，波兰尼也认为市场交易必须依赖诚信和规律等'集体财货'，后者不可能由市场过程提供。"③

"隐遁的社会"保留了诸多"人类学"研究意义上的痕迹，④ 让人从中能深切体会到社会、市场和国家在这片原始场域中的互动，以及在这种互动中折射出的运作逻辑的差异：社会抑制并回避权力和强力的存在，⑤ 代之以斗蟋过程中公平、公正、平等、互惠、利他（不损己）原则指导下的和谐竞争，并且竞争的指向尽量被指引远离人，而只是让人进入一种游戏的实践；斗蟋社会是一个在没有受到任何保护而以一己之力在现代性的"围剿"下得以独立生存的传统社会。斗蟋实践中人们追求的不是生存理性，

---

① 参见 Karl Polanyian, *The Great Transformation: The Political and Economic Origins of Our Time* (Boston: Beacon Press, 1957)。

② Polanyi. K. *The Great Transformation: The Political and Economic Origins of Our Time* (Boston: Beacon Press, 1957)。

③ 参见卡尔·波兰尼《巨变：当代政治与经济的起源》，黄树民译，台北：远流出版事业股份有限公司，1989，"导论"第 29 页。

④ 弗雷泽曾给人类学下定义，认为人类学是对过去的研究。该学科通过对"原始模型"的提出，对"现代性模型"的诸多面相进行比对、参照和审视。

⑤ 根据福柯的观点，在知识、真理和权力之间有一种针对主体的共谋，其实在马克思那里已经注意到了意识形态的问题，在一种特定的意识形态下，任何自称科学的研究和知识都不能摆脱其影响乃至控制。在理性的时代，在只有真理能公开站立在光明处的时候，"非真理"的知识也就只能作为凸显光亮的黑暗了。从这个意义上说，斗蟋社会是一个隐遁的社会。

也不是经济理性,而是"游戏理性"。随着市场经济理性逻辑的渗入,如何保证这种"游戏理性"运行中诸如互惠、公平、公正等原则①,成为一个非常艰难的难题。经济理性如此强大,它从四面八方,从各个领域对"游戏理性"进行围困冲击。这场保卫战现在看来好像注定是悲剧性的,其原因正如乌尔里希·贝克所说商品市场的模式让"个人的生活方式变成了用个体的方案去解决系统的矛盾"。②

斗蟋这一"隐遁社会"的生活实践过程,让人感觉到社会本来就好比是一个按照传统的文化逻辑自然而然形成的供人们生活和游戏的场所,而市场就好比是人费尽心思,用人为制定的规则,为了场所构建的目的去构筑一个场所。

波兰尼对市场社会的全面批判,都是建立在其对"社会"认识的基础上的。在他看来,所有的人类行为不是出于本性或者欲望的驱使,而是被社会塑造并规定的。这一点与涂尔干的社会观遥相呼应:"一类非常特殊性质的事实。这类事实由存在于个人之身外,但又具有使个人不能不服从的强制力的行为方式、思维方式和感觉方式构成,因此,不能把它们与有机体现象混为一谈……也不能把它们与仅仅存在于个人意识之中并依靠个人意识而存在的心理现象混为一谈……只能用'社会的'一词来修饰它。"③涂尔干认为社会的东西——比如集体意识——存在于每一个人身上,但是又不能从单个人的身上找到,它在无形中形塑着个人,规定着个人的欲求。古典经济学在发展其"经济人"或"理性人"的理论时从个别行动者开始。对此波兰尼不以为然,他坚定地认为理论的出发点应该是社会,任何将个人孤立于社会的分析在他看来都是不切实际的幻想,是不能被接受的。基于此,他把自己的研究首先定位于一种社会安排——具体来说是社会与经济的关系安排、市场社会的历史地位的安排、国家在社会中地位的安排以

---

① 在斗蟋社会中,其"公平""公正"的含义与市场经济下人们对其含义的界定有很大的差别。在前者那里"公平""公正"更多的是关系指向的,即在人的关系实践中获得一种为自我和"关系实践"皆认可的"公平"和"公正"。而在市场经济下人们更关注"公平""公正"等诸概念的可见、可测和可得性。

② Ulrich Beck, *Risk Society: Towards a New Modernity*, trans. by Mark Ritter (Londn: SAGE, 1992), p. 137.

③ 涂尔干:《社会学方法的准则》,狄玉明译,商务印书馆,1995,第 25 页。

及社会阶级功能安排四个方面。进而他认为是这些社会的不同安排造成了人类不同的行为方式，构筑了不同社会中人的不同自由空间。

自亚当·斯密以降的古典经济学把人的经济欲望放到了基础性的位置。实际上经济居于主导地位左右人的生活只发生在 19 世纪，在更早期的社会中，对经济与利益的追求——作为一种确保人们生计的社会性安排——是被深深地嵌入在人与人以和谐、友爱、互利等原则为基础的社会关系之中，并臣属于习俗、传统、政治、宗教以及其他的社会安排之下的。在初民社会中，对经济利益追求的取向在社会中的地位是非常次要的。只有在进入 19 世纪，人类人为地发明了自律性市场之后，图利才成为社会的主导性原则。经济自由主义和"唯经济主义"把只发生于 19 世纪的一种现象逆时推论到了人类的整个历史，这明显是违反历史的错误，即把我们世纪里的原则强加到了人类整个历史之所有时间流中。如果按照自由主义经济学的观点，波兰尼认为：纯粹的人类贪欲一旦被完全释放，将使竞争毫无限制，其结果是社会与环境二者同时被破坏。处于下层的劳动者会被剥削到无法生存繁衍，食品将被有计划地掺假以增加利润，至于环境则将因无限制地取用资源而遭到蹂躏。在这些灾难发生之前，在一个人人只追求其自私的经济利益的社会中，人类团体生活所必需的共有意义和了解将无法存在。又如涂尔干强调契约的基础是非契约性的，[1] 市场交易必须依赖诚信和社会确定性等集体财富，而这些不可能靠市场本身提供。[2]

市场社会实际是通过把土地、劳力（人）和货币商品化，让市场围绕利润追逐和价格调整自律进行的原则来构建社会。尽管自 15 世纪重商主义发展起来之后，市场就一直存在，但是当时的市场是围绕社会中流行的宗教、社区、邻居、家庭、传统乃至政治安排进行的，经济的安排没有从整体的社会安排中独立出来，更不会出现市场逻辑吞噬社会的现象。市场社会一旦形成，广大民众将面临一场文化的灾难，因为他们会被从因乡土、依传统关系而存在的庇护所中驱逐出来，进入劳动力市场，成为没有任何保证的商品。由此希望受到较少危害的劳工阶级必然地成为反对市场而保

---

① 参见涂尔干《劳动社会分工论》，渠东译，商务印书馆，2000，第 85~88 页。

② 参见 Karl Polanyian, *The Great Transformation: The Political and Economic Origins of Our Time* (Boston Beacon Press, 1957)。

卫社会的中坚力量。在这一斗争的构成中，如果按照经济利益的标准，地主阶级、贵族阶级、中产阶级等既得利益阶级肯定会走向劳工阶级的对立面而阻止其对社会的保卫战。

在斗蟋社会中，不论是老一代还是新生代的成员，对目前市场和经济逻辑造成的对农村蟋蟀资源的非理性破坏都非常担忧。下面是网络上经常展开讨论的话题。

> 风中飞翔：山东开发 20 年了，资源破坏光了。
>
> 陈酒：关键还是农村穷，逮一年虫子赛过一年收成。短短 20 天……过度捕捉，灭绝捕捉。如果农村富裕，断不至此。
>
> 风中飞翔：地毯式"大扫荡"。
>
> 陈酒：开发不是问题，问题是过度开发，农民太穷了，太苦了，他们要是一年能挣个十几万（元），自然能容忍一年少挣七八千块钱，那么"三尾"他们也就不会逮了①，他们也会保护的。
>
> 红牙青：一年抓虫、贩虫就能卖四五万（元），你说短短十几天还不拼命了，哪里管得了资源问题！
>
> 竹丁牙：有钱了人才能谈道德，有钱才能谈情操，没钱真的谈不了这个东西。
>
> 目子：这个没办法，下去看到那"大秧子"都逮出来，回家扔那大缸里，脱出来再从缸里拣出来卖。跟钱挂钩很多东西味道都变了，"秧子"都被抓走了，这地里基因就没有了，这一年一年（好蟋蟀）基因如果不能被遗传的话，整块地就完蛋了。
>
> 陈酒：人在经济面前是非理性的，对"秧子"你不逮别人逮，所以到最后人人都逮。宁阳好很多，那边经济还算发达，你去山东的乐陵、宁津地区，那里的农民简直是"家徒四壁"，我都不敢相信。我 2014 年开车送一个卖蟋蟀的大妈回家——她孩子病了急着回。送到家里，我都不敢相信在 21 世纪还有这样的，到她家里一看，在我看来那

---

① 一只雄性蟋蟀一般要配几只雌性。上海、天津等外地来山东收蟋蟀的人在八月底收完蟋蟀回去的时候，必须把"三尾"也带上，而这时候大部分"三尾"还没有到下虫卵到地里的时期。这导致蟋蟀越抓越少，越抓越小。

真的是很穷。山东还属于东部沿海比较发达的省份，你不敢想象农村的条件，真的不敢想象。

发展中国家强调规则的制定和阶层结构的安排，但同时也会制造一些充斥着矛盾和张力的社会安排。但这并不意味着现代的问题一定是无解的。一方面，一些有识之士正在为保证土地、资源、传统社会组织和运作方式的存续而行动。国家对于这样的行动必须予以回应。另一方面，市场虽然对人、土地和资源都形成一种破坏和压力，但其已经构成一个文明社会的物质基础，并左右着文明社会的运作逻辑和存续方式，乃至于这时候社会的存续也有赖于市场本身的存续，即一个吊诡的结果是——市场的利益其实代表的就是大家共同的利益。国家对有普遍性需求的利益安排必须做出回应。但市场是排斥"国家安排"的。于是，国家本身掉入了矛盾的泥沼。但波兰尼并没有因此而陷入绝望，他对政府仍然抱有信心：他认为政府正确地使用权力，制定法律，让其围绕规范"非图利性和受到规划的让与行为"来扩展"人类经济生活前所未知的个人自由"。从而让人通过自由的获得摆脱市场中"经济规律"的钳制，从而为一种新的社会安排构筑起坚实的"人"与道德的城墙，通过这种迂回的方式，最终让市场重新嵌入社会，把社会从崩溃的边缘挽救回来。

四　对"斗蟋社会"文化社会学
视角的再审视

对于中国历史变迁和社会发展中浮现和遇到的问题，在社会学领域，从费孝通先生以降强调从功能主义的文化社会学视角来寻求答案。从行为的角度观察，人们通常把斗蟋蟀看作出于"喜欢"的情感性行为、出于赌博赢钱目的的工具性行为和为了提升自我之克制的理性行为。但这样的观察往往给我们这样的解释：一切行为之所以采取某种模式，是因为这种模式是行为者最喜欢或想要的。但事实并非如此，在斗蟋社会中，一些深爱斗蟋并参与博彩竞斗的人为何要宣称对博彩行为的反感和不屑？很多斗蟋社会的成员都自我宣称说"斗蟋蟀的没一个好人"，那他们是怎么做到成天和他们所认定的那些"坏人"在一起开心地喝酒聊天、真诚地在蟋蟀的选、养、斗上紧密合作的？深入到斗蟋蟀的人所处的社会中去，看这种社会安排下的文化意义对人们言辞和行为的构建作用，同时考察其所构建之人们的言语和行为结构又如何推动社会的建构，无疑是一条研究"斗蟋社会"之可行的进路。

几千年的中国传统社会是一个"乡土社会"，人在该社会中严重依赖于土地，也严重依赖于外部自然，这就要求他们必须和自然保持和谐。中国古代文人墨客的佳作之所以广为流传，主要原因是他们把自己看到的自然美景，倾听到的自然声音用文字表达了出来。普通百姓也许不识字，不知怎么表达，但他们却能欣然默会其中全部的意涵。两种不同的人通过自然通了家。人们靠从自然那里获得经验并把这种经验传递下去才能世世代代延续。"社会共同的经验积累，也就是我们常说的文化。文化是依赖象征体系和个人的记忆而维护着的社会共同经验。"① 社会是人与人之间的关系呈现空间，该空间中的经验不仅是外在的事实性积累，更主要的是人们在相互交往中形成的可以默会的意义积累。也就是说，人们要和他人、自然或某物建立联系，必须首先创造某种意义关联，即韦伯所说的"赋魅"。

蟋蟀作为自然中最为细微的昆虫之一，中国古人在很早就开始观察它的"行动"、倾听它的声音。"夫促织之为物也，亦昭昭矣出于《诗》，见于《颂赋》，尤详于《幽风》之篇。观其物至微矣，而每为古人所取者，何哉？取其暑则在野，寒则依人，闻其声矣可以卜其时也。"② 中国人在很早的时候就开始利用与自然的和谐，按照自然法的逻辑对蟋蟀进行文化意义的"赋魅"，并且把"赋魅"的领域逐渐从自然过渡到社会，使得某些人类社会规范的意义在蟋蟀这一载体上以自然法的形式表现出来，并进一步在自然法的意义上证成了社会规范的合法性。

在蟋蟀身上赋予"信""忠""勇"等人类的准则就是这种自然性与社会性结合的最恰当体现。斗蟋蟀不论在蟋蟀的选、养、斗，还是在斗蟋者之间的交往方式上，大都遵循千百年沿袭的传统。而斗蟋蟀传统的合理性，

---

① 费孝通：《乡土中国　生育制度》，北京大学出版社，1998，第19页。
② 现知传世最早的《蟋蟀谱》的"前序"。转自王世襄先生的《蟋蟀谱集成》。

经过了历代文人和士人的修辞和证成，和我们传统的礼治观念及其指引下的社会结构紧密结合了起来。"礼是社会公认合式的行为规范。合于礼的就是说这些行为是做的对的……如果单从行为规范一点说，（礼）本和法律无异，法律也是一种行为规范。礼和法不同的地方是维持规范的力量。法律是靠国家的力量来推行的……而礼却不需要这有形的权力机构来维持。维持礼这种规范的是传统。"① 而"传统是社会所累积的经验……（是）一代一代地积累出（之）一套帮助人们生活的方式……文化本来就是传统，不论哪一个社会，决不会没有传统"②。由是，传统构成了中国人生活的立基，而在这一立基上构建秩序的是"礼"。

斗蟋社会中的成员，凡是 50 岁以上的人，家里上一辈不是农民的寥寥可数。正如费孝通先生所言，中国社会是一个以农业为基的农民社会，是一个从土里长出其历史和光荣的社会。③ 在这样的社会中，悠久的历史之所以得到维持是基于人们"口口相传"的经验积累和对传统价值的维持，即"人们更为关注的是维护传统，而不是弹性适应，当这种社会和处在这种社会中的人们必须跟上迅速变化的工业社会的节奏时，他们就会茫然不知所措"④。20 世纪 80 年代初期，正好是中国启动市场经济，"万元户"开始成为人们竞相追求的目标之时，也正是中国社会结构开始剧烈变动之时。根据很多那时候在上海斗蟋蟀的人的口述，他们那一代把斗蟋蟀和纯粹的经济追求联系起来都是发生在这一时期。但改革开放以后的严打时期一直到现在，通过斗蟋蟀赌钱一直被国家当成"黄、赌、毒"中的"赌"而严令禁止。由此，个人的理性（经济理性）与占主流的意识形态之间出现了分裂。社会中的个人不可能在长时间与"国家"对抗的紧张中生活。为了缓解这种紧张，一个人就会一方面宣称"国家"意识形态的正确，同时在个人行为上追逐与主流观念相对的经济理性。

斗蟋蟀作为一种民间嬉戏，因为官方和文人的介入，从一开始就被分成了"高雅"和"低俗"两种玩法。它们追求的东西及其指导原则是不同

---

① 费孝通：《乡土中国　生育制度》，北京大学出版社，1998，第 50 页。
② 费孝通：《乡土中国　生育制度》，北京大学出版社，1998，第 50 页。
③ 费孝通：《乡土中国　生育制度》，北京大学出版社，1998，第 6～7 页。
④ 孟德拉斯：《农民的终结》，李培林译，社会科学文献出版社，2010，第 49 页。

的,前者追求与主流意识形态的——具体而言就是传统儒家"礼"所要求遵循的——一致性;后者更多地被定义为追求经济利益。而"礼"中有云:"君子喻于义,小人喻于利",通过斗蟋蟀逐利由此而为君子所不齿。在民间社会,国家的权力被"礼"先天地排斥,从而无法在乡土的土壤上生根发芽。同时"礼"作为一种民间规范(法律)的原则,很大程度上孵化于国家意识形态的土壤。乡土中国的国家没有把国家的法律(除了刑法之外)和权力渗透进民间社会,但是其创制的法律和权力运作的原则却作为一种意识形态深深穿透民间社会的骨骼,以一种"无形胜有形""无为胜有为"的态势,频繁和乡土社会发生着接触。

斗蟋蟀的大多是城市市民,在计划经济时代他们大多在国家单位供职,公开场合都是以"国家体制内的人"自居。这就决定了其社会交往圈子及其人员与主流意识形态接触多。在谈论蟋蟀的时候他们自然而然总是谈论作为一种民俗文化的斗蟋如何值得人们从事。① 但因为主流的倡导只是停留在意识形态上,在实际操作中只要小心翼翼,他们完全可以按照市井的逐利原则行事。也有一些成员长期处于无业状态。斗蟋蟀是他们一年中最重要的赚钱机会。在斗蟋蟀的比赛中,他们体现的往往是纯粹的经济竞争。这时候为了生存,各种世俗的"聪明"、"手段"、"谎言"乃至"欺骗"会轮番上演。这自然让他们得出"斗蟋蟀的没有好人"这样的结论。

笔者调查中的访谈对象大多都是生活在斗蟋蟀这一社会中的人,他们应该是对这一社会最了解的人了。而实际上他们只是生活在斗蟋社会各种关系和意义网络的某个节点上的一员。他们用自己的行动和实践在这张网上穿梭,他们可能有对网上的人以及事件的各种观点和理解,但这些观点和理解本身却需要结合传统所塑造的这张网的整体意义予以重新理解和解读——进行文化社会学的解读。

从功能主义和文化社会学的角度考察,斗蟋蟀之所以能千百年长盛不

---

① 在调查中笔者接触过这样的人,他开始把笔者当成"文化人"圈子中的一员,极力反对笔者进"场子"。在陈述进"场子"的各种弊端的同时,他也给笔者讲述"场子"里发生的故事。但事实是,笔者的"将军"级别的好蟋蟀都被他送进了"场子",除了极个别的,其他都音信全无。他这样做是一种纯粹的经济理性行为:一方面通过描述"场子"的可怕阻止笔者参与;另一方面笔者因为没有"进场子"的渠道,所有的好蟋蟀都给了他。作为交换,他给笔者提供笔者需要而他又熟悉的一切信息。

衰，一定是因为其承担了某项重要的社会功能。既然斗蟋蟀和人的连接是通过人类对其进行意义的"赋魅"来实现的。那如果能解开"赋魅"这一文化社会学的功能意涵，则我们无疑就可以为斗蟋蟀的兴盛找到一个稳定而可靠的原因。

斗蟋蟀作为一种社会嬉戏，其一项重要的功能就是在斗蟋蟀的人之间建立起某种日常的关联，或者说是在社会中构建某种非政治性的社会连接。人们的活动领域最主要的有经济领域、政治领域和日常生活领域。按照波兰尼的观点，在现代社会开启之前，政治和经济活动都是内嵌在社会之中的。他所指的社会主要是人们经历了千百年构建起来的，以某种非经济性和非政治性的传统社会关系把人们连接在一起的社会。中国的传统社会也存在这样的情形，在"无为政治"和"小农经济"下，在一个朝代的稳定时期，人们把大部分精力都放在了过传统的社会生活上。

斗蟋蟀是中国民间传统生活在现时代的完整保留。其之所以能保持千百年且一直具有勃勃生机，完全是得益于中国传统社会遗留下来的独特社会结构安排。中国民间社会直到目前仍然比较完整地保留了传统农业社会遗留下来的"政治无为"的状态。"政治无为"是在特定的历史条件和长期力量博弈下形成的社会结构安排，它为民间社会提供了一个独立的社会生活空间。在这一空间中人们以一种传统主义和经验主义的态度重新找回了自己的生活世界。围绕着日常生活，中国人在特有的"差序正义"的理念下，用出于"实用"目的的民间法规则，在乡土社会构建出了特有的"礼治"秩序。从而，中国的民间生活的实践是远离权力的。国家的权力与民间社会权力实际在发生着频繁的接触，但这种接触有着非常清晰的交集构成的界域。从而让中国民间社会呈现了几乎独立于国家法律规范的民间"礼治"秩序。

斗蟋蟀作为一种社会嬉戏，是通过一种具有趣味性的活动推动人们按传统和经验的要求交往互动的重要形式。它也是中国古代所选择的具有全国性和趣味性的社会性嬉戏，其承担着构建人们社会关系的重要功能。到了虫季，人们从四面八方汇集。他们用千百年来留下来的，只有斗蟋蟀的人才能听懂的语言交流；他们只要进入和蟋蟀有关的时空，就仿佛拥有了另外一个身份，这一身份伴随着只有他们才能辨识的特定行为和动作；他们用古人在"古谱"中告诉他们的经验对蟋蟀进行甄别、饲养和排斗；按照千百年来流传的斗蟋规则展开竞斗——他们都诚心服膺于这些差不多一样的规则的约束，他们很少会对这些规则提出质疑，原因不是因为其合理，而是因为他们是"老祖宗"留下来的。

千百年来人们依靠斗蟋蟀这样的嬉戏不断在维系、更新和加固传统社会关系。这个"嬉戏的社会"以差序格局的方式"散落在"中国的街头巷口，它处处可见，但又好像永远不能作为一个整体被观察和把握。斗蟋蟀只是一场场人们之间从聚集到结束可能只有几分钟的游戏，但发生在中国的某些角落，并且绵延了千百年。斗蟋蟀是非政治性的，对它的兴趣天然地以自然法的形式生发于每一个斗蟋者的内心。同时它也是社会性的，人们通过斗蟋蟀聚集，靠传统赋予其的特定的语言、动作和人际互动方式交流。作为整个儒家思想维系之伦理社会的一部分，它自身在自己的微观生活世界中，通过持续的生活实践，不断为那个作为整体的伦理社会的合理性提供现实性支持。因为这种支持，其自身的合法性也不断被整体的主流思想所支持和强化。斗蟋社会仿佛是无形的，但却又通过分散在街头巷口斗蟋蟀者的"据地斗蟋蟀"而无处不在。它的所呈现的是一种文化的社会性存在。

结　语

在隐遁的斗蟋社会中，通过亲身体验那种根本性的技术冲撞，笔者开始逐渐把传统实践技术与现代科技技术小心翼翼地剥离开来。这二者之间之所以说存在冲撞之处，主要是因为二者在执行理念、指导原则方面存在根本性的不同。

按照西方文艺复兴以来的话语，和工业革命发展相伴相生的文艺复兴张扬并发展了大写的人。让人随着对外界环境的征服和自我的不断释放真正成了"万物的灵长"、世界的主人。但是经过了 200 多年的发展，作为"欧洲文明之子"的马克斯·韦伯发现，人其实没有随着自己科学技术和制度力量的发展壮大成为真正所谓的"万物的灵长"，而是用这些东西给自己建筑了一座"铁的牢笼"。韦伯在对现代理性的反思之后，以现代科学技术和制度为表征的现代性逐渐成为思想界反观的对象，并且这种思潮随着二战以后对理性的彻底怀疑而变得越来越必要和迫切。其中鲍曼对现代性与大屠杀的研究不能不让人对现代性带来的后果倍加警觉，他认为："大屠杀不是人类前现代的野蛮未被完全根除之残留的一次非理性的外溢。它是现代性大厦里的一位合法居民；更准确些，它是其他任何一座大厦里都不可能有的居民……正是由于工具理性的精神以及其他制度化的现代官僚体系形式……大大地增加了它发生的可能性。"① 在工具理性精神下的中国斗蟋，正面临着如鲍曼所描述的现代性的困境。克服这一困境的基因也许存在于一种独特的社会安排——文化之中。

马克斯·韦伯曾把中国与西方进行对比，他试图要阐明，为何现代资本主义唯独生发于西方，像中国这样有着悠久文明和先进生产力的国度为何没有产生现代资本主义。最终他认为原因在于中国的儒教关于正当性的概念、士大夫阶层的集体利益以及家族官僚的结构特征使得中国的政治制度拘泥于传统心态而固化不变；中国自给自足的小农经济和血缘团体的组织形式使得中国经济停滞不前。一言以蔽之，由于处在"传统主义"的笼罩下，中国文化无法内在地自行迸放出类似近代西方的"理性化"动力。② 韦伯的结论尽管因其以西方"理性主义"为基本标杆而值得商榷，但其对中国"传统主义"特征的把握还是十分准确的。实际上，正如费孝通所言："传统是社会所累积的经验……（是）一代一代地积累出（之）一套帮助人们生活的方式……文化本来就是传统，不论哪一个社会，决不会没有传统。"③ 由是，传统构成了中国人生活的立基，它也可能是化解现代性困境的一把钥匙。在中国千百年来一直存续的斗蟋社会中呈现的对人们的行为、观念、逻辑、社会关系模式的文化安排样式，无疑可以为我们从文化社会学的视角审视现代性下的社会和我们自己的生活提供一种可供对应的社会"理想类型"和文化参照。

---

① 齐格蒙特·鲍曼：《现代性与大屠杀》，译林出版社，2002，第24~25页。
② 参见马克斯·韦伯《中国的宗教：儒教与道教》，康乐、简惠美译，广西师范大学出版社，2010。
③ 费孝通：《乡土中国 生育制度》，北京大学出版社，1998，第50页。

参考文献

阿尔弗雷德·韦伯:《文化社会学视域中的文化史》,姚燕译,上海世纪出版集团,2006。

阿格妮丝·赫勒:《日常生活》,衣俊卿译,重庆出版社,1990。

阿兰·图海纳:《我们能否共同生存?》,狄玉明、李平沤译,商务印书馆,2003。

埃德蒙德·胡塞尔:《欧洲科学危机和超验现象学》,张庆熊译,上海译文出版社,2005。

埃里希·弗罗姆:《被遗忘的语言》,郭乙瑶、宋晓萍译,国际文化出版公司,2007。

埃米尔·涂尔干:《社会分工论》,渠东译,生活·读书·新知三联书店,2000。

A. J. 艾耶尔:《语言、真理和逻辑》,尹大贻译,上海译文出版社,2006。

安克强:《1927—1937年的上海》,张培德、辛文峰、肖庆璋译,上海古籍出版社,2004。

巴里·巴恩斯:《科学知识与社会学理论》,鲁旭东译,东方出版社,2001。

芭芭拉·查尔尼娅维斯卡:《社会科学研究中的叙事》,鞠玉翠译,北京师范大学出版社,2010。

彼得·伯格、托马斯·卢克曼,《现实的社会构建》,汪涌译,北京大学出版社,2009。

彼得·布劳:《社会生活中的交换与权力》,李国武译,商务印书馆,2008。

J. M. 布洛克曼:《结构主义》,于幼燕译,中国人民大学出版社,2003。

仇立平:《职业地位:社会分层的指示器——上海社会结构与社会分层研

究》,《社会学研究》2001 年第 3 期。

戴维·斯沃茨:《文化与权力——布尔迪厄的社会学》,陶东风译,上海译文出版社,2006。

德特勒福·霍斯特:《哈贝马斯》,鲁路译,中国人民大学出版社,2010。

邓正来、J. C. 亚历山大编《国家与市民社会:一种社会理论的研究路径》,中央编译出版社,2005。

费孝通:《弘扬优秀传统　实现"文化自觉"》,《中华文化论坛》1998 年 4 月。

费孝通:《文化自觉的思想来源与现实意义》,《文史哲》2003 年 5 月。

费孝通:《乡土中国　生育制度》,北京大学出版社,1998。

费孝通:《中国绅士》,中国社会科学出版社,2006。

冯尔康、常建华:《清人社会生活》,沈阳出版社,2001。

高宣扬:《布迪厄的社会理论》,同济大学出版社,2004。

顾中华:《韦伯学说》,广西师范大学出版社,2005。

哈贝马斯:《公共领域的结构转型》,曹卫东、刘北城等译,学林出版社,2004。

哈贝马斯:《交往行为理论:行为合理性与社会合理化》,曹卫东译,上海人民出版社,2004。

哈贝马斯:《交往与社会进化》,张博树译,重庆出版社,1989。

哈贝马斯:《现代性的哲学话语》,曹卫东译,译林出版社,2004。

黄光国、胡先缙等:《面子:中国人的权力游戏》,中国人民大学出版社,2004。

黄宗智:《认识中国——走向从实践出发的社会科学》,《中国社会科学》2005 年第 1 期。

杰弗里·亚历山大:《社会学十二讲:二战以来的理论发展》,贾春增译,华夏出版社,2000。

兰德尔·科林斯:《互动仪式链》,林聚任、王鹏、宋丽君译,商务印书馆,2009。

兰德尔·科林斯、迈克尔·马科夫斯基:《发现社会之旅》,李霞译,中华书局,2006。

李猛:《"社会"的构成:自然法与现代社会理论的基础》,《中国社会科学》2012 年第 10 期。

李培林:《巨变:村落的终结——都市里的村庄研究》,《中国社会科学》2002 年第 1 期。

李友梅:《文化主体性及其困境——费孝通文化观的社会学分析》,《社会学研究》2010 年第 4 期。

李友梅:《中国社会管理新格局下遭遇的问题——一种基于中观机制分析的视角》,《学术月刊》2012 年 7 月。

李友梅、肖瑛、黄晓春:《当代中国社会建设的公共性困境及其超越》,《中国社会科学》2012 年第 4 期。

李友梅等:《制度变迁的实践逻辑——改革以来中国城市化进程研究》,广西师范大学出版社,2004。

罗姆巴赫:《作为生活结构的世界》,王俊译,上海书店出版社,2009。

罗友枝:《清代宫廷社会史》,周卫平译,中国人民大学出版社,2009。

曼瑟尔·奥尔森:《集体行动的逻辑》,陈郁、郭宇峰、李崇新译,上海人民出版社,1995。

米歇尔·福柯:《必须保卫社会》,钱翰译,上海人民出版社,1999。

米歇尔·福柯:《规训与惩罚》,刘北成、杨远婴译,生活·读书·新知三联书店,2007。

米歇尔·克罗齐耶:《法令不能改变社会》,张月译,上海人民出版社,2008。

莫里斯·古德利尔:《礼物之谜》,王毅译,上海人民出版社,2007。

莫里斯·哈布瓦赫:《论集体记忆》,毕然、郭金华译,上海人民出版社,2002。

南希·弗雷泽:《福柯论现代权力》,载汪安民、陈永国等编《福柯的面孔》,文化艺术出版社,2001。

诺贝特·埃利亚斯:《论文明、权力与知识》,刘佳林译,南京大学出版社,2005。

欧文·戈夫曼:《日常生活中的自我呈现》,冯钢译,北京大学出版社,2008。

皮埃尔·布迪厄、华康德:《实践与反思》,李猛、李康译,中央编译出版社,2004。

皮埃尔·布尔迪厄：《实践理性——关于行为理论》，谭立德译，上海生活·读书·新知三联书店，2007。

皮埃尔·布尔迪厄：《言语意味着什么——语言交换的经济》，褚思真、刘晖译，商务印书馆，2005。

齐奥尔特·西美尔：《时尚的哲学》，费勇译，文化艺术出版社，2001。

齐格蒙·鲍曼：《现代性与大屠杀》，杨渝东、史建华译，译林出版社，2002。

齐格蒙特·鲍曼：《被围困的社会》，郇建立译，江苏人民出版社，2006。

乔纳森·H. 特纳：《社会学理论的结构》，邱泽奇、张茂元译，华夏出版社，2006。

乔治·瑞泽尔：《后现代社会理论》，谢之中等译，华夏出版社，2000。

沈原：《社会的生产》，《社会》2007年第2期。

斯蒂芬·亨特：《宗教与日常生活》，黄剑波、张华、王修晓、林宏译，中央编译出版社，2010。

孙立平：《"关系"、社会关系与社会结构》，《社会学研究》1996年第5期。

孙立平：《利益关系形成与社会结构变迁》，《社会》2008年第3期。

托马斯·霍布斯：《利维坦》，黎思复、黎廷弼译，商务印书馆，1995。

R. H. 托尼：《宗教与资本主义的兴起》，赵月琴、夏镇平译，上海译文出版社，2006。

汪安民主编，《福柯读本》，北京大学出版社，2010。

悉尼·胡克：《理性、社会神话和民主》，金克、徐崇温译，上海世纪出版集团，2006。

肖瑛：《从"国家与社会"到"制度与生活"：中国社会变迁研究的视角转换》，《中国社会科学》2014年第9期。

谢立忠主编《日常生活中的现象学社会学分析》，社会科学文献出版社，2010。

亚里士多德：《政治学》，颜一、秦典华译，中国人民大学出版社，2003。

杨美慧：《礼物、关系学与国家：中国人际关系与主体性建构》，赵旭东、孙珉译，江苏人民出版社，2009。

以赛亚·伯林：《现实感》，潘荣荣、林茂译，译林出版社，2004。

约翰·R. 塞尔：《社会实在的建构》，李步楼译，上海世纪出版集团，2008。

詹姆斯·C. 斯科特:《农民的道义经济学:东南亚的反叛与生存》,程立昱、刘建等译,译林出版社,2001。

张佩国:《口述史、社会记忆与表述的政治》,《社会科学报》2010 年 3 月。

张文宏:《城市居民社会网络资本的结构特征》,《学习与探索》2006 年第 2 期。

赵司空:《中介与日常生活批判》,上海社会科学院出版社,2010。

郑召利:《哈贝马斯的交往行为理论》,复旦大学出版社,2002。

Alfrecl Schutz and T. Luckmann, *The Structures of the Life-World* (London: Heinemann, 1974).

Alfrecl Schutz, *Collecled Papers. Part I*, *The Problem of Social Reality*, ed. by M. Natanson (The Hague: Martinus Nijhoff, 1967).

Alfrecl Schutz, *The Phenomenology of the Social World* (Northwestern University Press, 1967).

Alfred Schutz, *The Phenomenology of the social World* (London: Heinemann Educational Book, 1972).

Anthony Giddens, *Certral Problems in Social Theory* (Berkeley and Los Angeles: University of California Press, 1979).

Anthony Giddens, *New Rules of Sociological Method* (London: Hutchinson, 1976).

Anthony Giddens, *Posilivism and Sociology* (London: Heinemann, 1974).

Anthony Giddens, *The Constitution of Society*: *Outline of the Theory of Structuration* (Cambridge: Polity Press, 1984).

B. Enkssen, "Small Events-big Events: A Note on Abstraction of Causality," *European Journal of Sociology* 31, (1990): 25 – 37.

B. Williams, *Problems of the Self*: *Philosophical Papers 1956—1972* (Cambridge: Cambridge University Press, 1973).

Charles Taylor, "Models of Civil Society," *Public Culture*, 3 (1) (1991).

Charles Taylor, "Models of Civil Society," *Public Culture*, 3 (1) (1991): 95 – 118.

C. H. Cooley, *Human Nature and the Social Order* (New York: Schocken, 1970).

David Swartz, *Culture and Power* (The University of Chicago Press, 1997).

David Trubek, "Max Weber on Law and the Rise of Capitalism," *Wisconsin L.* 720 – 753 (1972).

David Trubek, "Max Weber's tragic Modernism and the Study of Law in Society," 20 *Law & Soc.* Rev. 573 – 598 (1986).

David Trubek, "Reconstructing Max Weber's Sociology of Law," *Stanford L.* Rev. 919 – 936 (1985).

Duncan Kennedy, "From the Will Theory to the Principle of Private Autonomy: Lon Fuller's Consideration and Form," *100 Columbia L. Rev.* 94 (2000).

Frederick Mundell Watkins, *Political Tradition of the West: Study in the Development of Modern Liberalism* (Harvard University Press, 1948).

Fritz Ringer, *Max Weber's Methodology: The Unification of the Cultural and Social Sciences* (London: Harvard University Press, 1997).

Grahamd Longford, *Michel Foucault and The Death of Man: Toward a Posthumanist' Critical Ontology of Ourselves'* (Youk University, North Youk, Ontario, 1999).

Guenther Roth and Wolfgang Schluchter, *Max Weber's Vision of History: Ethics and Methods* (University of California Press, 1979).

G. H. Mueller, "Weber and Mommsen: Non-Marxist Materialism," *British Journal of Sociology*, 1986.

Habermas J., *The Theory of Communicative Action*, Volume 2: *System and Lifeworld: A Critique of Functionalist Reason* (Boston: Beacon Press, 1987).

Habermas, J., *Moral Consciousness and Communicative Action*, trans. by Christian Lenhardt and Shierry Weber Nicholsen (Cambridge: Polity Press, 1990).

Harrld J. Berman, *Faith and Order: The Reconciliation of Law and Religion* (Emory University, 1993).

H. Garfinkel , *Studies in Ethnomethodology*, *Englewood Cliffs* (NJ: Prentice-Hall, 1967).

H. P. Rickman (ed. and trans.), *Meaning in History: W. Dilthey's Thoughts on*

History and Socie (London: George Allen & Unwin, 1961).

H. Spencer, *Herbert Spercer on Social Evolution*, J. D. Y. Peel ed. and intro. (Chicago: University of Chicago Press, 1972).

Jack P. Gibbs, "A Formal Restatement of Durkheim's Division of Labor's Theory," *Sociological Theory* 21 (2) (2003).

Karl Polanyian, *The Great Transformation: The Political and Economic Origins of Our Time* (Boston: Beacon Press, 1957).

Lawrence Scaff, *Fleeing the Iron Cage: Culture, Politics, and Modernity in the Thought of Max Weber* (Berkeley: University of California Press, 1989).

Locke, *Two Treaties of Civil Government* (London: J. M. Pent Sons Press, 1953).

Marc Bloch, *Feudal Society*, trans. by L. A. Manyon (Chicago: University of Chicago, 1961).

Marcel Mauss, *The Gift: Forms and Functions of Exchange in Archaic Societies* (Cohen & West Ltd, 1966).

Max Weber, *Economy and Society: An Outline of Interpretive Sociology*, edited by Guenther Roth & Claus Wittich (University of California Press, 1978).

Max Weber, *The Theory of Social and Economic Organization*, trans. by A. M. Henderson and Talcott Parsons (New York: Oxford University Press, 1947).

Max Weber, "The Logic of Historical Explanation", in W. Runciman (ed.), *Max Weber: Selections in Translation* (Cambridge: Cambridge University Press, 1978).

M. Foucault, *Power/Knowledge: Selected Interviews and Other Writings 1972 – 1977*, ed. by C. Gordon (Hemel Hempstead: Harvester Wheatsheaf, 1980).

M. Foucault, *Society Must Be Defended: Lecture at the College of France, 1975 – 1976* (New York: Picador, 2003).

Peter Evans, Embeddness Autonomy: *States and Industrial Transformation Princeton* (N. J. : Princeton University Press, 1995).

Peter L. Berger and Thomas Luckmann, *The Social Constitution of Reality* (London: Penguin Press, 1967).

隐遁的社会

Pierre Bourdieu, *Distinction: A social Critique of the Judgement of Taste* (Harvard University Press, 1979).

Pierre Bourdieu, *Outline of A Theory of Practice* (Cambridge University Press, 1977).

P. M. Blau, *Approaches to the Study of Social Strucure* (London: Open Books, 1976).

Schutz Foucault, M.: 1961 [1965], Madness and Civilization: A History of Insanity in the Age of Reason. New York: Random House.

S. C. Humphries, "History, Economics and Anthropology: The Work of Karl Polanyi," *History and Theory* 8 (2) (1996): 165–212.

Tolcott Parsons, *The Structure of Social Action: A Study in Social Theory With Special Reference to a Group of Recent European Writers* (Harvard University Press, 1949).

Ulrich Beck, *Risk Society: Towards a New Modernity*, trans. by Mark Ritter (London: SAGE, 1992).

图书在版编目（CIP）数据

隐遁的社会：文化社会学视角下的中国斗蟋／牟利
成著. -- 北京：社会科学文献出版社，2018.1（2022.6 重印）
（田野中国）
ISBN 978 - 7 - 5201 - 1944 - 3

Ⅰ.①隐…　Ⅱ.①牟…　Ⅲ.①斗蟋蟀 - 体育运动史 -
研究 - 中国　Ⅳ.①G899

中国版本图书馆 CIP 数据核字（2017）第 298731 号

田野中国

隐遁的社会

——文化社会学视角下的中国斗蟋

著　　者／牟利成

出 版 人／王利民
项目统筹／谢蕊芬　胡庆英
责任编辑／胡庆英
责任印制／王京美

出　　版／社会科学文献出版社·群学出版分社（010）59366453
　　　　　地址：北京市北三环中路甲 29 号院华龙大厦　邮编：100029
　　　　　网址：www.ssap.com.cn
发　　行／社会科学文献出版社（010）59367028
印　　装／北京虎彩文化传播有限公司

规　　格／开本：787mm × 1092mm　1/16
　　　　　印张：16.5　字数：260 千字
版　　次／2018 年 1 月第 1 版　2022 年 6 月第 3 次印刷
书　　号／ISBN 978 - 7 - 5201 - 1944 - 3
定　　价／69.00 元

读者服务电话：4008918866